〈CEO 인간학〉을 펴내며

〈CEO 인간학〉은 시대를 꿰뚫는 통찰의 힘으로
역사적 격변기를 살았던 사람들의 삶의 무늬紋를 찾아 떠나는 인문人紋 여행이다.
인문 여행은 역사를 이끌었던 사람들의 지혜·용인用人·처세의 자취를 읽어내는 여정이다.

이 시리즈에는 역사를 뛰어넘는 동서양의 사상을 통해
인간에 대한 깊은 이해와 사유, 그리고 인간 중심의 경영철학이 녹아 있다.
〈CEO 인간학〉은 매력적인 리더의 조건, 경쟁에서 성공을 이끌어내는 방법,
그리고 개인과 기업의 성공을 위한 전략을 담았다.

인간의 본질에서 출발해 인간관계 그리고 용인술에 이르기까지
다양한 스펙트럼을 통해 천하경영의 답을 찾고,
리더를 꿈꾸는 사람들과 인간중심의 조직을 꿈꾸는
CEO들을 위한 인간경영의 나침반이 될 것이다.

법가 인간학

 **CEO를 위한 인간학 시리즈**는
시대의 격변기를 이겨낸 역사적 인물들의 치열했던 삶과 사상 속에서
사람과 시대를 움직이는 경영의 지혜를 찾아 떠나는 인문학 여행입니다.

《智源》

冷成金 著

Copyright ⓒ 1998 by LengChengJin
Korean Translation Copyright ⓒ 2008 by Book21 Publishing Group
이 책의 한국어판 저작권은 漢聲文化硏究所를 통해 저자와 독점 계약한 (주)북이십일에 있습니다.
저작권법에 의해 한국 내에서 보호 받는 저작물이므로 무단 전재와 복제를 금합니다.

■ **일러두기**
이 책의 '해제'는 렁청진의 '유가·도가·법가·병가·종횡가 인간학' 전체를 아우른 것으로
각 권에 동일하게 실려 있습니다.

CEO 인간학

법가 인간학
변하지 않으면 소통할 수 없다

렁청진 지음 ― 김태성 옮김

21세기북스

해제 | 왜 중국인은 지략에 강한가

경험이 중요하다는 것은 아무리 강조해도 지나치지 않다. 실제로 현대의 위인들은 하나같이 역사를 통해 중요한 교훈을 얻었다. 역사에 등장하는 저명한 정치가나 군사 전문가들은 지략에 대한 연구와 평가를 게을리하지 않았다. 이렇게 하지 않고서는 그 누구도 성공할 수 없기 때문이다.

현대의 인문·사회과학적인 연구 결과를 종합해보면, 몇몇 고대 민족의 문화에는 철학이 획기적으로 발전하는 시기가 있었음을 알 수 있다. 다시 말해, 일정한 시기에 철학자와 과학자 같은 문화 거인들이 집중적으로 나타났고, 이들의 사상이 민족 문화의 기초가 됐다는 것이다. 중국에서는 이러한 시기가 가장 혼란스러웠던 춘추전국시대였다는 데에 이론의 여지가 없다. 그리고 이 시기의 가장 큰 문화적·사상적 특징은 한마디로 표현하면 '지략'이다. 지략형 문화의 급속한 발전과 지략형 사유 방식이 중국 민족의 성격에 미친 영향은 크게 세 가지로 요약할 수 있다.

춘추전국시대에는 노자, 공자, 장자, 묵자, 맹자, 순자, 한비자 등 수많은 문화적 거인들이 출현하면서 이른바 '백가쟁명'의 국면을 이루었다. 유가, 도가, 법가, 병가, 묵가, 종횡가, 농가, 음양가, 명가 등 주요 학파들은 이 시기에 형성되어 후대로 이어지면서 점차 튼튼한 토대를 마련했다. 수천 년을 흘러온 고대 중국의 사상과 문화, 민족적 성격은 이러한 학파들이 영향을 주고받으면서 발전과 변화를 통해 완성되었다. 따라서 중국 문화가 급속하게 발전한 시기의 시대적 특징을 고찰하고 중국 전통문화의 특징과 민족의 성격을 이해하는 것은 오늘날의 중국과 중국인을 이해하는 데 있어서 중요한 수단이 될 것이다.

여러 학파들을 자세히 고찰해보면 각 학파 사이에는 분명한 차이가 있고 완전히 상치되는 부분도 있지만, 모두를 아우르는 한 가지 공통점이 있다는 것을 발견할 수 있다. 이 학파들이 하나같이 정치에 대한 관심을 드러내고 있고, 심지어 일부 학파는 그 사상의 출발점과 귀착점이 정치로 귀결된다. 유가는 덕치의 아름다운 기초 위에 이상적인 국가를 건설할 것을 요구하고 있으므로, 정치를 기초로 하여 세워진 전형적인 학파라 할 수 있다. 세상사에 대한 무관심을 표방한 도가도 이른바 '무위지치無爲之治'를 주장하고 있는데, '무위'의 목적이 바로 '치'에 있는 것이고 '치'는 곧 사회 정치의 안정을 의미한다. 따라서 도가도 기본적으로는 현실의 정치를 무시하지 않는다는 사실을 알 수 있다. 이와 마찬가지로 다른 학파들도 제각기 다른 시각과 관점에서 현실을 살피고, 그에 기초하여 그 나름대로의 정치적 주장을 제시했다.

물론 중국 철학이 지략형 문화로 자리 잡게 된 가장 중요한 원인은 이들 학파들이 정치에 커다란 관심을 나타냈고, 철학자들의 정치관이 주로 '치인治人'에 집중되었기 때문이다. 다시 말해, '치인'에서 출발하여 자신의 정치적 주장을 실현하려 했던 것이다. '치인'에는 일정한 방법이 필요했고, 이러한 방법을 추구하는 과정에서 지략이 형성되었다. 그러나 이와 함께 고려해야 할 것은 당시에 지략이 구체적인 수단으로 존재했더라도 이것만으로는 지략형 철학으로 발전할 수 없었을 것이라는 점이다.

당시의 상황에서는 지략이 체계화와 사회화, 규약화를 통해 사회 제도로서의 규범과 원리로 작용했다. 학자이건 제왕이건 평민이건 간에, 이러한 규범과 원칙에 대해서는 이의를 제기할 수 없었다. 당시의 현실에 대해 가장 격분했던 도가조차도 실제로는 일반적인 지략에 반대하는 방식으로 깊이 있는 정치 및 문화의 전략을 추진했다. 이런 식으로 각종 학파와 문화가 전체적인 지략의 부분을 구성함으로써 중국의 지략형 문화가 형성되었다.

중국의 철학이 획기적인 발전을 이루는 동안 학문의 목적은 위정爲政에 있었고, 학자들의 이상도 정치를 통해 관직과 봉록을 얻는 데 있었다. 이는 대부분 학파들의 공통된 인식이었다. 사마담은 일찍이 이를 가리켜 "무릇 음양가와 유가, 묵가, 명가, 법가 등은 모두 정치에 힘쓴 무리들이었다"고 지적한 바 있다. 인간과 주변 세계 사이에 발생하는 관계는 두 가지이다. 하나는 자연적 관계이고, 다른 하나는 대인관계다. 서양의 문화 발전은 전자에 편중되어 있어서 인간과 자연의 관계를 탐구하는 데 주력했다. 그런 의미에서는 과학형 문화라고 할 수 있다. 이에 비해 중국 문화의 발전은 인간의 관계에 초점이 맞춰져 있다. 사실 이는 춘추전국시대에 우연히 발생한 현상이 아니라 역사적, 문화적 근원과 현실적 근원을 동시에 가지고 있다.

중국 민족은 형성 초기부터 하늘과 사람이 하나라는 기본적인 철학과 문화 관념을 가지고 있었다. 하늘의 운행에는 항상성이 있어서 변화가 없지만, 인간은 자신을 조절하여 하늘에 순응하는 능력을 가지고 있다. 이리하여 사람들은 점차 인간 사회 내부로 주의를 돌리기 시작했고, '치인'을 핵심으로 하는 문화 관념을 형성하게 되었다. 이것이 지략형 문화 발전의 기본 전제이다. 또한 춘추전국시대의 구체적 역사 현실은 지략형 문화 발전에 중요한 계기를 마련해주었다. 이 계기란 '왕관王官의 학문이 백가로 분산되고' 제후들이 패권을 다투면서 지모를 절실히 필요로 했기 때문이다.

주周 왕실이 쇠락하면서 제후들을 통제할 능력을 상실하자, 서주 말기부터는 예악禮樂이 무너지기 시작했다. 그러나 주 왕실과 수많은 제후들이 몰락함에 따라 그때까지 문화(주로 예악문화)를 장악하고 있던 사람들이 민간으로 퍼져나갔다. 그 결과 왕관의 학문이 백가로 분산되었고, 문화가 크게 발전할 수 있는 조건이 조성될 수 있었다. 또한 춘추전국시대에는 통치 계층이 정치력을 상실하면서 이를 기초로 '백가쟁명'이 이루어지게 되었다. 서주 이래 수백 년 동안 통일된 문화가 발전하는 역사 단계를 거쳐 마침내 '도술이 천하에 흩어지는' 결과를 낳은 것이다. 각 학파들이 제각기 다른 관점과 주장을 가지고 있기는 했지만, 기본적으로는 하나같이 당시의 문화적 수요에 부합하면서 여러 제후들이 스스로 패자를 자칭하는 데 기여했다. 결국 중국의 지략 문화가 크게 발전했던 것은 역사적인 필연이었던 셈이다.

이 시기의 제후들에게는 인재 집단을 보유하는 것이 흥망을 결정하는 관건이었다. 그러므로 '선비를 하나 잃어 나라가 망하고, 선비를 하나 얻어 나라가 흥하는 상황'이 비일비재했다. 각 학파는 모략에 있어서도 큰 차이를 나타냈다.

춘추전국시대의 지략형 문화는 사인士人들에 대한 제후의 요구와 결합하여 독특한 사유 방식을 형성했다. 이러한 사유 방식의 가장 큰 특징은 '실용이성'이다. 통속적으로 실용이성의 특징은 일의 수단이나 목적에 있어서 정의를 추구하는 것이 아니라 이익을 우선으로 하는 것이다.

서양의 '도덕 이성(또는 실천 이성, 즉 칸트의 kritik der praktischen Vernunft)'이 근거로 삼는 것은 일정하고도 통일된 정의에 관한 인식과 가치의 경향으로서 현실적 이익과는 별로 관계가 없다. 이와는 달리 실용이성은 현실적 가치에 대한 인식이 일정치 않고 이해관계와 밀접히 연관되어 있기 때문에 이에 따라 수시로 변화한다. 심지어 이해관계가 실용이성의 가치 관념의 출발점이라고 해도 과언이 아니다. 사실 춘추전국시대에 종횡가들이 가장 무게를 둔 부분도 이해관계였다. 한 제후국의 군주는 이해관계를 분명히 인식하게 되면 새로운 선택을 하게 되는데, 이러한 선택이 도의에 부합하느냐의 여부는 고려의 대상이 되지 않았다. 도의를 고려한다 해도 좀더 원대한 이익을 위한 것이지, 결코 도의만을 위한 것이 아니었다. 이러한 사례는 셀 수 없이 많았고, 춘추전국시대에만 그랬던 것이 아니라 중국 역사를 통틀어 똑같은 경향을 보였다.

이러한 기본적 특징과 관련하여 지략형 문화의 사유 방식은 경험성과 민첩성이라는 특징을 가지고 있다. 이러한 사유 방식은 이론적인 사고나 가치를 논증하지 않고 주로 '역사를 귀감으로 삼으면서' 과거의 경험에 따라 방침과 전략을 확정한다. 그래서 간명함과 신속함 그리고 '기둥을 세워 그림자를 보는' 실용성 등은 필요로 했지만, 이론적 근거나 완비된 이론 형태 따위는 추구하지 않았다. 이러한 기본적 요구들이 서로 적용된 것이 바로 민첩성이다.

문제를 처리할 때는 천차만별의 다양한 상황을 만나게 되는데, 이해관계의 원칙(사실 이는 원칙이라고 할 수도 없다)을 제외하고는 다른 원칙의 제약을 받지 않기 때문에 자유를 충분히 발휘할 수 있는 공간이 확보된다. 그러므로 지략형 문화의 사유 방식은 이 세상에서 가장 민첩한 사유 방식 가운데 하나다. 그런 의미에서 중화 민족은 구체적인 문제에 대한 구체적인 분석에 가장 뛰어난 민족 가운데 하나라 할 수 있다. 예컨대 병가의 가장 큰 금기는 종이 위에서 가상의 병법을 논하는 지상담병紙上談兵인데, 아무리 자세히 상황을 분석하더라도 싸움에 이기는 것보다는 중요하지 않기 때문이다.

지략형 문화는 중국 민족의 성격 형성에 지대한 영향을 미쳤고 심지어 어떤 의미에서는 민족의 성격적 특징을 결정했다고 할 수도 있다. 물론 여기에는 긍정적 영향도 있지만 부정적 영향도 없지 않다. 반드시 설명하고 넘어가야 할 사실은 이 두 가지 영향이 시기와 상황에 따라 각기 달리 나타났을 뿐만 아니라, 상호 전환의 양태까지 보이곤 했다는 점이다. 특히 각 개인들에게 있어서는 위에 있는 자가 아래로 내려오고 아래에 있는 자가 위로 올라가는 일이 비일비재했다. 따라서 뒤에서 얘기하게 될 몇 가지 영향도 대략적인 논술에 그칠 수밖에 없다.

중국의 지략 문화는 중국인들이 취하고 사용했던 지혜의 보고로서, 무엇보다도 중화 민족의 실사구시적 성격과 심리 태도를 형성했다. 길고 긴 역사 발전의 과정 속에서 무수한 역경과 시련을 경험했지만 끝까지 멸망하지 않고 오늘날까지 이어져 내려온 것처럼, 중국은 부단히 힘을 키우면서 발전해왔다. 중국 민족과 동시에 나타난 다른 고대의 민족들은 문화와 함께 종족이 사라졌거나, 문화의 영향만을 남기고 민족 자체는 바람과 구름처럼 흩어져버렸다. 중국만이 문화와 민족 모두 사라지지 않고 일관되게 발전해오고 있다. 인류 문명사를 볼 때 이는 일종의 기적이다. 중국인들을 비판하면서 민족적 결점을 제기하는 사람들도 없지 않지만, 지속하면서 발전하고 있다는 사실만은 반박할 수 없을 것이다. 여기서는 단지 다른 민족과 비교하여 중국의 문화가 보다 완전하게 보전되고 있고 발전해나가고 있다는 점을 강조하고 싶을 뿐이다.

지략형 문화는 중국 민족이 실용적이고 이지적인 생존 태도를 형성함으로써 공허함을 추구하지 않고 귀신을 숭상하지 않으며 극단으로 나가지 않고 두 발을 항상 현실에 붙이고 사는 기질을 갖게 했다. 그 결과 중국 민족은 고난과 시련에 굴하지 않는 강인한 인내력과 생기를 되찾는 회복력을 갖게 되었다. 또한 지략형 문화의 실사구시 사상은 중국인들에게 정치적으로 항상 아름다운 이상인 지혜로운 군주와 현명한 재상을 추구하도록 했다. 이처럼 현실에 기초한 사회적 이상은 천당에서 내려온 것, 지옥에서 솟아난 것도 아닌 중국인들 스스로 삶의 현실에서 창조해낸 것이다. 이러한 이상이 완전하게 실현된 시대는 없었지만 이것을 추구하는 힘이 있었기 때문에 중국 민족은 온갖 고난을 이겨내고 지금까지 생존, 발전할 수 있었다.

오늘날의 구체적 역사 조건에서 바라볼 때 지략형 문화는 중국인의 성격에 부정적인 영향을 미친 것도 사실이다. 실용이성을 중시하는 이러한 사유 방식은 진리를 말살하고 진리에 대한 추구를 제한하기 십상이었다. 그래서 중국의 전통 사회는 수천 년에 이르는 장구한 발전 과정을 거쳤으면서도 문화 관념과 사회 제도에 있어서는 실질적인 변화가 없었다. 그로 인해 진정한 민주의 길을 열지 못했다. 또 한 가지 중요한 사실은 지략형 문화가 '치인'에 치중하다보니 인간과 자연의 조화와 공존만 추구하여 과학이성의 분야에서는 심각한 한계에 부딪혔고, 결국 근대 과학의 길을 걷지 못했다는 점이다.

또 한 가지 언급하지 않을 수 없는 부정적 영향은 중국인들이 천성적으로 모두 정치인이라는 것이다. 전통 정치의 운용 방식이 '인치人治'고 전통문화의 정수도 '인치'다 보니 모든 사람이 모략가가 되지 않을 수 없었다. 사실 어떤 의미에서 중국인의 학문은 '모략'으로 귀결되기도 한다. 이른바 "세상사에 밝으면 그것이 곧 학문이고, 인정에 정통하면 모두 훌륭한 글이다"라는 속담이 이러한 경향을 극명하게 보여준다. 수많은 중국인들이 일생을 다른 사람을 대상으로 한 모략과 계산에 허비함으로써 사회적으로 큰 손실을 초래했다. 더 심각한 것은 모략과 계산이 기나긴 역사 발전 과정에서 이미 뿌리 깊은 처세의 태도와 인생관으로 자리 잡게 되었다는 것이다. 이는 이미 일종의 '술術'이 아니라 인생의 '도道', 즉 중국인들의 내재적 처세 철학이자 문화 정신이 된 셈이다. 흔히 말하는 "중국인들은 둥지 안 싸움에 능하다"라는 말은 이런 상황에서 연유한 것이다.

앞에서 설명한 바와 같이 긍정적인 면과 부정적인 면의 경계가 절대적이지 않은 가운데 실용이성은 중국 민족에게 지속적으로 존재와 발전을 위한 활력을 제공해주었다. 그러나 이와 동시에 중국인들에게 '둥지 안 싸움에 능한' 성품을 갖게 했고 현대로 접어들면서 민족의 발전을 저해하는 저열한 요소로 자리 잡았다. 마찬가지로 하늘과 인간의 조화를 추구하는 관념도 중국의 발전에 결코 무시할 수 없는 역할을 했지만, 현대화로 신속하게 나아가는 데에는 커다란 장애 요소가 되기도 했다.

전통은 죽었지만 인간은 살아 있다. 죽은 전통이 살아 있는 인간을 속박하고 인간을 전통의 지게미로 만들 것인지, 아니면 살아 있는 사람들이 죽은 전통을 되살려 다시 청춘의 활력을 발산하게 할 것인지는 전적으로 오늘을 살고 있는 우리의 자세에 달려 있다.

마지막으로 설명하고 넘어가야 할 것은 유가와 법가, 도가, 병가, 종횡가 등의 철학 내지 문화 개념으로 중국의 전통 지모를 분류하는 것은 실험적인 것으로서, 이러한 실험은 두 가지 근거를 가지고 있다.

첫째, 중국 전통 정치의 운용 방식은 '인치'이고 중국 전통문화의 정수 역시 '인치'에 있는 만큼 각 학파의 사상과 지혜가 각기 다르다 해도 '인치'에 있어서는 일치하고 있다. 중국 전통의 지혜가 하나의 근본으로 귀납되고 있는 것이다.

둘째, 한대 이후로 유가와 도가, 법가와 종횡가 등 여러 학파가 하나로 융합하면서 유가의 왕도를 빌어 법가와 병가의 패도覇道가 행해졌다. 이는 이미 중국 정치 운용 방식의 뿌리 깊은 전통으로 굳어졌다. 사실 이는 일종의 사기성 정치이자 '음모 정치'라 할 수 있다. 이렇게 분류할 경우, 사실에 대한 폭로가 중국인들에게는 계몽적인 기능을 할 수도 있을 것이다. 물론 이러한 분류에도 불편한 점이 없지 않다. 예컨대 중국의 유가와 도가, 법가가 아주 강한 상호성을 가지고 있기 때문에 칼로 두부를 자르는 것 같은 확연한 구분은 불가능하며, 구체적 역사 사건 역시 복잡한 양상을 띠기 때문에 한 학파에 해당하는 것으로 규정하기가 쉽지 않기 때문이다.

렁청진

머리말 | # 법으로 세상을 다스리라

　춘추전국시대에 몰락한 귀족들이 사인士人이라는 새로운 신분계층을 형성하면서 국가의 전유물이던 지식이 개인의 영역으로 넘어가게 되어 최초의 사학私學이 형성되었다. 중국 정신문화의 기초가 마련된 것이다. 그러나 분열과 혼란의 시대이자 각축의 시대였던 당시에, 지식은 전반적으로 남을 이겨 살아남기 위한 생존 전략으로 집중되었다. 그러므로 당시의 학문은 체계적인 논리라기보다는 지략이자 실천적인 것이었다고 할 수 있다.

　이러한 학문은 통일왕조인 한대漢代로 들어서면서 내포와 외연이 더욱 확대되고 발전하여 유가儒家와 도가道家, 법가法家, 명가名家, 종횡가縱橫家, 음양가陰陽家, 묵가墨家, 잡가雜家, 농가農家 등 아홉 개의 커다란 범주로 구분되면서 이른바 9류九流를 이루게 되었다. 그러나 이러한 구분은 칼로 자르듯이 명확한 변별의 기준이 있는 것이 아니여서 조금씩 뒤섞이거나 애매모호한 부분이 많은 편이다. 또한 학문적 체계를 갖춘 거창한 이론이나 학설이 아니라 개인적 사유와 경험을 정리한 이야기들이라서 분류하거나 체계화하는 데 어려움이 적지 않다. 당시의 저작들이 후대로 전해져오면서 그 내용을 이해하는 관점에 따라 무수한 주석서가 생겨나게 된 이유도 여기에 있다.

이러한 오류 중에서 관자管子와 신불해申不害, 상앙商鞅, 한비자韓非子 등으로 대표되는 법가의 철학을 한마디로 요약하자면 '인간의 본성에 기초한 도덕성을 믿지 말고 엄격한 법을 적용하여 세상을 다스리라'는 통치 전략이자 사회 개혁에 관한 변론이라 할 수 있다. 통치자가 애써 다스리려 하지 않아도 저절로 다스려지는 것을 이상적 치세로 보았던 도가의 무위지치無爲之治나 모든 인간은 본질적으로 선하고 지혜롭기 때문에 타고난 본성, 즉 적자지심赤子之心에 따라 모든 개인의 자유를 극대화해야 한다고 주장했던 맹자의 정치적 사유와 정면으로 배치되는 견해인 셈이다.

이 책에서 소개하는 지모는 법가 지식인들의 철학적 주장에 국한되지 않는다. 이 책은 당시 지식인들이 유세에 가장 많이 사용했던 이야기나 고사보다는 법가 정신이 반영되어 있거나 이를 계승하고 있는 역사적 사례들을 모아놓은 것에 가깝다. 따라서 이 책에서 제시하는 역사적 교훈과 실천 윤리들은 법의 수립과 운용, 그리고 이를 유지해주는 메커니즘에 관한 것이 아니라 개인과 가정, 기업과 사회, 국가와 천하 등 다양한 차원의 조직을 관리하고 운용하는 데 필요한 관용과 징벌, 대의와 사리, 신의와 배반, 변화와 유지 등 갖가지 이분법적 가치의 선택을 통해 천시天時와 지세地勢, 인화人和의 정립을 추구하는 방법론이라 할 수 있다.

  법가는 난세의 산물이다. 문명의 충돌과 세계화라는 거대한 트렌드가 지배하고 있는 오늘날의 세계는 난세인가, 치세인가? 그리고 이 사회를 구성하고 있는 무수한 개인과 조직들은 어떻게 자신을 관리하고 개혁하면서 난세인지 치세인지 모르는 이 시대를 살아나갈 것인가? 이 책이 그 해답의 단서들을 찾아줄 것이다.

차례

해제 · 왜 중국인은 지략에 강한가 ········· 4

머리말 · 법으로 세상을 다스리라 ········· 14

1장 | 다스림과 섬김의 이치

1 개혁의 제단에는 비극만 가득하다 ········· 22
2 제거하지 않아 뜻을 이루지 못하다 ········· 30
3 때는 얻었으나 사람을 얻지 못하다 ········· 41
4 양모가 실패하면 음모가 된다 ········· 51
5 인재를 얻으면 건달도 천하를 얻을 수 있다 ········· 65
6 끝없는 권력욕은 파멸을 부른다 ········· 75

2장 | 흥망성쇠의 법칙

7 국가와 군주는 별개의 존재이다 ········· 90
8 쳐야 할 때 치지 않으면 자신이 다친다 ········· 100
9 인심을 얻는 자가 천하를 얻는다 ········· 106
10 편안함은 영웅들의 무덤이다 ········· 113
11 유명인사의 후광을 이용하라 ········· 120

3장 | 뜻을 세우는 사람과 이루는 사람

12 나라를 세우면 권력을 다져야 한다 ········· 132
13 권력의 가시 방망이는 버릴 수 없다 ········· 144
14 대의를 위해 아들을 죽이다 ········· 153
15 한 잔 술로 병권을 거두다 ········· 158
16 선한 행위가 항상 보답을 받는 것은 아니다 ········· 167

4장 | 근본이 되는 법도를 세워라

17 호부를 훔쳐 나라를 구하다 ········· 184
18 법은 일이 벌어진 뒤에 행하는 것이다 ········· 198
19 죽음을 두려워하지 않고 법을 집행하다 ········· 209
20 간신의 지혜는 자기 안위만을 지킨다 ········· 223
21 아첨에 능하여 직위를 보전하다 ········· 229
22 지나친 욕망으로 패망에 이르다 ········· 243

5장 | 나아가고 물러서는 도리

23 은혜를 입으면 반드시 보답한다 ·············· 258
24 보은과 보복은 되풀이하지 마라 ·············· 268
25 인의지도로 백성을 다스리다 ·············· 283
26 희대의 간신, 나라를 팔아먹다 ·············· 292
27 망국의 군주는 있어도 망국의 신하는 없다 ·············· 305

옮긴이의 말 · 변하지 않으면 소통할 수 없다 ·············· 315

1장 | 다스림과 섬김의 이치

1 | 개혁의 제단에는 비극만 가득하다

중국의 고대 사회에서 개혁자들은 하나같이 불행한 최후를 맞았다. 이는 정치적으로 또는 정리正理의 각도에서는 거론되지 않는 사실이지만, 분명하게 역사의 법칙을 이루고 있음은 부정할 수 없다.

어째서 이런 현상이 나타난 것일까? 어떤 이는 고대 중국에서 개혁이 추진되기 어려웠던 원인은 백성들이 개혁을 원치 않기 때문이라고 단정하기도 하지만, 이는 공정하지 못한 것이다. 고대 중국의 개혁은 백성들과 아무런 관계도 없었다. 개혁의 내용이 백성들의 삶에 아무런 영향도 미치지 않았던 것이 아니라, 개혁 자체가 순전히 상층 사회의 일이어서 애당초 백성들의 삶과는 아무런 관련도 없었던 것이다. "백성들을 마음대로 부릴 수는 있으나 백성들에게 치국의 원리를 알게 해서는 안 된다"라는 것이 중국의 역대 통치자들이 백성들을 대하는 기본적인 태도였다.

　중국의 역대 개혁은 대부분 권력자에 의해 추진되었던 것과 마찬가지로 가장 먼저 권력자들에 의해 저지되었다. 위로부터 아래로의 개혁은 백성들이 원하건 원하지 않건, 백성들에게 이익을 가져다주건 그렇지 못하건 간에 항상 백성들에게 강제되었다. 물론 훌륭한 개혁 조치가 백성들로부터 환영을 받은 일도 있고 불합리한 개혁이 백성들의 저항에 부딪친 적도 없지 않지만, 백성들의 의견이 통치 집단의 태도에 영향을 미치기란 쉽지 않은 일이었다. 개혁의 실패는 통치 집단 내부의 권력과 이익 투쟁 때문이었던 것이다.

　중국 최초이자 최대의 개혁자 가운데 하나인 상앙商鞅도 마찬가지였다. 상앙은 위衛나라 사람으로 위나라에서 낮은 관직에 머물러 있다가, 혜왕惠王의 중용을 받지 못하자 진秦나라에서 대거 인재를 받아들인다는 소문을 듣고 진나라로 갔다.

　진은 대단히 특이한 나라였다. 원래는 서북 변방에 위치한 작은 나라였으나, 다른 제후국에서 인재를 받아들여 이들을 국가 발전에 활용함으로써 점차 강대해지기 시작했다. 진나라의 역사에서 중대한 발전의 계기가 된 사건 가운데 진나라의 인재에 의해 추진된 것은 하나도 없었다. 이런 개방적인 태도와 군주의 진취적인 정신 덕분에 진은 6국을 병합하고 중원을 통일할 수 있는 기틀을 마련할 수 있었던 것이다.

　효공孝公 시기만 해도 진나라는 그다지 강대한 나라가 아니었고, 동쪽의 위나라로부터 걸핏하면 영토를 침략당했다. 효공은 진나라를 빠른 시간 내에 강대국으로 만들기 위해 중대한 명령을 공포했다. 널리 인재를 구할 것이며, 진을 강대하게 만드는 인재에게는 높은 관직과 봉토를 상으로 내리겠다는 것이었다.

상앙은 형명刑名[1]의 학문에 뛰어난 인물로, 법가의 대표적인 개혁가 가운데 하나였다. 그는 진이 강대해질 수 있는 방법은 법치에 달려 있는 만큼, 자신이 그곳으로 가면 어느 정도 능력을 발휘할 수 있을 것이라 판단하고 곧장 효공을 찾아갔다. 그는 먼저 효공의 진정한 속셈을 떠보기 위해, 처음 만난 자리에서 자신의 구상을 그대로 밝히지 않고 탐색을 위한 대담을 진행했다. 처음 두 번 대면한 자리에서 상앙은 효공에게 법가가 아닌 유가에서 말하는 제왕의 도리를 역설했다. 효공은 아무런 흥미도 느끼지 못하고 지루한 표정만 지을 뿐이었다. 결국 효공이 법치를 통해 나라를 일으키려 한다는 사실을 확신하게 된 상앙은 세 번째로 대면한 자리에서 자신의 진정한 구상을 털어놓았고, 단번에 효공의 마음을 사로잡았다.

두 사람은 사흘 밤낮 동안 변법變法[2]에 관해 대화를 나누면서도 피곤한 줄을 몰랐다. 효공은 당장 상앙을 주관 관리로 임명하고, 즉시 변법을 추진하게 했다.

상앙은 먼저 백성들의 믿음을 회복하기 위해 몇 가지 조치를 취했다. 그는 도성의 남문 밖에 나무 기둥을 세워놓고 누구든지 이 기둥을 북문으로 옮겨놓기만 하면 황금 50냥을 상으로 주겠다는 방문을 붙였다. 나무 기둥은 보통 체격의 장정이라면 얼마든지 옮길 수 있었지만, 한동안 아무도 거들떠보지 않았다. 그처럼 간단한 일에 상금을 주겠다

---

[1] 형벌의 이름. 징역, 금고, 벌금, 구류 등.
[2] 법규를 고친다는 뜻.

는 말이 믿기지 않았던 것이다. 얼마 후 노魯나라 사람 하나가 반신반의하며 기둥을 옮겼고, 정말로 황금 50냥을 상으로 받았다. 상앙은 이처럼 간단한 조치로 백성들의 신뢰를 회복할 수 있었다. 이어서 효공 6년(기원전 356년)과 효공 12년에 대규모 변법을 단행했다. 그 내용은 다음과 같다.

(1) 호적을 편성하여 연좌법을 실시한다. 다섯 가구를 '오伍'로 묶고 열 가구를 '십什'으로 묶어서, 한 가구가 법을 위반했는데 나머지 가구들이 신고하지 않을 경우 연대 책임을 물어 똑같이 처벌한다.

(2) 군공軍功을 장려하되 사사로운 싸움을 금한다. 군공을 세운 사람에게는 출신의 귀천과 직위의 고하를 막론하고 공적에 따라 봉토를 하사한다. 각 성읍들 사이의 계투械鬪[3]를 금하고 이를 어기는 자들은 엄하게 처벌한다.

(3) 경작과 직조를 장려하고 농업을 지원하는 동시에 인구를 대대적으로 증가시킨다. 농작물 수확이 많은 가구에는 상을 내리고, 생산이 저조한 가구는 가산을 몰수한 후 일가 전체를 관노로 삼는다.

(4) 가벼운 죄에도 엄중한 처벌을 내린다. 예컨대, 재를 길바닥에 뿌리는 자는 얼굴에 먹으로 문신을 새긴다.

(5) 현제縣制를 실시하여 권력을 중앙에 집중시킨다.

(6) 토지의 사유를 인정하고 황무지 개척을 장려한다.

(7) 도량형을 통일하여 관리를 강화하고 국가의 부를 집중시킨다.

---

3 농지를 차지하기 위한 고대 중국 농촌 특유의 집단 패싸움.

상앙의 변법이 실시된 지 얼마 지나지 않아 진은 여러 제후국들 가운데 가장 강력한 국가로 발전하게 되었다.

기원전 240년에 진은 위魏를 공격했고, 상앙의 책략에 힘입어 진군은 위군을 크게 대파함으로써 황하黃河 서쪽의 실지를 수복했다. 이러한 공로 덕분에 상앙은 상지商地에 봉해졌고, 열다섯 좌의 성읍을 거느린 상군相君[4]이 되었다.

상앙의 변법은 법령이 지나치게 가혹하긴 했지만 기본적으로 백성들의 이익에 부합했기 때문에 반대하는 백성들은 없었다. 그러나 조정 내부에 권력 투쟁을 유발하고 말았다.

상앙의 변법은 초기부터 구귀족들의 격렬한 반대에 부딪쳤다. 그 원인은 간단했다. 일부 조령들이 구귀족의 이익을 심각하게 침해했기 때문이다. 특히 군공의 등급을 폐지한 것과 토지의 사유를 인정한 것이 가장 큰 저항을 불러왔다. 그러나 효공이 상앙을 전폭적으로 지지하고 있었기 때문에, 효공 생전에는 불만이 전혀 드러나지 않았다. 그러다가 효공이 세상을 떠나고 혜문왕惠文王이 즉위하자 구귀족 세력은 상앙을 무고하기 시작했고, 결국 혜문왕은 그를 잡아들이라는 명령을 내렸다.

상앙이 받은 처벌은 이른바 '거열車裂'이라는 혹형이었다. '거열'이란 사지를 네 필의 말에 매어 몸을 찢어 죽이는 잔혹하기 짝이 없는 형벌이었다.

상앙은 세상을 떠났지만 그가 제정한 법령은 그대로 존재했다. 진의

---

[4] 재상宰相을 달리 일컫는 말.

국력은 그의 죽음으로 인해 쇠락하지 않았고 여전히 그의 변법에 의지해 발전했으며, 100년 후에는 마침내 중원을 통일할 수 있었다.

실패한 왕안석의 신법

송宋대 왕안석王安石의 변법은 상앙의 변법처럼 격렬하지 않았고 그의 결말도 상앙처럼 비참하지는 않았지만, 역사적으로는 훨씬 더 큰 의미를 지니고 있다.

우선 왕안석이 변법을 행하던 시기에는 신구 양당의 세력 다툼으로 인해 관리의 임명과 면직이 반복되었다. 왕안석은 신종神宗 희녕熙寧 연간에 변법을 제시하기 시작하여, 농전의 수리를 강화하고 성에 장군을 배치하며 국가의 재력을 중앙에 집중시키는 등 강하지 않은 조치를 시행했다. 이러한 조치들은 당시 송 왕조 사회에 쌓인 폐해를 해결하기 위한 것으로써 의도와 동기가 매우 훌륭했다. 그리고 그 효과도 기대한 것만큼 크지는 않았지만, 어느 정도 가시적인 성과를 나타냈다. 그런데도 불구하고 조정 내부, 특히 일부 대신들 사이에 노선의 갈등이 빚어졌다. 신법을 둘러싸고 변법을 주장하는 왕안석의 신당과 변법에 반대하는 사마광司馬光의 구당 사이에 장기적이고 격렬한 투쟁이 전개된 것이다.

양당은 여러 차례 회합을 가졌지만, 한번은 신당이 나서서 구당을 폄하하고 한번은 구당이 득세하여 신당을 억제하고 공격하는 양상을 보이면서 타협이나 협력의 계기를 찾지 못했다. 그래서 양당은 신법의 추진과 폐지를 놓고 격렬한 권력 투쟁을 벌이게 되었다. 특히 신당의 장돈章惇 같은 인물은 사마광의 구당 일파를 잔혹하게 탄압하여 수많은 사람을 유배와 죽음으로 내몰기도 했다. 사정이 이 지경에 이르자 신법의 진정한 이해득실을 고려하는 사람은 아무도 없게 되었다.

이처럼 신법은 흥망을 거듭하며 완전히 당파 간 권력 싸움의 구실과 원인으로 전락하면서 실질적인 의미를 상실하게 되었다. 결국 왕안석은 조정을 떠나 은거했고, 왕안석의 신법은 완전히 폐지되고 말았다. 그가 잔혹한 박해를 당하지 않고 무사히 천수를 다할 수 있었던 것은 그나마 다행이었다.

그러나 문제는 왕안석에 대한 후대 사람들의 평가에 있었다. 왕안석은 어느 모로 보나 훌륭한 정치가요 개혁가였고, 심성이 정직할 뿐만 아니라 학문도 깊은 대신이었다. 그러나 그에 대한 후대 사람들의 평가는 냉담하기 그지없었다. 심지어 어떤 학자는 「요상공음한반산요拗相公飮恨半山腰」라는 제목의 글을 통해 왕안석을 개만도 못한 인간으로 비난하기도 했다. 왕안석 이후의 정직하고 수양과 학문을 갖춘 대신들 가운데 그를 훌륭한 인재였다고 평가하는 사람은 거의 없었다. 대부분은 왕안석의 신법을 송 왕조의 재난이라고 생각했고, 하늘에서 떨어진 재앙으로 여겼다.

새로운 사조는 항상 그렇듯 왕안석의 신법에도 불완전하고 불합리한 부분이 없을 수는 없었겠지만, 그렇다고 해도 후대 사람들이 이구동성으로 이를 부정하는 것은 이해하기 어려운 일이다. 특히 그의 인격을 모욕하는 데는 가슴이 서늘해질 정도이다.

중국 역사의 수많은 개혁가들의 운명도 이와 다르지 않았다. 결국 중국의 개혁은 하나의 제단이었고, 개혁가는 이러한 제단의 제물이었다. 그리고 이 제단에는 비극의 그림자만 가득해 처연하기 그지없다.

이러한 개혁의 제단이 숭고한 지위를 회복하지 않는 한 중국의 개혁은 아무런 희망도 갖지 못할 것이다.

중국 봉건 시대 역사의 마지막 개혁이자 최대의 개혁이었던 '백일유신百日維新'도 이와 유사한 교훈을 던져주고 있다.

2 제거하지 않아 뜻을 이루지 못하다

'백일유신'이라는 개혁 조치가 중국에 미친 영향은 지대했다. 오늘날까지도 중국인들은 이 운동을 무시하지 못한다. 심지어 당시의 개혁 정신을 되살리지 않고는 오늘날의 개혁도 어렵다고 말하기도 한다.

그러나 백일유신의 주인공이었던 광서光緖 황제는 권력이 없는 개혁가였다. 백일유신이 실패한 이유를 분석하는 과정에서 고대 중국의 위에서 아래로의 개혁이 실패할 수밖에 없었던 본질적인 원인을 발견할 수 있다.

동치同治 황제가 19세의 젊은 나이로 세상을 떠나자, 그 모친인 자희慈禧 태후는 동치제의 아들이 황제로 등극하여 자신의 권력이 축소될 것이 두려워 순친왕醇親王의 네 살 난 아들인 재첨載湉을 황제로 즉위시켰다. 그가 바로 광서 황제이다. 광서제의 부친은 자희 태후의 남편인 함풍咸豊 황제의 동생이므로, 광서제는 자희 태후의 조카인 셈이었다. 광서제의 모친은 자희 태후의 친동생이었기 때문에 광서제는 자희 태후의 외조카이기도 했다. 광서제는 즉위했을 당시 나이가 아직 네 살에 불과했기 때문에 대권은 자희 태후 한 사람에 의해 완전히 조정되고 있었다.

자희 태후가 광서제에게 시킨 일은 두 가지뿐이었다. 하나는 자신을 두려워하게 하는 것이고, 또 하나는 열심히 공부하게 하는 것이었다. 자희 태후는 광서제에게 매우 엄격했고, 자신의 지시에 순순히 따르는 하나의 도구로 만들려 했다. 심지어 그녀는 광서제로 하여금 자신을 '태후'라 부르지 않고 '친어머니'라 부르게 했다.

광서제는 공부를 아주 좋아했고 학문에 매우 적극적이었다. 스승 옹동화 등의 정성스러운 지도하에 광서제는 열 살이 넘으면서 경서와 사서에 통달했고, 주역의 이치를 깨우쳤으며, 훌륭한 글을 지을 수 있게 되었다. 글을 통해 자신의 커다란 뜻을 나타낼 줄도 알았다. 스승들을 더욱 놀라게 한 것은 나이에 걸맞지 않는 뛰어난 식견을 드러내기도 했다는 점이다. 그래서 옹동화 등은 장차 그가 훌륭한 황제가 되리라 굳게 믿었다.

광서 13년(1887년) 광서제가 16세 되던 해부터 전통에 따라 '친정親政'을 펼 수 있게 되자, 자희 태후는 수렴청정의 태세를 갖추기 시작했다. 실질적인 조정의 대권은 여전히 자희 태후의 손에 있었다.

광서제가 친정을 시작할 무렵은 제국주의 열강들이 중국을 강점하려던 매우 위태로운 시기였고, 청 조정은 굴욕적인 조약을 통해 제국주의 세력에 점차 무릎을 꿇기 시작했다. 게다가 중일中日 해전의 참패로 인해 중국의 지사들은 중국과 세계의 정세를 분명히 인식하게 되었고, 변법이 없이는 나라가 망하는 치욕을 피할 수 없음을 깨닫게 되었다. 그러므로 지식인들 사이에 변법을 제창하는 열기가 고조되기 시작했다.

'공거상서公車上書' 운동은 중국의 근대 지식인들이 사회의 변혁을 요구한 중대한 거사였다. 시모노세키 조약 체결로 중국의 정직한 지식인들은 극도로 분노했고, 강유위康有爲는 과거 시험을 보기 위해 북경에 모여 있던 1,200명의 서생들을 규합하여 변법과 화친 거부, 천도 등을 주장하는 상서를 올리게 되었다. 이것이 이른바 '공거상서' 사건이었다. 이 사건은 청 조정의 완고한 대신들을 크게 놀라게 했고, 중국을 분할하여 강점하려는 제국주의 열강들에 중국인의 각성을 과시하면서 안팎으로 거대한 파장을 일으켰다.

그러나 청 조정의 엄격한 등급제 때문에 '공거상서'는 광서제의 손에 전달되지 못했다. 이에 격분한 강유위 등은 20일 후에 또다시 1만여 자에 달하는 장문의 상소를 올렸고, 이것이 마침내 광서제의 손에 전해지게 되었다. 광서제는 강유위가 제시한 수많은 견해에 찬탄을 금치 못했고, 즉시 글을 내려 개혁 신정을 실행할 것을 지시했다. 물론 이러한 명령의 위력은 극도로 미약했다. 한 사람의 관직을 파하거나 사형에 처함으로써 오랜 세월 누적된 봉건 관료 제도의 폐해를 일소하고 신정을 실행하려는 것은, 바람으로 태산을 옮겨놓으려는 일이나 마찬가지였다.

강유위는 자신의 주장이 아무런 효과도 나타내지 못하자, 광서 23년(1897년)에 또다시 분노의 상소를 올렸다. 그는 일본 의회와 신문들이 중국을 집어삼키는 문제를 놓고 연일 토론을 벌이고 있는데도 중국 정부는 아무런 대응책도 갖추지 않고 있다고 지적하면서, 변법이 없이는 망국을 기다리는 수밖에 없다고 역설했다. 이번 주장도 완고한 대신들에게 가로막혀 광서제에게 전달되지 못했다. 그러나 나중에 이 상소가 공개되어 여론에 거대한 반향을 일으켰고 수많은 신문과 간행물들이 앞다투어 이를 게재하자, 신문을 통해 이런 주장을 읽게 된 광서제는 깊은 감동을 받고 당장 강유위를 불러들였다.

그러나 공친왕 혁흔奕訢이 황제는 정4품 이하의 관원을 접견할 수 없다는 조종의 관례를 들어 강유위의 접견을 강력하게 반대하자, 광서제는 옹동화와 이홍장李鴻章, 영록榮祿 같은 사람들을 보내 그와 이야기하게 했다. 이들 가운데 옹동화는 광서제의 스승인 동시에 변법을 주장했던 개혁파 인물로서 강유위의 답변을 상세하게 광서제에게 보고했고, 광서제는 강유위의 이론과 태도에 다시 한번 깊은 감명을 받게 되었다. 광서제는 강유위의 글과 저술들을 전부 수집하게 하여 진지하게 읽었고, 이를 통해 새로운 견문을 넓혀 변법에 대한 신념을 더욱 확고히 했다.

광서제는 변법을 통한 혁신의 필요성을 절감했지만, 실권은 여전히 자희 태후의 수중에 있었다.

변법에 대한 요구가 거세진 가운데, '조종의 법도'가 변하는 것을 원치 않는 조정의 수구파 세력은 자희 태후 옆에서 떠나지 않았다. 형세가 급박해지자 자희 태후는 잠시 권력의 일부를 광서제에게 이양하면서, 일정 기간 내에 변법이 실현되지 못하면 다시 권력을 빼앗겠다고 못 박았다. 이는 변법을 막는 것보다 더 악랄한 짓이었지만, 어쨌든 자희 태후의 엄격한 제한을 전제로 부분적으로나마 변법의 시행이 허락되었다.

광서제와 양계초梁啓初 등은 자희 태후로부터 변법을 제한적으로 허락받은 것이 곧 변법의 성공을 의미하기라도 하는 듯 기쁨에 들떠 광분했다.

1898년 6월 11일, 광서제는 「정국시조定國是詔」를 발표했다. 변법의 선언서인 이 글에서 그는 변법자강운동이 구국의 지름길임을 역설하는 동시에, 말로만 구국을 외치면서 실제로는 그 방법조차 갖고 있지 못한 완고한 수구파 관료들의 허위 의식을 질책했다. 「정국시조」는 변법에 대한 광서제의 굳은 신념을 밝히는 동시에 자희 태후를 우두머리로 하는 수구 세력에 경종을 울리는 계기가 되었다. 이때부터 광서제는 쉬지 않고 개혁의 실행을 위한 조서를 내렸고, 자희 태후는 언제든지 무력으로 진압할 태세를 갖추고 있었다.

광서제는 6월 11일에 조서를 내린 데 이어, 6월 16일에는 수구 대신들의 강력한 만류에도 불구하고 강유위를 세 시간 동안이나 접견함으로써 황제는 정4품 이하의 관리를 직접 대면해선 안 된다는 관례를 깨뜨렸다. 강유위와의 대담을 통해 광서제는 변법에 대한 신념을 더욱 확고히 하는 동시에 변법의 내용에 있어서도 인식을 갖추게 되었고, 이를 기초로 개혁을 위한 구체적인 조서를 내릴 수 있게 되었다.

「정국시조」의 발표로부터 변법이 철저하게 진압되기까지 100일 동안 광서제는 110차례에 걸쳐 조서를 내렸다. 때로는 하루에 대여섯 건의 조서가 하달되기도 했는데, 그 안에는 학당 설립과 서학의 수용, 국외 유학생 파견, 과거 제도 개혁, 팔고문八股文[5] 폐지, 신문 및 잡지 창간 장려, 상서를 통한 국민 청원 장려, 철도건설 및 광공업 발전, 새로운 발명 및 저술 장려, 역참의 철폐와 우정 제도 개설, 관료의 감축 및 기구 축소, 규장과 조례의 개편, 군사 훈련 개혁, 재정 개혁 및 재정 예산 제정, 기인旗人[6]의 자력 갱생 장려 등 개혁의 구체적 방법들이 담겨 있었다.

정치와 군사, 경제, 문화 등 사회 전반에 걸쳐 전면적인 개혁을 단행하는 이러한 조치들이 중국의 국력을 증강시키는 데 중요한 작용을 할 수 있었던 것은 분명하지만, 이 가운데 적지 않은 사항들이 봉건 수구 세력의 의식이나 이익과 상충되는 것이었다. 결국 이러한 조치는 조정을 공황과 분노로 몰고 갔고, 수구파 대신들이 자희 태후를 앞세워 개혁을 철저하게 짓밟는 사태를 초래하고 말았다.

개혁에는 권력이 필요하다

자희 태후는 개혁 자체에 반대했을 뿐만 아니라 봉건 수구 세력의 대표로서 개혁에 필요한 사상과 자질을 전혀 갖추고 있지 못했다. 중요한 것은 그녀가 절대로 권력을 포기하려 하지 않았다는 점이다. 광서제의 개혁이 초보적인 성공을 거두면서 발전하게 되면 광서제는 조정 안팎에서 지지를 얻게 될 것이고, 그렇게 될 경우 자희 태후가 조정을 장악하는 일이 쉽지 않을 것이 분명했다. 그래서 그녀는 광서제의

---

5 과거 시험에 사용되던 극도로 형식화된 작문 형식.
6 만주인으로 구성된 팔기와 몽고인 팔기, 만주시대부터 복속한 한인으로 구성된 한족 팔기 등 24기에 속한 청 왕조의 특권 계층.

개혁이 성공을 거두도록 내버려둘 수 없었던 것이다.

'백일유신' 기간 동안 적지 않은 수구파 관료들이 개혁 조치의 집행을 거부했고 조령의 하달을 막기도 했다. 이에 화가 난 광서제는 여섯 명의 대신을 파직함으로써 '파출육당관罷黜六堂官' 사건을 일으켰다.

물론 자희 태후는 광서제에 대한 경계를 조금도 늦추지 않았다. 그녀는 해군의 군비를 빼돌려 축조한 이화원에 칩거하면서 광서제의 일거수일투족을 세밀히 살피고 있었던 것이다. 일찍이 「정국시조」가 발표되었을 때도 자희 태후는 세 차례에 걸쳐 명령을 내려 옹동화를 관직에서 쫓아냄으로써 광서제의 오른팔을 제거하고, 2품 이상의 관원들을 전부 불러들여 자신의 은덕을 확인시킴으로써 인사권을 확실하게 거머쥔 바 있었다. 그리고 '파출육당관 사건' 이후로 자희 태후는 이미 무력을 동원한 변법의 진압을 준비하고 있었다.

재미있는 것은 자희 태후에게 10만의 웅사가 집중되어 있는 데 비해 광서제를 비롯한 개혁 세력은 하나같이 문약한 서생들뿐이었다는 점이다. '백일유신' 기간 동안 광서제는 담사동譚嗣同과 유광제劉光第, 양예楊銳, 임욱林旭 등 4품 관원 네 사람을 각각 군기처장경에 임명하여 문서 업무를 담당하게 했다. 이들이 이른바 '군기사경軍機四卿'인데, 여기에 강유위와 양계초를 합쳐도 여섯 명에 불과했다. 게다가 이들에겐 실권이 전혀 주어지지 않았고 매일 주장만 올릴 뿐 광서제와 직접 대면하는 일도 드물었다. 광서제도 매일 이들이 올린 주장에 따라 조서를 내릴 뿐, 그 시행 여부는 제대로 파악하지 못하고 있었다. 이처럼 사상과 문화에 있어서 엄청난 영향을 미친 변법이 실질적으로는 이집저집 돌아다니며 놀다가 어른들이 부르면 일제히 집으로 돌아가는 아이들의 놀이와 다를 바 없었다.

광서제는 자희 태후의 음모에 대해 전혀 알지 못했고, 매일 태후를 만나는 자리에서 이상한 낌새만 감지하고 있을 뿐이었다. 불안감을 느낀 그는 '밀조蜜詔'를 내려 강유위를 상해上海의 판보관辦報館으로 보냈다. 실제로는 그를 피신시킨 것이나 다름없었다. 광서제가 몰래 양예를 궁으로 불러들여 긴급한 상황을 설명하면서 그의 의견을 구하자, 양예는 화를 내면서 말했다.

"이건 폐하의 집안일이니, 집안사람들과 상의하셔야 될 줄로 압니다."

광서제는 절망했다. 초조감과 분노가 밀려왔지만 속수무책이었다. 총명한 그는 조용히 앉아서 죽음을 기다리는 수밖에 없다는 사실을 직감하고 있었다.

그러나 전혀 손을 쓰지 않은 것은 아니었다. 마침 원세개袁世凱가 북경에 있었는데, 광서제는 9월 16일에 원세개를 불러들였다. 그가 유신 변법에 대해 일관되게 적극적인 태도를 보인 터라 그의 군대를 끌어들이면 패국敗局을 만회할 수도 있으리라는 희망에서였다. 원세개와 면담하는 자리에서 광서제는 그를 높이 칭찬하며 관직을 높여주겠다고 약속했다. 원세개는 놀라움과 기쁨을 금치 못하면서도 그가 자신을 이용하려 한다는 사실을 모르지 않았다. 원세개는 여러 세력의 권력을 가늠해본 다음 곧장 천진의 주둔지로 가서 영록 장군에게 이런 사실을 밀고했고, 영록은 이화원을 찾아가 자희 태후에게 알렸.

9월 21일, 광서제는 이화원에서 돌아온 자희 태후를 반갑게 맞아들였지만 자희 태후는 오히려 퉁명스러운 어투로 그를 나무라면서 그의 명의로 '상유上諭'를 내려 광서제의 퇴위를 선포하고 다시 훈정을 시작했다. 그녀는 광서제를 영대에 구금하고, 강광인康廣仁과 양심수楊深秀, 양예, 임욱, 담사동, 유광제 등 여섯 명을 체포하여 북경의 채소 시장에서 처형했다. 역사는 이들을 '무술육군자戊戌六君子'라 부른다.

'무술변법'은 이처럼 실패로 끝나고 말았다. 제국주의 열강들은 이런 상황을 보면서 중국의 정치가 더욱 부패할 것이라 판단하고, 중국에 대한 침탈에 박차를 가했다. 국내에서는 반제국주의, 애국주의 의화단義和團 운동이 거세게 일어났다. 내우외환의 혼란 속에서 자희 태후 집단은 아무런 대응책도 내놓지 못하다가, 오히려 열강을 상대로 선전포고를 함으로써 북경을 떠나 피란길에 올라야 하는 지경에 이르렀다. 이때 광서제는 유폐되어 있으면서도 시국에 대해 명료하게 인식하고 있었다. 그는 잠시 제국주의 열강들의 비위를 맞춰 정국을 안정시킨 후에 국력이 강성해지면 다시 이들을 내쫓는 방법을 택해야 한다는 책략을 내놓았지만, 자희 태후는 끝내 이를 받아들이지 않았다. 1900년 8월, 8국 연합군이 북경을 침공하자 자희 태후는 황급히 피신했다. 북경을 떠나면서 그녀는 광서제는 데려가되 그가 총애하던 왕비이자 동반자였던 진비珍妃는 산 채로 우물에 던져 살해했다.

이듬해 자희 태후는 광서제를 대동하고 서안西安에서 북경으로 돌아왔다. 이때 광서제는 모진 고난을 겪으면서 이미 어른이 되어 있었고, 중국이 제국주의 열강에 의해 망하는 운명에서 벗어날 수 있는 유일한 길은 변법뿐이라는 신념을 굽히지 않고 있었다. 그는 하루속히 자희 태후가 죽고 다시 대권을 장악할 수 있는 날이 오기만을 기다렸

---

7 임금의 말씀. 왕의 명령을 뜻함.

지만, 자희 태후라는 거대한 산은 꿈쩍도 하지 않았다. 역사는 그에게 한 번도 기회를 주지 않았던 것이다. 태후를 시해할 생각까지 했던 그는 오히려 화병을 얻어 젊은 나이에 먼저 세상을 떠나고 말았다. 향년 38세였다.

이처럼 '무술변법'은 실패로 끝났지만, 후대에 커다란 영향을 미치면서 엄청난 경험과 교훈을 남겨주었다. 그러나 그 운영 방법에 있어서 '무술변법'은 광서제에서 강유위에 이르는 서생들에 의해 이루어졌다는 데 문제가 있었다. 이른바 '1,000자가 넘는 글을 써 내려가지만 마음속에는 아무런 책략도 없는' 상황이었던 것이다. 이들은 변법의 당위성만 알지, 개혁의 방법을 찾지 못했다. 심지어 위기의 국면에서도 그들이 할 수 있는 일이란 개혁의 성단에 제사나 올리는 것뿐이었다. 이것이 중국 지식인들의 치명적인 결점이었던 것이다.

개혁의 실패로 그 책임이 백성들에게 돌아가는 일은 거의 없다. 역사는 그들에게 무대에 오를 기회조차 주지 않는다. 백성들은 언제나 개혁의 요구자이자 수혜자일 뿐이다. 권력 집단 내부에 개혁으로 인해 투쟁이나 변고가 생긴다 해도 백성들은 이를 도울 방법이 없다. 개혁의 선구자들만 수구 세력의 완강한 반격을 이기지 못해 역사의 순교자가 되고 마는 것이다. 이것이 중국의 역대 개혁에서 개혁가들이 아름다운 결말을 맞을 수 없었던 근본적인 원인이다.

결국 개혁에는 반드시 권력이 수반되어야 한다. 그러나 권력이 개혁의 성공을 완전히 보장하는 것은 아니다. 그렇다면 개혁의 원리는 어디에 있는 것인가?

운영 방법만 놓고 따지자면 '백일유신'이 실패한 근본 원인은 '바꾸기'만 하고 '제거하지' 않은 데 있었다. 다시 말해서, 자희 태후의 '목숨命'을 '제거하지革' 않았기 때문에 실권을 장악하지 못했던 것이다. 그러나 기나긴 중국의 역사에서 제거한 후에 바꾸는 것은 항상 좋은 결과를 얻었을까? 이 또한 깊이 생각해보아야 할 역사의 과제 가운데 하나이다.

3 때는 얻었으나 사람을 얻지 못하다

풍운이 교차하는 초한楚漢 전쟁의 무대를 종횡했던 난세의 영웅들 중에 큰 지혜를 발휘한 사람은 그리 많지 않다. 괴통蒯通은 이들 가운데서도 크게 성공하지 못한 인물에 불과했지만, 사람들의 주목을 끌기에 충분한 지략을 발휘했다.

한漢 왕조 4년(기원전 203년) 10월, 유방劉邦은 항우項羽를 공격했다. 유방의 신임을 받던 한신韓信은 병사를 거느리고 조趙와 연燕을 잇달아 평정하고, 군사를 동쪽으로 돌려 제齊를 공격할 태세를 갖췄다. 대군이 평원도平原渡에 이르렀을 때 한신은 탐마探馬[8]의 보고를 받았다. 왕이 파견한 식객 역이기酈食其가 제왕齊王 전광田廣을 설복

---

[8] 적을 정탐하는 기마 정찰병.

시켜 한에 귀순하기로 결정했다는 것이다. 한신은 대부 역이기가 이미 제왕을 설복시켰으니 굳이 제를 공격할 필요가 없다고 판단하고 군사를 돌려 초왕을 공격하는 유방을 지원하려 했다. 생각을 굳힌 그는 천막을 걷고 돌아갈 날을 잡으라는 명령을 내렸다. 며칠 후 한신이 막료들을 모아놓고 이런 결정을 내린 이유를 설명하는 자리에서 모사 괴통이 한신의 말을 가로채 간언했다.

"그건 절대로 안 될 일입니다."

"제왕이 이미 귀순하여 군사를 돌려 돌아가려는 것뿐인데, 어째서 안 된다는 말이오?"

"장군께서는 왕의 명을 받들어 무수한 전역을 치렀고, 제를 공격하기까지 온갖 고초를 겪은 끝에 간신히 제의 국경에 이르렀습니다. 반면에 왕이 역이기를 제나라로 보낸 것은 말 몇 마디로 제나라를 투항시키려는 것입니다. 그리고 그것이 사실인지조차 확인되지 않았지요. 게다가 왕이 그런 명령을 내렸다면 장군의 공격을 미리 저지했을 텐데, 어째서 소문만 믿고 경솔하게 군사를 돌리려 하십니까? 역이기가 세 치 혀로 제나라의 성 70좌를 손에 넣었다면, 장군께서는 갑병 수만을 거느리고 무수한 전역을 치러 간신히 조나라의 성채 50좌를 차지하신 셈이 됩니다. 여러 해 동안 고생하신 결과가 일개 유생만 못하다면 부끄러운 일이지요. 지금 군사를 돌리는 것은 방비가 허술해진 틈을 타서 제를 평정하는 것만 못할 것입니다. 그래야만 공이 장군께 돌아갈 것입니다."

괴통의 설명에 한신은 잠시 입을 열지 못했다. 아무래도 괴통의 생각이 옳은 것 같았다. 그러나 제를 공격하면서 역이기의 안전을 어떻게 보장한단 말인가? 한신이 다시 물었다.

"그럴듯한 말이긴 하오. 그러나 그대 말대로 한다면 제왕이 역이기를 죽일 것이 분명한데 이를 어떻게 하면 좋겠소?"

"장군께서는 은덕을 매우 중히 여기시는군요! 역이기를 저버리지 않으시려는 장군의 마음은 충분히 이해합니다. 그러나 역이기는 제나라로 보내줄 것을 자청한 것입니다. 장군께서 제를 공격한다는 것을 뻔히 알면서도 이런 행동을 한 것이 장군을 저버리는 일이 아니고 무엇이겠습니까?"

괴통의 설명에 한참 고개를 끄덕이던 한신은 곧장 군열을 정비하여 평원하를 건너 역하歷下로 진격했다. 아무런 방비도 갖추지 않은 제나라 군사는 대패하여 흩어졌고, 한신은 여세를 몰아 제의 장군 전해田解를 죽인 다음 거침없이 임치臨淄 성으로 치달았다.

제왕 전광과 재상 전횡田橫은 역이기의 말을 믿고 귀순하기로 마음먹었다가 갑자기 한신의 군대가 쳐들어오자 다급한 마음에 역이기를 불러 질책했다.

"내가 그대의 말을 따르기로 한 것은 화를 피하기 위한 것이었는데, 그대의 마음속에 이처럼 사악한 계략이 숨어 있는 줄은 몰랐소. 한에 귀순하면 한군이 철수할 것이라 해놓고 한신을 불러들여 이 땅을 빼앗으려 한 죄는 절대로 용서할 수 없소!"

역이기가 황급히 변명을 하고 나섰다.

"한신의 공격은 제나라의 실정을 모르고 저지른 짓입니다. 대왕께서는 사신을 보내 저와 함께 한신을 만나도록 해주십시오. 제가 반드시 한신의 군대를 제나라 국경 밖으로 쫓아내겠습니다."

옆에서 듣고 있던 재상 전횡이 말을 가로챘다.

"이자는 한신을 만나는 자리에서 한군 쪽으로 도망칠 게 뻔합니다. 더 이상 속아선 안 됩니다."

제왕은 역이기에게 더 이상 변명의 기회를 주지 않고 그를 기름 솥에 튀겨 죽이라고 명령했다.

역이기가 피살됐다는 소식을 들은 한신은 내심 불안한 마음을 감추지 못했고, 주야를 가리지 말고 제에 대해 맹공을 퍼부으라고 명령했다. 며칠 후 임치가 함락되자, 전광과 전횡은 성을 버린 채 도망치면서 사자를 보내 항우에게 도움을 청했다.

역이기가 한신이 제를 공격할 것이라는 사실을 뻔히 알면서도 유방을 찾아가 제를 설복시키겠다고 자청했던 것은 공을 다투기 위해서였지만, 괴통의 지략은 한신이 공을 두고 다툼에 휘말리지 않게 하는 것이었다. 멀리 내다볼 줄 아는 괴통의 지모가 역이기보다 한 수 위였다고 할 수 있다.

기원전 203년 11월, 한신은 용차龍且의 목을 베고 전광을 죽임으로써 제를 평정했다. 이때 그는 이미 수십만의 병력을 거느린 실력자로서 유방이나 항우와 어깨를 나란히 할 수 있었다. 당시의 시국은 한신이 한을 배반하고 초에 귀순하면 한이 망하고, 한을 도와 초를 공격하면 초가 망할 수밖에 없는 삼족정립三足鼎立[9]의 형세였다. 그러므로 유방과 항우 모두 그를 주목하지 않을 수 없었다.

당시 초한 전쟁은 가장 어려운 국면으로 접어들고 있었다. 한신이

---

[9] 다리가 3개 달린 솥이란 뜻으로, 셋 중에 하나만 빠져도 쓰러지는 형국을 뜻한다.

항우가 세워준 제나라를 공략하자 여러 제후들이 제각기 패자를 자칭하면서 기병起兵[10]했고, 장수들도 항우를 배반하고 한신에게 귀순하거나 유방을 배반하고 항우에게 귀순했다. 한신은 다른 사람의 권고로 유방에게 사자를 보내 자신을 제에 봉하고, 제의 가왕假王으로 세워줄 것을 요구했다. 유방이 한신의 사자를 꾸짖으려는 순간 모사 장량張良이 연달아 눈짓을 보내 경솔한 행동을 저지했다. 장량은 유방을 조용히 한쪽으로 불러 말했다.

"지금은 한신의 사자를 나무랄 때가 아니고 한신을 공격해서도 안 됩니다. 한신이 대왕을 도와야만 초왕을 제압할 수 있습니다. 한신이 대왕을 배반하고 초왕을 돕는다면 대왕께서는 큰 위험에 처하게 될 것입니다. 한신이 사자를 보낸 것은 대왕의 태도를 탐색하기 위한 것이 분명하니, 우선 그를 제왕에 봉해 그 땅을 지키게 하십시오. 다른 문제들은 초를 멸한 다음에 생각해도 늦지 않을 것입니다."

장량의 말에 유방은 다시 한신의 사자에게 다가가 말했다.

"모름지기 대장부라면 진왕이 되어야지, 어째서 가왕이 되려 한단 말이오!"

이듬해 2월, 유방은 장량에게 관인官印을 갖고 제나라 땅으로 가서 한신을 제왕에 봉하게 했고, 이런 조치가 효력을 발휘하여 유방을 배반하고 자립하려는 한신의 마음을 다잡게 되었다.

유방이 한신을 제왕으로 책봉하자 한신은 이를 흔쾌히 받아들였고, 초왕 항우가 사신 무섭武涉을 보내 한신에게 초에 귀순할 것을 종용했

---

[10] 군대를 일으킨다는 뜻.

으나 이를 거절했다.

　모사 괴통은 당시 천하의 형세를 손바닥 들여다보듯 훤히 꿰뚫고 있었다. 그는 한신을 설득하여 한을 배반하고 스스로 자립하게 하고 싶었다. 괴통이 한신에게 말했다.

　"신이 최근 관상을 보는 법을 배웠는데, 군왕의 상으로 제후에 머물며 군왕의 운명을 거역하면 귀인이 되기 어렵다고 합니다."

　한신은 이 말에 다른 뜻이 있음을 직감하고 그를 밀실로 불러 물었다.

　"방금 그대가 한 말이 대체 무슨 뜻이오?"

　"세상이 어지러워지자 사방에서 군웅이 일어나고 인재들이 운집했던 것은 진秦을 멸하기 위해서였습니다. 진이 멸망하고 나자 한과 초가 서로 싸우면서 백성들이 어려움에 처하게 되었지요. 항우가 팽성彭城에서 기병하여 남북을 두루 누비면서 형양滎陽을 함락시키고 천하를 노리면서 광무廣武를 점거하고 더 나아가지 못한 지 오래입니다. 한편 유방은 수십만의 군사를 거느리고 공락鞏洛을 거점으로 산과 강에 의지해 하루에도 여러 차례씩 싸우고 있지만, 몇 년 동안 아무 전공도 세우지 못하고 실패만 거듭하고 있지요. 신이 천하의 대세를 살펴보건대 현자가 없기 때문에 싸움이 그치기는 어려울 것 같습니다. 장군께서는 지금 한과 초 사이에서 기회를 잡고 계십니다. 신의 생각으로는 어느 쪽도 돕지 말고 천하를 셋으로 나누어 지키면서 조용히 때를 기다리는 것이 좋을 것 같습니다. 신이 듣건대 천하를 취할 수 있으면서 취하지 않는 것은 천명을 어기는 일이고, 때가 왔는데도 기회를 모른 척하면 오히려 화를 부르게 된다고 했습니다. 원컨대 장군께서는 심사숙고하셔서 때를 놓치지 마십시오."

한신은 괴통의 말에 한참만에야 입을 열었다.

"한왕이 나를 후하게 대우하는데 어찌 눈앞의 이익을 보고서 은혜를 잊을 수 있겠소?"

괴통은 한신이 충정과 은덕에 사로잡혀 있는 것을 보고서 간언을 늦추지 않았다.

"월越의 대부 문종文種은 망해가는 월을 구하고 구천勾踐을 패자로 만듦으로써 뛰어난 공명을 이룩했으나 결국 죽임을 당하고 말았습니다. 어찌 장군의 충정이 월의 대부 문종만 못하다 할 수 있겠습니까? 토끼를 잡은 다음 사냥개를 삶는 것이 너무나 쉬운 일일 따름이지요. 신이 듣건대 장수가 용맹하여 군주를 위협하면 스스로 무덤을 파게 되고, 군공이 천하를 덮어도 제대로 보상을 받기 어렵다고 합니다. 장군께서는 이미 그런 전철을 밟고 계십니다. 초에 귀순해도 믿어주지 않을 것이고, 한에 충성한다 해도 안심하기 어려운데, 어디 가서 편히 머무실 수 있겠습니까?"

한신은 괴통의 말이 그럴듯하다고 여기면서도 선뜻 마음을 정하지 못했다. 그가 항우를 섬기고 있을 때는 관직이 낭중郎中에 불과했고 간언이나 계략도 받아들여지지 않았다. 그러나 한에 귀순한 후로는 수만의 병력을 통솔하게 되었을 뿐만 아니라, 먹고 입는 데 아무런 걱정이 없었다. 이제 제왕에 봉해졌으니 그 은덕을 저버렸다가는 반드시 불길한 일을 당하고 말 것이라는 생각이 들었다. 게다가 자신이 위와 조, 연과 제를 잇달아 멸하면서 큰 공을 세웠으니, 한왕도 자신을 저버리지 않을 것이라는 게 그의 결론이었다. 결국 그는 괴통의 말을 받아들이지 않기로 마음을 정했다.

괴통은 더 이상 얘기해봤자 아무 소용이 없을 것이라 판단하고 조용히 물러나왔다.

사람을 잘못 만난 큰 지략

괴통은 한신과 작별한 후 그곳에 오래 머물다가는 화가 미칠 것이라는 생각에 미친 척하면서 한의 군영을 떠나버렸다. 기원전 197년 9월, 대代의 재상이 모반을 일으켜 스스로 대왕代王에 오르자, 유방이 직접 나섰다. 출정에 나서기 전에 그는 안팎의 정사를 여후呂后와 소하蕭何에게 일임했다. 유방이 떠나고 얼마 되지 않아 누군가 여후에게 상소를 올려 회양후淮陽侯 한신이 대의 재상 진희와 내통하여 한밤중에 황궁을 포위하고 감옥을 열어 죄수들을 풀어준 다음 태자를 습격할 것이라고 말했다.

당시 한신은 유방의 지시로 왕에서 제후로 강등된 일로 인해 마음속에 큰 불만을 품고 있었고, 유방에 대한 반감도 갈수록 커가고 있었다. 기원전 200년 유방은 척희戚姬의 아들 여의如意를 대왕으로 세웠으나 나이가 너무 어려 정무를 보살필 수 없다고 판단하고, 상국인 진희를 보내 정무를 살피게 했다. 한신은 진희와 이별하는 자리에서 그의 손을 잡고 하늘을 쳐다보며 장탄식을 내뱉었다.

"그대가 왕명을 받들어 대 땅으로 간다고 들었소. 대에는 정병이 있고 준마들이 집결해 있다 하오. 게다가 그대는 주상의 친신이니 이런 기회를 이용하여 대사를 도모할 수 있을 것이오. 누군가 그대가 모반을 준비하고 있다고 아뢰어도 주상께서는 쉽게 믿지 않을 것이나, 이런 보고가 반복되면 필시 주상이 친정에 나서게 될 것이오. 이때 내가 도성에서 기의하여 그대를 돕는다면 천하를 얻는 것도 그리 어렵진 않을 것이오."

한신을 천하의 기재奇才라 믿고 있던 진희는 순순히 그의 제안을 수락했다.

진희가 기병하자 유방은 직접 정벌에 나섰다. 한신은 도성 안에서 병을 핑계로 나서지 않고 있다가 심복을 보내 진희와 연락을 취하는 한편, 가신들을 모아놓고 궁실을 습격하여 태자와 여후를 사로잡은 다음 진희에게 몰래 협력할 계획을 짰다.

그러나 뜻밖에도 가신들 가운데 한신에게 죄를 사서 감옥에 갇힌 채 처형될 날만 기다리고 있던 사람이 있었다. 이 가신의 동생은 형을 구할 생각으로 한신이 모반하려 한다는 사실을 여후에게 알렸다. 이런 소식에 크게 노한 여후는 즉시 소하를 불러 대책을 의논했고, 소하가 계략을 내놓았다.

"심복 하나를 군리軍吏로 가장시켜 성 밖으로 내보냈다가, 다시 장안으로 돌아오면서 폐하께서 이미 진희를 멸했다는 거짓 보고를 하게 하십시오. 그러면 여러 대신들은 거짓인 줄 모르고 조정에 나와 경하를 올릴 것입니다. 한신이 조정에 나오면 그만이고, 그렇지 않을 경우엔 신이 가서 그를 불러다가 적당한 기회에 사로잡으면 될 것입니다."

여후는 훌륭한 계략이라 생각하고 각자 맡은 역할을 하기로 했다. 예상했던 대로 거짓 소식이 전해지자 모든 신하들이 입조했으나, 한신만 병을 핑계로 조정에 나오지 않았다. 그러자 소하가 병문안을 가장하여 한신을 찾아가 말했다.

"주상의 첩보가 도착하여 모든 신하들이 입조하여 경하하는데, 그대만 나오지 않고 있으니 모양새가 좋지 않소. 나와 함께 조정에 나가 여러 사람들의 의혹을 풀어주는 것이 좋을 듯하오."

소하는 승상이자 조정의 우두머리라 그의 말을 거역할 수도 없었다. 한신은 아무 말 없이 그를 따라 입궁했다. 한신이 궁문 안으로 들어서는 순간 갑자기 크게 외치는 소리가 들려왔다.

"한신을 잡아라!"

말이 채 떨어지기도 전에 양쪽에서 갑사들이 달려들어 한신을 포박했다. 한신은 고함쳤다.

"내게 무슨 죄가 있다고 이러는 게냐?"

여후가 노기등등한 목소리로 호통을 쳤다.

"네놈은 진희와 내통하여 반란을 음모했다. 여기 증거로 네 가신의 편지가 있는데도 교활하게 발뺌할 생각이냐?"

한신은 이미 거사가 실패했음을 깨닫고 더 이상 입을 열지 않았다. 여후는 그를 당장 궁궐 옆의 종실로 데려가 참수하라고 명령했다. 처형 직전에 한신은 하늘을 향해 장탄식을 내뱉었다.

"내가 괴통의 말을 듣지 않아 아녀자의 손에 죽게 되었으니, 이 어찌 천명이 아니겠는가!"

유방은 한신이 죽기 전에 괴통에 관해 얘기했다는 전언을 듣고 사람을 보내 괴통을 찾아내 목을 벴다. 뛰어난 모사의 억울한 죽음이었다.

괴통이 생전에 군웅이 다투는 난세에 태어난 것은 때를 제대로 만났다고 할 수 있다. 그러나 한신의 무공을 훨씬 능가하는 괴통의 큰 지모는 사람을 제대로 만나지 못했고, 사람을 잘못 만난 이상 뛰어난 지략이 제대로 발휘될 수 없었다.

4 양모가 실패하면 음모가 된다

양모良謀란 무엇이고 음모陰謀는 어떤 것인가? 중국의 역사는 정변의 역사라 할 수 있다. 그렇다면 기나긴 정변의 역사에서 어떤 것이 음모이고 어떤 것이 양모였는지 확실하게 구분할 수 있을까?

일반적으로 양모는 정의로운 일을 도모하고, 음모는 정의롭지 못하거나 사악한 일을 도모한다. 그리고 그 방법에 있어서도 양모는 밝은 대낮에 공개적으로 이뤄지는 데 비해, 음모는 어두운 곳에서 몰래 이루어진다는 극명한 차이를 나타낸다.

이상한 일이지만, 듣기 좋은 것과 쓸모 있는 것이 일치하기란 그리 쉽지 않다. 서생들의 언설은 정의롭게 들리고 감개가 넘치지만 실제로 그 소용은 가소롭기 그지없다. 또한 서생 출신이 정치가가 되면 그만큼 서생의 품격을 잃게 되는 것이 상례였다.

서생들이 보기에는 음모와 양모는 물과 기름처럼 분명하지만, 정치가들이 보기에 음양이 서로 뒤바뀌어야만 좋은 지모가 되기도 한다. 실제로 중국 역사에서는 음모가 실패하여 양모가 되고, 양모가 실패하여 음모가 되는 일이 부지기수였다.

그러나 역사에는 일정한 철칙이 있다. 어떤 것이 양모이고 어떤 것이 음모인가에 대한 분명한 기준이 있는 것이다.

동한東漢 이후 조조曹操의 위魏나라 시기에 조예曹睿가 병사하고 조방曹芳이 즉위하자, 사마의와 위의 종실인 조상曹爽은 둘 다 고명대신으로 집정했다. 그러나 조상은 나이가 어린 데다 귀족자제라, 모든 일을 경험이 많고 지모가 뛰어난 사마의에게 맡겨 처리하게 했다. 하루는 대학자인 하안何晏이 조상에게 정색을 하고 말했다.

"위는 조씨 집안의 천하이니 외부 사람을 지나치게 믿어서는 안 될 것입니다."

"선제와 유자幼子[11]께서는 나와 태위太尉 사마의에게 모든 일을 맡기셨소. 선제의 유명을 따르는 것이 뭐가 잘못됐단 말이오?"

"예전에 노장군[12]께서는 태위와 함께 병사를 거느리고 촉蜀에 대항한 적이 있습니다. 태위로 인해 여러 차례 고통을 겪지 않으셨다면, 어째서 노장군께서 그렇게 일찍 세상을 뜨셨겠습니까?"

이 말에 조상은 사마의에 대해 원한을 품게 되었고, 심복을 시켜 사마의를 제거하여 병권을 되찾으려 했다. 조상은 조방을 찾아가 사마의

---

11 조방을 가리킴.
12 조상의 부친 조진曹眞을 가리킴.

의 공로가 매우 크니 마땅히 태부太傅로 봉작을 높여줘야 한다고 말했다. 아직 어린아이에 불과한 조방은 이 말에 담긴 뜻을 알지 못하고 조상의 말대로 사마의를 불러 태부로 봉했다. 아무런 방비도 하지 못하고 있던 사마의는 놀라움을 금치 못하면서도 감히 뭐라 할 수 없어 순순히 군권을 반납해야 했다.

이때부터 군권은 조상의 손에 떨어지게 되었다. 조상은 아무런 걱정 없이 문객들을 대동하여 사냥에 나섰고, 때로는 며칠씩 성으로 돌아오지 않았다. 그의 동생과 문객들이 며칠씩 성에 돌아오지 않으면 누군가 변을 일으킬 수도 있다고 경고했지만, 조상은 코웃음만 쳤다.

"군권이 내 손 안에 있고 사마의는 병으로 누워 있는데, 두려울 게 뭐란 말인가?"

이때 이승李勝이 청주자사靑州刺史로 승진하여 이임하게 되었다. 당시의 규정에 따르면 이승은 임지로 떠나기 전에 반드시 조상을 찾아와 부임 인사를 해야 했다. 조상은 이런 기회를 놓치지 않고 태부 사마의를 찾아가 이임 인사를 올리는 척하며 그의 동정을 살피게 했다. 이승이 태사부로 찾아가보니 사마의는 침상에 누워 있다가 두 명의 하녀가 부축해서야 간신히 자리에서 일어났다. 이승이 사마의에게 말했다.

"제가 청주로 떠나게 되어 이렇게 작별 인사 드리러 왔습니다."

사마의는 잘못 들은 척 딴전을 피웠다.

"병주幷州는 흉노의 땅과 가까우니 방비를 단단히 해야 하네!"

"병주가 아니라 청주로 갑니다."

"뭐라고? 병주에서 왔다고?"

결국 이승이 종이를 가져다가 청주로 간다고 써서 보여주자 사마의는 한참만에야 다시 입을 열었다.

"아하, 청주로 간단 말이었군. 난 병으로 눈도 희미하고 귀도 잘 들리지 않는다네. 자사께서는 가는 길에 몸조심하시게."

말을 마친 사마의가 손으로 입을 가리키자 하녀가 더운 물을 갖다 바쳤다. 사마의는 물을 마시면서 고의로 옷에 흘렸다. 그러고는 눈물을 흘리며 이승에게 말했다.

"나는 이미 늙어 오래 살 수 없을 것 같네. 내 아들 둘을 조 장군께서 잘 보살펴주셨으면 하네. 이 자사께서 조 장군께 잘 말씀드려주게나."

이승이 돌아가자 사마의는 곧장 침상에서 일어나 두 아들 사마사司馬師와 사마소司馬昭에게 말했다.

"이승은 틀림없이 조상을 만날 게다. 그가 날 의심하지 못할 테니 조상은 전처럼 사냥에 나서겠지. 우린 그때 움직이면 될 거야."

이승이 대장군을 찾아가 사마의의 사정을 자세히 전하자, 조상은 크게 기뻐하며 말했다.

"그 노인네가 죽고 나면 아무것도 두려울 게 없지."

며칠 후 조상은 위왕 조방을 데리고는 어림군御林軍을 사열하고 종묘에 제사를 지낸다는 핑계로 사냥에 나섰다. 사마의는 이런 기회를 놓치지 않고 두 아들과 장수들을 이끌고 조정에 난입하였다. 그리고 곽郭 태후를 위협하여 조상의 성품이 간악하여 나라를 어지럽혔으니, 파직과 동시에 죄를 물을 것이라는 취지의 지의를 내리게 했다. 결국 조씨 일족은 모반죄로 처형되었고, 이때부터 정권은 사마의의 손에 넘어가게 되었다.

사마의의 정변은 음모가 아니라 양모였다. 백성들에게 아무런 이익도 가져다주지 못했지만 해를 끼친 것도 아니기 때문이다. 백성들은 누가 황제가 되건 주어진 대로 양곡만 갖다 바치면 그만이었다.

믿을 수 있는 보물을 찾다

전국 말기에 진秦과 조趙는 여러 차례 전쟁을 치렀다. 먼저 진나라가 조나라를 몇 차례 공격했지만 조나라에는 명장 염파廉頗가 목숨을 걸고 영토를 지키고 있어서, 몇 개의 성지를 함락시켰을 뿐 별로 커다란 성과를 거두지는 못했다. 결국에는 조와 휴전하고 시간을 벌면서 다른 나라들을 공격해야 했다. 그리하여 기원전 279년, 진은 조와 민지澠池에서 화약을 맺기에 이르렀다. 서로의 신임을 얻기 위해 두 나라는 군왕의 친척을 인질로 교환하게 되었고, 소양왕昭襄王은 자신의 손자인 이인異人을 조나라로 보내 인질이 되게 했다.

그러나 민지 화약이 있은 지 얼마 지나지 않아 진은 병력을 보내 다시 조를 공격하기 시작했다. 그 후로 2년 동안 진은 계속 병력을 파견하여 조의 도성 한단邯鄲을 공략함으로써 조를 멸망시키려 했다. 위기에 몰린 조나라에서는 성내에 먹을 것이 떨어져 사람을 잡아먹는 지경에 이르렀으나, 다행히 위魏의 공자 신릉군信陵君이 10만의 군대를 지원하여 진군을 퇴각시키고 잠시 나라를 보전할 수 있게 되었다.

효성왕孝成王은 여러 차례 진에게 기만당하자 오래전부터 이인을 죽여 분을 삭이려 했으나, 평원군平原君이 나서서 이를 말렸다.

"소양왕에게는 자손이 너무나 많고 태자인 안국군安國君에게도 스무 명이 넘는 아들이 있습니다. 이인을 죽인다 해도 안국군이나 진왕에게는 아무 자극도 되지 않을 것입니다. 게다가 이인은 그들의 자손

가운데 가장 중요하지 않은 인물이지요. 차라리 그를 잠시 살려두었다가 나중에 적절하게 써먹는 것이 바람직할 것입니다."

조왕은 평원군의 말을 듣고 이인을 살해하려는 마음을 잠시 접어두었다. 그러나 이때부터 조왕은 이인을 거들떠보지도 않았다. 이인은 밖에 나가려 해도 마차가 없었고, 머무는 곳에 시종도 주어지지 않았다. 심지어 일상적으로 먹고 마시는 일마저도 문제가 생겼다. 조나라 관원들로부터 시도 때도 없이 힐책을 받았고, 백성들에게도 쩔쩔매야 했다. 이인은 적국에 인질로 잡혀 있는 동안 이처럼 물심양면으로 고통을 겪으면서 말없이 치욕을 견뎌야만 했다.

이때 여불위呂不韋라는 상인이 이 상황을 보고 흥분을 감추지 못하고 있었다. 한단으로 장사를 하러 온 그는 뜻하지 않게 이 기회를 만나게 되었다. 그는 평소에도 대사를 도모할 기회를 찾고 있었지만 줄곧 그런 행운을 만나지 못하다가, 마침내 이인을 발견하게 된 것이다. 그는 이인이야말로 하늘이 내려준 기회라 판단하고 주도면밀하게 원대한 계획을 세워나갔다. 집으로 돌아온 그는 경험이 많은 부친과 상의한 끝에 자신의 결심을 확실하게 굳혔다. 이날 여불위 부자의 대화는 후대 상인들에게 하나의 경전처럼 전해지고 있다.

여불위가 물었다.

"농사를 지으면 몇 배의 이익을 얻을 수 있습니까?"

"10배쯤 되지 않겠느냐!"

"보석을 사들여 장사를 하면 몇 배의 이익을 얻을 수 있을까요?"

"100배쯤 될 게다."

"그럼 돈을 써서 군주를 세움으로써 한 나라를 평정한다면 몇 배의 이익을 얻을 수 있겠습니까?"

"글쎄다. 아마 말로 다할 수 없을 게다."

여불위는 이인이야말로 '믿을 수 있는 보물'이라 판단하고, 곧장 투자 계획을 실행에 옮기기 시작했다.

어느 날 여불위가 이인을 찾아가 말했다.

"진왕께서는 연세가 많으신데 그분이 돌아가시면 군의 부친이신 안국군께서 왕으로 즉위하시게 될 겁니다. 그리고 안국군께서는 즉위와 동시에 태자를 세우시겠지요. 그런데 안국군께서 총애하시는 화양 부인華陽夫人에게는 친자식이 없습니다. 결국 스무 명이 넘는 형제들이 모두 후보가 되는 셈이지요. 군께서 화양 부인을 극진히 모시기만 한다면 태자의 자리를 차지하는 것도 그리 어려운 일은 아닐 겁니다."

이인은 여불위의 말에 몹시 감동하여 대답했다.

"지금 내게 그런 생각을 할 여지가 어디 있겠소? 이국 땅에서 죽지 않고 무사히 진나라로 돌아가기만 해도 감지덕지요."

여불위는 기회를 놓치지 않고 말을 받았다.

"제게 방법이 있습니다. 제가 당장 금 몇 천 냥을 써서 진나라로 사람을 보내 화양 부인께서 군을 양자로 맞아들이도록 사전 작업을 하는 겁니다. 단, 모든 일을 제 계획에 따라 진행하셔야 합니다."

이인이 하늘에서 떨어진 복을 걷어찰 리 없었다. 그는 황급히 여불위에게 무릎을 꿇고 말했다.

"그렇게만 해주신다면 그 은덕은 죽을 때까지 잊지 않을 것입니다."

그는 여불위에게 당장 진나라로 가서 화양 부인을 만나달라고 부탁했다.

지략이 뛰어난 여불위는 함양咸陽으로 가서 곧장 화양 부인을 만났다가는 오히려 의심을 사기 쉽다고 판단하고, 먼저 화양 부인의 언니를 만나 후한 예물을 바쳤다. 아울러 따로 준비한 벽옥과 황금을 건네며 이인의 명의로 화양 부인께 전해달라고 부탁했다.

이인이 조나라에서 아직 살해당하지 않고 이렇게 예물까지 보내리라고는 생각지도 못했던 화양 부인의 언니는 의아한 생각에 여불위에게 물었다.

"이인은 조나라에서 어떻게 지내고 있소?"

"조나라는 여러 차례 진나라의 공격을 받았고 지금도 한단이 진군에 포위되어 있는 상태라 오래전부터 이인을 죽이려 했지요. 다행히 조나라의 경대부들이 그분을 지켜주어 재난을 면할 수 있었습니다."

"그럼 조나라가 진을 두려워하고 있단 말이오?"

"그럴 리가 있겠습니까? 조가 진을 두려워했다면 목숨을 걸고 대항하진 않았을 겁니다. 단지 이인의 학문이 뛰어나고 성품이 훌륭한 데다 효성이 지극하기 때문에 모두들 그가 살해되는 것을 보고만 있지 않았던 것이지요. 모두들 조나라와 진나라가 싸우는 것이 이인과는 아무런 관계가 없다고 말하고 있습니다. 이인은 태자와 부인의 생신을 맞을 때마다 향을 피우고 예를 올리면서 서쪽을 향해 축수하고 태자와 부인의 만수무강을 빌고 있지요. 조나라 사람들은 하나같이 그를 효자라 칭송하면서, 그를 죽이는 것은 불길한 일이 될 것이라고 말합니다. 다른 사람이었다면 벌써 죽고도 남았을 것입니다."

이런 설명에 화양 부인의 언니는 놀라움과 반가움을 금치 못했다. 놀라운 것은 이인에게 이런 능력이 있었다는 점이고, 반가운 것은 그가 화양 부인에게 이처럼 효성스럽다는 사실이었다. 여불위는 그녀의 얼굴에 웃음이 번지는 것을 보고는 여유 있게 말을 이었다.

"화양 부인께서 태자의 총애를 받고 있으니 더 바랄 것이 없겠지만 슬하에 아들이 없으니 장차 누구에게 의지하여 사시겠습니까? 혹시 대책이라도 있으신지 모르겠군요."

이렇게 묻는 여불위에게 오히려 화양 부인의 언니가 방책을 구하자, 여불위가 말했다.

"태자의 아들들 가운데 이인과 비할 만한 인물이 누가 있겠습니까? 이인은 재덕을 겸비한 데다 자신을 희생하여 조나라에 인질로 가지 않았습니까? 무엇보다도 중요한 것은 그가 태자와 화양 부인께 효성을 다하고 있다는 점입니다. 화양 부인께서 그를 아들로 삼기만 한다면 장차 나이가 드시더라도 걱정할 일이 없을 것입니다."

여불위의 계책에 화양 부인의 언니는 조용히 고개를 끄덕였다. 동생에게 아들이 없으니 장차 태후가 되기도 어려울 것이고, 태후가 된다 해도 마음을 놓을 수 없는 형편이었다. 특히 생모가 살아 있는 아들이 태자가 된다면 더욱 위험한 일이었다. 이인의 생모는 이미 세상을 떠났으니, 그를 아들로 삼아 태자로 세우기만 한다면 더 좋을 것이 없었다. 화양 부인의 언니는 동생을 설득하기로 마음먹었다.

그녀는 화양 부인을 찾아가 여불위가 준비한 선물을 전하면서 자초지종을 설명하고 그녀의 마음을 움직이려 애썼다. 화양 부인도 달리 방법이 없다고 판단하고 언니의 제안에 동의했다.

결국 화양 부인은 안국군을 설득하여 이인을 아들로 맞아들이기로 결정했고, 안국군도 이인이 진나라로 돌아오는 것이 바람직하겠다는 생각에 여불위에게 이 일을 부탁하기로 마음먹었다.

화양 부인은 몰래 여불위를 만나 안국군이 이인을 적자로 맞아들이기로 결정했음을 알리면서, 이 일을 발설하지 말 것을 당부했다. 이인의 형제들이나 조나라가 알게 되면 사단이 생길까 걱정했던 것이다. 안국군은 여불위에게 황금 300근을 주어 조나라로 돌려보냈다.

조나라로 돌아온 여불위가 곧 적자로 세워질 것이라는 소식을 전하자, 이인은 구사일생으로 살아난 기분이었고 이때부터 활발하게 움직이기 시작했다. 화양 부인이 초나라 사람인 것을 알고 있는 이인은 이때부터 이름도 자초子楚로 바꾸었고, 모든 일이 순조롭게 이루어지자 결혼을 준비하게 되었다.

물론 이 일에도 여불위가 나섰다. 여불위는 자기 집에 술자리를 마련해놓고 자초를 초대했다. 그 자리에 동석한 여인이 하나 있었는데, 다름 아닌 조희趙姬였다. 조희는 대갓집 규수로서 뛰어난 미인인 데다 가무에도 뛰어났다. 그녀에게 마음이 기운 자초는 곧장 사람을 보내 청혼 의사를 밝혔다. 여불위는 처음에는 화를 내는 척하다가 얼마 안 가서 그의 청혼을 승낙했다. 그리하여 자초는 조희를 아내로 맞게 되었고, 1년도 채 안 되어 아들을 낳았다. 아이가 조나라에서 태어난 것을 기념하여 이름을 조정趙政이라 지어주었는데, 그가 나중에 중국을 통일한 진시황이었다. 사실 조희는 자초에게 출가하기 전에 이미 아이를 가진 상태였고, 조정은 실질적으로 여불위의 아들이었다.

진나라가 한단을 포위한 상태가 오래 지속되자 여불위는 조왕이 자초를 살해할 것이 두려워 자신의 모략에 박차를 가했다. 그는 황금 300근을 한단의 남문을 지키는 장군에게 건네며 말했다.

"저는 양적陽翟 사람으로, 한단에는 장사를 하기 위해 왔습니다. 가족들이 성 안에 갇혀 있는데 계속 성문 밖으로 나오지 못하게 되면 본전을 날리게 될 뿐만 아니라 목숨마저 보전하기 어려워집니다."

여불위는 자초와 조희, 그리고 갓 두 살 된 조정을 데리고 한단을 탈출했다.

당시 소양왕은 조나라에서 전쟁을 독려하고 있었다. 이들이 소양왕을 찾아가자 소양왕은 몹시 반가워하며 이들을 함양으로 돌려보냈다. 여불위는 이들에게 초나라의 복식을 입혀 화양 부인을 만나게 했고, 화양 부인을 이들의 모습을 보고 의아해하며 물었다.

"그대들은 원래 조나라에 살다가 지금은 진나라로 돌아왔는데 어째서 초나라의 복식을 입고 있는 것이오?"

자초는 즉시 여불위가 사전에 가르쳐준 대로 대답했다.

"소자가 불효하여 두 어른을 제대로 섬기지 못했습니다. 그러나 날마다 모친을 생각했고 모친께서 초나라 분이신 것을 알고서 자주 초나라 복식을 입곤 했습니다."

이 말에 화양 부인은 크게 감동했다. 안국군은 여불위에게 상을 내렸고, 자초는 화양 부인의 궁에서 살게 되었다. 이제 태자로 책봉되기를 기다리기만 하면 되었다. 자초가 귀국한 지 얼마 지나지 않아 소양왕이 병사하고 안국군이 효문왕孝文王으로 즉위하여 자초를 태자로 세웠다. 그러나 효문왕도 오래지 않아 병사했고 그 아들 장양왕莊襄王도 이어서 병사했다. 그리하여 열세 살의 어린 나이에 조정이 왕으로 즉위하게 되었다.

양모냐, 음모냐

여불위의 아들이 군주가 되자 여불위에게도 나라를 좌지우지할 만한 권력이 주어졌고, 자신이 애당초 했던 구상을 실현하게 되었다. 그러나 그의 지위는 갈수록 위험해졌다. 여불위가 조정의 모친과 사통했다는 사실이 진나라에서는 더 이상 비밀이 아니었기 때문에, 언젠가 이 사실이 조정의 귀에 들어가는 날에는 그가 이를 염두에 두고 있다가 행동을 취할 것이 분명했다. 여불위의 장삿속도 완전히 철저하진 못한 셈이었다. 자신의 아들이 군주가 되었는데도 이를 인정받을 방법이 없었고, 생부로서의 신분도 감춰야 했기 때문이다.

게다가 태후의 계속되는 요구를 만족시키기 위해 여불위는 자신을 대신할 남자를 찾아야만 했다. 결국 온갖 어려움 끝에 그는 노애란 인물을 구했다. 의례에 따르자면, 남자가 궁에 들어오려면 반드시 생식기를 독약으로 부식시켜 잘라내고 태감이 되어야 했다. 그래야만 비빈이나 궁녀들과의 사통을 차단하여 황실의 종족을 어지럽히지 않을 수 있기 때문이다. 그러나 여불위는 노애를 태후에게 선물할 속셈이라 절대로 생식기를 잘라선 안 되는 상황이었다. 그는 엄청난 뇌물을 써서 궁형을 담당하는 관리를 매수했고, 가짜 증명서를 발급받았다. 그리고 노애의 수염과 눈썹을 뽑은 다음 분을 발라 태감으로 분장시켜 태후에게 선물했다.

노애는 태후의 비위를 잘 맞추었고, 오래지 않아 태후와 뜨거운 사이가 되었다. 태후가 집정하자 대권은 점차 노애의 손으로 넘어오게 되었다. 시간이 지나고 정분이 두터워지면서 태후와 노애는 마침내 부부처럼 행세하기 시작했다. 두 사람은 자신들이 낳은 두 아들을 바라보면서, 기회가 생기는 대로 조정을 폐하고 자신들의 아들을 왕으로 세울 생각을 갖게 되었다. 그러나 노애가 잠시 방심하는 사이에 이런 계획은 탄로가 나고 말았다.

한번은 노애가 술에 취해 사람들과 다툼이 벌어졌고, 격분한 그는 큰 소리로 상대방에게 떠들어댔다.

"장차 황상의 대부가 될 사람인데, 누가 감히 내게 덤비느냐?"

이 말은 얼마 전부터 궁 전체에 소문으로 떠돌던 얘기가 사실이었음을 실증하는 말이었다. 노애와 싸움을 벌였던 사람은 즉시 조정에게 달려가 이 사실을 알렸다. 당시 조정은 이미 스무 살의 청년이 되어 있었고, 고대의 의례에 따르면 '약관弱冠'의 나이에 해당했기 때문에 친히 정사를 펼 수 있는 자격이 충분했다. 조정은 이 사건을 철저히 조사하라는 엄명을 내렸고, 그 결과 노애가 태후와 빈번하게 사통했을 뿐만 아니라 두 아들을 낳아 기르고 있었다는 사실이 밝혀졌다. 그러나 당시엔 태후가 전권을 쥐고 있었기 때문에 조정으로서는 당장 이 일을 처리할 수가 없었다.

얼마 후 조정은 진나라의 관습에 따라 성대하게 가관加冠[13]의 의식을 거행했다. 이제는 태후로서도 정권을 조정에게 반환할 수밖에 없었다. 노애는 조정이 함양으로 돌아오는 날에는 자신의 목숨을 보전하기 어렵다고 판단하고, 조정이 없는 사이에 진왕과 태후의 옥새를 훔쳐서 반란을 일으켰다. 그러나 조정은 이미 이에 대비해둔 바가 있었기 때문에 노애의 반란을 어렵지 않게 평정할 수 있었다. 노애는 관군과의

---

[13] 관례를 치르고 갓을 쓰는 일로 성년식을 뜻함.

싸움에 패해 살해되었고, 그에게 동조했던 스무 명의 반군 우두머리들은 전부 참형을 당했다. 조정은 모친인 태후를 자신이 소유한 땅으로 쫓아냈다.

이 사건에서 가장 큰 손해를 본 사람은 여불위였다. 그는 반란이 평정되고 나면 자신의 소행을 감출 수 없을 것이고, 모든 관직에서 쫓겨나는 것은 물론 처형당하게 될지도 모른다는 생각에 얼마 후 스스로 목숨을 끊었다.

길고 긴 중국 역사에 있어서 궁정에서는 지저분하고 어지러운 사건들이 없었던 때가 없었고, 그 추악함과 몰염치함은 상상하기조차 어려웠다. 그러나 여불위가 정치를 장사로 여겨 경영하려 했던 것은 실제로는 중국의 '관상일가官商一家[14]' 체제를 연 것이라 할 수 있고, 때문에 후대 사람들이 그의 공과를 따지기는 쉽지 않다.

이처럼 한 개인의 삶이 국가와 민족의 운명에 결정적인 영향을 미칠 수도 있다. 음모와 양모가 구별되는 것은 이런 면에서이다. 정변의 주체들이 취한 행동이 나라와 백성들에게 이익이 되면 양모요, 그렇지 못하면 음모로 남게 되는 것이다.

---

14 한 집안에서 관리와 상인을 배출한다는 뜻.

5 | 인재를 얻으면 건달도 천하를 얻을 수 있다

　인심을 얻어야만 천하를 얻을 수 있다고 누가 말했던가? 깡패나 건달들도 얼마든지 천하를 얻을 수 있다. 깡패와 건달들이 어떻게 천하를 얻을 수 있단 말인가? 인재를 얻으면 천하를 얻을 수 있다. 중국 역사에서 이러한 예를 무수히 찾아볼 수 있는데, 가장 전형적인 예가 한漢 왕조의 개국황제인 고조 유방劉邦이다.
　유방은 모친이 신룡神龍과 교합하여 낳은 아들로, 목이 유난히 길고 코가 높았으며 왼쪽 다리에 일흔두 개의 검은 사마귀가 나 있었다고 한다. 유방의 부친은 그가 남들과 다르다는 것을 알고 이름을 방邦이라 지었다고 한다. 그러나 성인이 된 유방은 품행이 방정하지 못했고, 부친과 형을 따라 함께 농사짓는 것을 싫어하여 하루 종일 빈둥거리며 놀기만 했다. 유방의 부친이 여러 번 꾸짖었으나 이런 태도는 조금도 달라지지 않았다. 나중에 유방의 형이 먼저 장가를 들었다. 유방의 형수는 그가 게으르고 놀고 먹기 좋아하여 가만히 앉아서 재산을 축내고 있다면서 대놓고 원망했다. 이런 사실을 알게 된 유방의 부친은 형제간의 불화를 걱정하여 형을 분가시켰다.

유방이 약관의 나이가 되었는데도 여전히 성품을 고치지 못하자 부친이 꾸짖으며 말했다.

"너는 정말 한심한 놈이로구나. 네 형을 좀 본받아라. 네 형은 분가한 지 얼마 되지도 않았는데 벌써 적지 않은 땅을 모으지 않았느냐? 네놈은 언제쯤이나 땅을 살 수 있겠느냐!"

부친의 이런 질책에도 아랑곳하지 않고 유방은 여전히 동네 건달들을 몰고 다니며 형네 집에 가서 밥을 얻어먹었다. 형수가 속이 타서 질책했지만, 유방은 조금도 개의치 않았다. 한번은 그가 또 패거리를 이끌고 밥을 먹으러 오자, 형수는 꾀를 냈다. 황급히 부엌으로 들어가 주걱으로 솥을 박박 긁어 하늘이 울릴 정도로 크게 소리를 낸 것이다. 유방은 이 소리를 듣고는 자신이 너무 늦게 온 것을 탓하며 친구들과 함께 돌아가려 했다. 그런데 아무 생각 없이 주변을 둘러보다가 부뚜막에서 연기가 피어오르는 것을 보게 되었다. 그제야 유방은 형수가 자신을 속인 것을 알고는 길게 탄식하며 발길을 돌려 다시는 형네 집을 찾아가지 않았다.

한번은 초한楚漢 양군兩軍이 대치하고 있을 때, 항우가 유방의 부친을 이용하여 유방을 공격하려 한 적이 있었다. 항우가 유방의 부친을 군사들 앞에 세워놓고는 큰 소리로 말했다.

"당장 철군하지 않으면 네 아비를 삶아 먹고 말겠다."

양군의 병사들은 몹시 난처한 상황에 처한 유방이 당장 군대를 철수할 것이라고 생각했지만, 유방은 눈 하나 깜짝하지 않고 주저 없이 대답했다.

"우리는 이미 형제의 의를 맺은 사이니, 내 아비가 바로 네 아비가 아니겠느냐? 네가 아비를 삶아 먹을 생각이라면 내게도 국물 한 그릇쯤은 나눠주기 바란다."

항우는 이런 방법으로는 도저히 무례하고 잔인한 유방을 다스릴 수 없음을 깨닫고 결국 유방의 부친을 풀어주었다.

이처럼 유방은 깡패이자 건달이었다. 그는 줄곧 유생들을 무시하고 모욕하면서 깡패 기질을 유감없이 드러냈다. 진승陳勝과 항량項梁 등이 반란을 일으키자 각지의 장수들도 서로 성을 공격하고 땅을 빼앗으며 난을 일으켰다. 그러나 당시의 유명한 유생이었던 역이기는 이들이 모두 사사로운 일에 목숨을 거는 소인배들로 큰일을 이루기 어렵다고 말하면서 집 안에 틀어박혀 밖으로 나오지 않았다. 후에 그는 패공沛公 유방이 부대를 이끌고 성을 공격하다가 진류陳留에 이르렀다는 소식을 듣게 되었다. 마침 유방의 부하 기병 가운데 역이기의 고향 친구 아들이 있었다.

하루는 기병이 집에 돌아와 보니 역이기가 찾아 와 있었다. 역이기는 그를 보고 말했다.

"듣자 하니 패공은 오만하고 무례하여 사람들을 몹시 깔본다고 하더구나. 그러나 원대한 계책을 갖고 있다면 이는 내가 진정으로 추구하는 인물이다. 단지 내게 소개해주는 이가 없는 것이 안타까울 뿐이다."

"패공은 유생을 별로 좋아하지 않습니다. 유생의 모자를 쓴 인사들이 여럿 찾아왔지만, 그때마다 패공은 그들의 모자를 벗겨 그 위에다 오줌을 눴지요. 게다가 다른 사람과 이야기할 때면 언제나 심한 욕설을 하곤 합니다. 그러니 어르신께서 패공을 만나고 싶으시다면 유생이 아닌 다른 신분으로 찾아가시는 것이 좋을 듯합니다."

이처럼 유방은 현자를 예의와 겸손으로 대할 줄 모르는 자였다. 그의 성품이나 사상의 경지는 더 말할 가치도 없는 셈이었다. 그러나 이런 사람이 한 왕조의 대업을 이루게 되었다. 어떻게 그런 일이 일어날 수 있었을까? 유방과 그의 적수 항우를 비교해보면 분명한 차이를 알 수 있다.

진시황이 동쪽 지방으로 순유巡遊를 나갔을 때 유방과 항우는 모두 진시황의 행렬을 바라보면서 그 위엄 있는 기세를 부러워하곤 했다. 이를 볼 때마다 항우는 호기가 가득한 목소리로 말했다.

"언젠가는 내가 저 자리를 대신하리라!"

유방의 반응은 사뭇 달랐다.

"대장부라면 마땅히 저래야 하는데……."

이는 부러움과 질투의 표현이었다.

그 이후의 전쟁에서 항우는 용맹하게 선전하여 대적할 자가 없었고, 성격도 솔직하고 호탕하여 서초패왕西楚覇王이라는 칭호를 얻으면서 사람들에게 경외의 대상이 되었다. 그러나 그는 부하 병사들의 고름을 입으로 빨아 독을 치료해줄 줄은 알아도, 장수를 기용하고 관작을 내리는 데는 인색했고 대장을 신임하여 권한을 이양하는 데도 서툴렀다. 어진 선비들을 인정하긴 했지만 제대로 중용하지는 못했다. 그래서 패할 수밖에 없었던 것이다.

인재를 잘 쓰면 천하를 얻는다

유방은 정반대였다. 그의 휘하에는 재인才人과 현사賢士들이 운집하였고, 결국 승리를 얻었다.

유방은 사람들의 간언을 받아들일 줄 알고, 인재를 기용하는 데 능한 인물이었다. 소하가 달빛 아래에서 한신을 따라간 사건은 삼척동자도 아는 유명한 이야기이다.

한신은 출신이 빈천하여 오랫동안 뜻을 얻지 못했지만, 항상 천하의 대세를 주시하면서 언젠가 뜻을 이룰 책략을 가슴에 품고 있었다. 한신은 처음에 항우에게 귀순했다가 고집불통인 항우는 천하의 대업을 이룰 수 없다고 판단하고 항우를 떠나 다시 유방에게 귀순했다. 그러나 유방은 그를 기재로 여기지 않고 빈객으로 대할 뿐이었다. 우연히 천하의 형세를 논하는 자리에서 한신을 만난 소하는 그의 통찰력에 깊이 탄복하여 유방에게 한신을 추천했지만, 한신은 이미 모습을 감춘 지 오래였다. 알고 보니 몰래 도망친 것이었다. 이때 소하가 한신을 쫓아가서 이틀 동안이나 모습을 보이지 않자, 유방은 소하마저 도망친 것이 아닌가 하고 의심했다. 나중에 소하를 만나 그가 한신을 쫓아갔던 것임을 알게 된 유방이 의아해하며 물었다.

"군중의 장수들 가운데 도망친 자가 수십 명인데 어째서 한신만 뒤쫓아갔던 거요?"

"그런 장수들은 얼마든지 다시 얻을 수 있습니다. 그러나 한신 같은 인물은 나라 전체에 하나밖에 없습니다. 대왕께서 한중漢中의 왕으로 머무시고자 한다면 굳이 한신이 필요치 않을 것입니다. 그러나 천하를 얻으시고자 한다면 한신 말고는 더불어 대사를 의논할 만한 인물이 없을 것입니다!"

　유방은 소하의 건의에 따라 배장대拜將臺를 축조하고 목욕재계한 후, 한신을 찾아가 대장의 예로 대함으로써 모든 병사들을 놀라게 했다. 한신은 소하의 예상대로 실력을 키워 삼진三秦을 수복하고 위魏를 기습하여 무너뜨렸다. 또한 교묘한 계책으로 조趙를 멸하고 연燕을 굴복시켰으며 제齊를 평정한 데 이어 해하垓下에까지 세력을 미쳐 초楚까지 멸망시켰다. 유방은 과거 적군의 대장이었던 한신을 얻고서야 비로소 항우를 제압할 수 있었다.

　유방의 중요한 군사 참모였던 장량張良은 한韓나라 귀족 출신으로, 박랑사博浪沙가 진시황을 죽이려다가 실패하자 100여 명의 무리를 이끌고 진에 대항하다가 유방의 군대를 만나 합류함으로써 유방의 전사가 되었다. 그러나 얼마 후 그는 막강한 실력을 갖춘 항량項梁을 만나 한을 재건하자는 말에 설복되어 다시 한나라의 사람이 되었다. 이후 진이 한나라를 멸하자 장량은 어쩔 수 없이 다시 유방에게 귀순했다. 유방은 장량이 한때 자신을 떠났던 것을 탓하지 않고 성심으로 대하여 그를 감복시켰다. 이때부터 장량은 유방을 위해 한漢 왕조의 천하를 여는 데 필요한 무수한 책략을 제공했다. 매번 중요한 위기의 순간을 만날 때마다 장량은 언제나 정확한 견해를 제시했다.

　장량이 없었다면 유방은 최후의 승자가 될 수 없었을 것이다. 유방이 장량을 얻은 것이 수십만 대군을 얻은 것보다 값지다고 했던 것도 결코 과장이 아니었다.

　유방의 개국공신 가운데 하나였던 소하는 유방이 사수泗水의 정장亭長으로 있을 때부터 알고 지내던 사이였다. 정장은 마을의 자잘한

소송 사건을 관장하는 직책으로, 어쩌다 큰일이 발생하면 현縣의 관아에 상세하게 보고해야 했기 때문에 현의 관리들과도 잘 알게 있었다. 소하는 패현沛縣의 공조功曹[15]로서 유방과 동향 사람이었으며, 법률을 잘 알고 있어 유방으로부터 각별한 신임과 존경을 받았다. 그래서 유방이 어쩌다 일을 부당하게 처리할 때면 언제나 소하가 곁에서 지적해 주었고, 결점을 덮어주었기 때문에 두 사람 사이의 관계는 갈수록 더 친밀해졌다. 소하는 유방이 진나라 토벌의 군사를 일으킨 이후로 유방을 따라다니며 중요한 사건마다 간언을 게을리 하지 않았다. 초한 전쟁에서 한의 개국에 이르기까지 굵직한 정치적 묘책들은 소하의 머리에서 나오지 않은 것이 없었으니, 소하의 공이 정말 크다고 할 수 있다. 물론 유방에게도 소하에 대한 경계심이 없었던 것은 아니지만, 그는 이를 잘 처리할 줄 알았다.

또한 유방은 남다른 장점을 가지고 있었다. 합리적이고 정확한 의견에 귀를 기울일 줄 알았던 것이다. 함양을 공격하여 진나라 궁전을 점령한 유방은 우뚝 솟은 궁전과 진귀한 장식품, 미녀들을 보고 눈이 휘둥그레졌다. 유방 같은 시골뜨기 건달에게 진나라 궁전의 화려하고 호화로운 모습은 상상하기조차 힘든 별천지였다. 이때 장수 번쾌가 갑자기 뛰어 들어와 울부짖듯이 말했다.

"장군은 부자가 되기를 원하십니까, 아니면 천하의 주인이 되기를 원하십니까?"

유방은 아무 대꾸도 하지 못하고 그 자리에 멍청히 서 있었다. 번쾌

---

[15] 한 시대 지방 관리의 명칭.

의 질책이 계속되었다.

"이러한 사치가 진나라 패망의 근원이었습니다. 어서 장군의 위치로 돌아오십시오!"

이 말에 유방은 금세 깡패의 본색을 드러냈다.

"난 지금 심신이 몹시 피곤한 상태요. 하루만 쉬었다 가게 해주구려."

번쾌는 자신의 말로는 유방을 움직일 수 없다고 판단하고 장량을 찾아가 유방이 진궁의 호화로움에 미혹되어 있음을 알렸다. 장량은 유방의 기질을 잘 알고 있었다. 그는 진궁으로 유방을 찾아와 천천히 타이르기 시작했다.

"진나라가 이처럼 황음무도荒淫無道[16]했기 때문에 오늘날 폐하께서 이 자리에 앉으실 수 있게 된 것입니다. 이제 폐하께서는 천하를 위해 잔학한 자들을 물리치셨으니, 마땅히 폐단을 제거하고 새롭게 시작하셔야 합니다. 진의 도성인 함양에 입성하자마자 궁궐의 사치와 향락에 머물고자 하신다면, 어제 진이 멸망했던 것처럼 내일 폐하도 멸망하고 말 것입니다! 폐하께서는 어찌하여 일순간의 안일을 위해 다 잡은 토끼를 놓치려 하십니까? 고인들께서 말씀하시길 '좋은 약은 입에 쓰지만 병에 이롭고, 충언은 귀에 거슬리지만 행함에 이롭다'라고 했습니다. 폐하께서는 아직도 제 말을 듣지 않으시겠습니까!"

유방은 장량의 강경하면서도 완곡한 설득에 순순히 따르지 않을 수 없었다.

장량을 비롯한 여러 장수들의 간언으로 유방은 살인한 자는 사형에

---

16 주색에 빠져 사람의 도리를 돌아보지 않음.

처하고, 남을 다치게 하거나 남의 물건을 훔친 자는 그에 상응하는 벌을 내린다는 세 가지 범죄에 대한 처벌 조항만 남기고 진 왕조의 가혹한 형벌을 전부 폐지함으로써 민심을 회복했다.

장수들을 결합하는 데 능하고, 참고 견디는 데 능하며, 인재를 중용하는 데 능했던 것이 그의 전략의 핵심이었다.

한 왕조가 개국한 지 얼마 되지 않아 조정에서는 일대 논쟁이 벌어졌다. 이 논쟁의 결론은 "한신은 장병을 거느리면서 많을수록 좋다고 했다韓信將兵, 多多益善"라는 것으로, 삼척동자도 아는 성어가 되었다.

당시 유방과 한신을 비롯한 한조의 군신들은 장수의 능력에 관해 의론議論을 펼쳤다. 유방이 한신에게 물었다.

"그대는 내가 능히 100만 대군을 이끌 수 있다고 생각하오?"

"불가능합니다."

"그럼 10만 대군은 이끌 수 있을 것 같소?"

"그것도 불가능합니다."

"그렇다면 내가 얼마나 되는 병력을 이끌 수 있다고 생각하오?"

"1만이면 족할 것 같습니다!"

"그럼 그대는 얼마나 되는 병력을 이끌 수 있소?"

"저야 많을수록 좋지요."

"그렇다면 병력을 다스릴 줄 모르면서도 나는 황제인데, 병력을 다스리는 데 능한 그대는 어째서 장수에 머무른 것이오?"

"저는 병사들을 잘 통솔하지만 폐하께서는 장수들을 잘 통솔하시지 않습니까?"

그렇다. 군막을 치고 1,000리 밖에 나가 승리할 수 있는 모책을 내는 데는 장량만 한 사람이 없고, 양초와 물자의 공급을 보장하여 치국안민하는 데는 소하만 한 사람이 없으며, 전선에 나가 적을 무찌르는 데는 한신만 한 인물이 없다고 유방은 말한 적이 있다. 그러나 유방의 장점은 이러한 인재들을 한데 모으고 그들이 각자의 능력과 장점을 자신을 위해 발휘할 수 있도록 했다는 데 있었다.

  맞는 말이다. 이렇게 하면 능히 천하를 얻을 수 있을 것이다.

6 | 끝없는 권력욕은 파멸을 부른다

　이사李斯와 조고趙高. 전자는 정치가와 음모가이자 학자의 능력을 한몸에 두루 갖춘 인물이었고, 후자는 야심가와 음모가이자 환관의 능력을 한몸에 지닌 인물이었다. 두 사람이 외나무다리에서 만난다면 누가 이기고 누가 패하게 될까? 일반적인 상식만으로는 가늠하기 어려울 것이다.
　대학자와 지략가, 정치가의 자질을 한 몸에 갖췄던 중국 최초의 인물인 이사는 불완전성의 실례라 할 수 있다. 진秦나라 승상으로 막강한 권세를 누리고 있을 때, "재물이 너무 많아선 안 된다"라는 순자荀子의 훈계를 생각하며 여러 차례 고향인 상채上蔡로 돌아가 개나 키우며 유유자적하고 소박한 삶을 살까 하는 생각도 해봤지만, 공리功利[17]에 대한 욕심이 강하고 권세에 대한 욕망이 지나쳐 이를 떨치지 못하고 끝내 부자가 함께 처형을 당하는 비참한 최후를 맞고 말았다. 그의 성격과 관련하여 사마천은 『사기』의 「이사열전」에 이야기 하나를 기록하고 있다.

이사가 말직에 있을 때 뒷간에 가서 용변을 보다가 분뇨를 훔쳐 먹고 있는 쥐들을 발견하게 되었다. 쥐들은 분뇨를 먹다가 사람이나 개가 오면 황급히 도망치곤 했다. 얼마 후 그는 국가의 관창에서 하루 종일 편안하게 양곡을 훔쳐 먹는 또 다른 쥐들을 발견하게 되었다. 이 쥐들은 뒷간의 쥐들과는 달리 놀라거나 두려워하는 일 없이 평안하고 안전하게 배불리 먹으면서 통통하게 살이 쪄 있었다. 이사는 이 쥐들을 비교해보면서 감개 어린 한마디를 내뱉었다.

"유능함과 무능함의 차이는 이 쥐들과 마찬가지로 전적으로 자신의 방법에 달려 있는 것이다. 능력이 있는 사람은 양식 창고의 쥐이고 무능한 사람은 뒷간의 쥐인 것이다."

양식 창고의 쥐가 되어 마음껏 부귀영화를 누리기 위해 그는 소관말직을 사퇴하고, 제나라로 가서 유명한 유학의 대 스승인 순자의 문하에서 공부를 시작했다. 순자는 공자의 유학을 계승하여 공자의 이름을 걸고 강학에 힘쓰는 동시에, 이를 개선하여 전통 유학의 '인仁의 정치' 관념을 줄이고 법치 사상을 도입했는데, 이것이 이사의 구미에 딱 들어맞았다. 어느 정도 학문이 깊어지자 그는 순자에게 작별을 고하고 진나라로 갔다.

왜 진나라로 가느냐는 순자의 질문에 이사는 이렇게 대답했다.

---

17 공명과 이익.

"사람이 이 세상에 살면서 미천한 것이 가장 큰 치욕이고, 가난한 것이 가장 큰 슬픔입니다. 남보다 잘되기 위해서는 큰일을 하지 않으면 안 되지요. 제왕에게는 진취적인 기상과 의지가 없고 초나라도 딱히 추진하는 일이 없습니다. 오로지 진왕만이 큰 뜻을 품고 제와 초를 합병하여 중원을 통일할 준비를 갖추고 있지요. 따라서 진나라야말로 기회를 찾아 큰일을 이룰 수 있는 최적의 국가라고 생각합니다.

순자의 사상에는 원래 법가적 요소가 많았다. 그래서인지 그는 이사의 생각에 순순히 동의했지만, 떠나기에 앞서 항상 절제를 염두에 두라는 충고를 잊지 않았다. 잘나갈 때 지나치게 맹진하지 말고 절제함으로써 퇴로를 마련하라는 것이었다.

진나라로 온 이사는 태후의 신임과 총애를 독차지하고 있던 여불위의 문하로 들어가 빠른 시간에 자신의 능력을 발휘하면서 작은 관직을 맡게 되었다. 그러나 그의 위치에서는 군공을 세울 수도 없었고 뛰어난 정견을 제시할 수도 없었으므로, 진왕의 심리를 분석하고 당시의 형세를 면밀히 조사하여 진왕에게 주장을 올렸다.

"능력이 뛰어나 대업을 이루는 사람들은 대부분 기회를 잡을 줄 알았습니다. 과거 목공 시대에 국력이 강성했으면서도 진이 중원을 통일하지 못했던 데는 두 가지 원인이 있습니다. 첫째, 주周 천자의 세력이 강대하고 위왕이 살아 있었기 때문에 이를 전복시키기가 쉽지 않았습니다. 둘째, 당시엔 제후국들의 역량이 비교적 강대하여 진나라와 비교해볼 때, 상당한 차이가 있었습니다. 그러나 효공 이후로는 천자의 세력이 급속도로 쇠락했고 각 제후국 간의 전쟁이 그치질 않고 있습니다. 이제 진나라의 국력도 막강해졌고 대왕께서 현덕하시니 6국을 멸하시는 것도 옷에 묻은 먼지를 터는 것에 불과할 것입니다. 지금이 제업을 세우고 천하를 통일할 수 있는 절호의 기회이니, 대왕께선 부디 이 기회를 놓치지 마시기 바랍니다."

이사의 이러한 주장은 진나라와 제후국들이 처했던 상황과 크게 다르지 않았고 진왕의 속셈에도 정확히 부합하는 것이었다. 그 결과 그는 진왕에게 인정을 받아 장사長史의 자리에 발탁되었다. 이사는 진왕에게 대정大政 방침方針의 지략을 제공하는 한편, 구체적인 사안에 있어서도 의견을 제시했다. 특히 그는 진왕에게 막대한 재물을 들여 6국의 군신들에게 뇌물을 주어서 이들을 서로 이간시키고 도덕적으로 부패시켜 이들이 연합하여 진에 대항하는 일이 없도록 해야 한다고 주장했고, 이러한 모략은 큰 효과를 거두었다. 덕분에 이사는 진왕에 의해 객경客卿[18]에 봉해졌고, 이때부터 승승장구하게 되었다.

그러나 이때 진나라 조정에서는 외국인을 배척하는 운동이 벌어지기 시작했다. 한韓나라가 정국鄭國이라는 수리水利 전문가를 보내 진나라로 하여금 거대한 수로를 건설하도록 종용했기 때문이었다. 한나라는 정국을 진에 첩자로 보내 진왕에게 수로 건설의 필요성을 설명하고 진왕의 동의를 얻어내 공사를 시작했다. 그러나 얼마 후 정국이 수로를 건설하는 목적이 드러나고 말았다. 수로 건설의 목적은 수리를 발전시키기 위한 것이 아니라 진나라의 인력과 재력을 소모시켜 국력을 약화시킴으로써 병력을 동쪽으로 진격시키는 일을 저지하기 위함이었다. 진나라 출신 신하들은 국가의 장래를 염려하는 동시에, 관장

---

[18] 다른 나라에서 와서 재상의 위치에 있는 사람.

官場에서 경쟁해야 하는 자신들의 입지를 고려하여 외국인의 축출을 주장하고 나섰다. 이런 상황에서 진왕은 마침내 '축객령逐客令'을 내렸고, 이에 따라 이사도 객경의 자리에서 축출되고 말았다.

이사는 커다란 실망과 슬픔을 안고 진나라를 떠나는 길에 국경 가까이 이르러서 진왕에게 마지막으로 상서上書를 올리기로 마음먹었다. 이것이 그 유명한 「간축객서諫逐客書」이다.

과거 목공은 현사들을 폭넓게 받아들이면서 서쪽의 융戎 지역에서 유여由余를 초빙했고, 동쪽의 초楚 지역에서 백리해百里奚를 맞아들였으며, 송나라에서 건숙蹇叔을, 진나라에서 비표丕豹와 공손우公孫友를 중용했습니다. 이 다섯 사람을 중용했기 때문에 목공은 스물네 개 국가를 합병하여 서부 지역의 패자로 군림할 수 있었던 것입니다. 또한 효공은 상앙을 임용하여 변법을 실행하고 풍속을 변화시켰으며, 국가를 더욱 부강하게 발전시켜 초楚와 위魏를 점령하고 1,000리나 되는 국토를 확장했습니다. 이로써 진의 국력은 더욱 강대해졌지요. 혜문왕惠文王은 장의張儀의 계략을 받아들여 합종의 맹약을 깸으로써 각국을 진에 복종하게 했고, 소왕은 범저의 지모 덕분에 권문귀족들의 세력을 약화시키고 왕권을 강화시켜 제후들을 압박할 수 있었습니다. 그 결과 진나라는 마침내 제업帝業을 완수할 수 있었지요. 이 4대의 군왕들은 객경들을 임용했기 때문에 나라의 발전에 크게 공헌할 수 있었던 것입니다. 네 명의 군주가 축객령을 내렸다면 국가의 위신과 실리를 동시에 잃고 말았을 것입니다.

「간축객서」의 논지는 확실한 근거에 입각하고 있어 상당한 설득력을 갖고 있었고, 당시 진나라의 실질적인 요구에 부합되었다. 게다가 언사가 매우 간절하고 진지하여 이를 읽은 진왕은 큰 감동을 받았다. 그는 즉시 축객령을 철회하고 사람을 보내 이사를 불러 정위로 봉했다. 옥에 갇혀 있던 한나라 첩자 정국도 이를 기회로 삼아 상소를 올렸다. 자신이 수로를 건설하도록 부추긴 것은 진나라의 인력과 재력을 소모시키기 위한 목적도 일부 있었지만 진나라에 수로 건설이 필요했던 것도 사실이라고 전제하고, 그렇지 않았더라면 진왕도 시공을 허락하지 않았을 것이라고 말했다. 게다가 공사가 반쯤 진척된 상황인 만큼 공사를 계속하여 완공하면 만대에까지 혜택을 누릴 수 있다는 것이었다. 진왕은 정국의 말에 일리가 있다고 생각하고 즉시 그를 석방하는 동시에 다시 수로 공사를 주관하게 했다. 이렇게 건설된 것이 춘추전국시대 최초의 수리공사인 정국거鄭國渠이다.

　이로써 이사는 진나라에서의 입지를 든든하게 굳힐 수 있었고 진왕으로부터 확실한 신임을 받게 되었다. 그 후로 그는 승승장구했고 앞길에 아무런 걸림돌이 없는 것 같았다. 이때 이사의 동료인 한비韓非가 진나라로 왔고, 이는 이사에게 엄청난 도전으로 다가왔다.

　한비는 한나라 출신으로 한왕과 동족이었다. 그는 전국 말기의 대사상가로서 학문이 깊고 생각이 민첩했다. 그의 학설은 순자의 사상 가운데 법가적인 요소를 발전시켜 신도愼到의 '세势'와 상앙의 '법法', 신불해申不害의 '술術'을 하나로 결합함으로써 완전한 군주 전제 이론을 확립했다. 또한 그는 「세난說難」과 「고분孤憤」, 「오두五蠹」 등 다수의 저작을 남기기도 했다. 한비의 저작들이 원래는 한나라가 너무 허약한 것을 보고서 상소를 올려 책략을 제시했다가 받아들여지지 않자 실망과 울분을 품고 쓴 것들로서 한나라 군주에게는 전혀 중요하게 여겨지지 않았다. 그런데 이것이 진나라로 전래되면서 진왕을 크게 놀라게 했다. 진왕은 한비의 저작들을 읽고서 경탄을 금치 못하며 말했다.

"이 사람이야말로 내가 찾던 인물이다. 이런 인물과 교우할 수만 있다면 죽어도 여한이 없으리라!"

인재를 경시하는 한나라의 풍조와 인재를 중시하는 진나라의 기풍은 이 대목에서 커다란 대조를 이룬다. 나중에 진이 한을 침공하여 형세가 다급해지자 한왕은 하는 수 없이 한비를 기용하여 진에 사신으로 보냈다. 이리하여 한비는 진나라에 오게 된 것이다.

이사는 학술적 능력이든 정치적 외교 능력이든 간에 자신이 한비에 크게 미치지 못한다는 사실을 잘 알고 있었다. 개인의 공명과 이익을 위해 먼저 한비를 제거해야 했던 그가 진왕에게 말했다.

"한비는 한왕의 친족이라, 대왕께서 지금 한을 공격하려 하시는 데 대해 한비는 동의하지 않을 것입니다. 한을 사랑하면 진을 사랑하지 않는 것이 인지상정이지요."

"중용할 수 없다면 다른 곳으로 가도록 보내줘야 할 것이오."

한비를 죽이는 것이 목적이었던 이사가 말을 받았다.

"그를 한나라로 돌려보낸다면 한나라를 위해 모략을 낼 것이고, 이는 우리 진나라에 불리한 일이 될 것입니다. 차라리 그가 능력을 발휘하기 전에 죽여버리는 것이 좋을 것 같습니다."

진왕은 이사의 말을 곧이곧대로 믿었고 이사는 한비에게 사약을 보내 자결을 강요했다. 이사의 사람됨을 잘 알고 있던 한비는 사약을 마시고 자살했다. 이때부터 적수가 없어진 이사는 훨씬 대담하게 일을 진행하기 시작했다.

기원전 221년, 진왕은 6국을 완전히 합병하고 장기간 분열 상태에 있던 중원을 통일했다. 통일 후에 부딪친 가장 큰 문제는 이 거대한 국가를 어떻게 통치하느냐 하는 것이었다. 여러 신하들이 모여 이 문제를 논의하는 자리에서 순우월淳于越이 진왕에게 상소하여 말했다.

"은주殷周가 천하를 1,000년이 넘도록 유지할 수 있었던 것은 천하를 자제들과 공신들에게 분봉했기 때문입니다. 지금 또다시 천하가 거대해졌지만, 종실의 자제들은 땅이 없어 일반 백성들과 다를 바가 없습니다. 제나라의 전상田常이나 진晉나라의 육경六卿처럼 사람들이 반란을 일으킨다면 누가 와서 구해주겠습니까? 옛일을 본받지 않고 오래 지속할 수 있었던 왕조는 하나도 없었습니다."

순우월은 분봉제를 실행해야 한다는 입장을 견지함으로써 진시황을 화나게 했다. 신하들 중 이사만이 유일하게 군현을 설치하여 나라를 다스려야 한다고 주장했다. 천하를 통일한 후에도 수많은 제후국을 세운다면 또다시 분열 국면을 조성하는 것과 마찬가지기 때문에 중앙 집권에 불리하다는 주장이었다. 진왕은 당시의 실제 상황과 개인적 생활 경험에서 나온 이사의 주장을 순순히 받아들여 전국을 서른여섯 개 군으로 나누고 그 밑에 현을 설치했다. 이로써 이사는 중국 봉건 사회에 한층 더 성숙한 통치체제를 구축하는 데 결정적인 공헌을 하게 되었다.

진시황은 순우월을 이사에게 넘겨 처리하게 했다. 이사가 그를 심리한 결과는 매우 이상했다. 이사는 순우월이 옛것을 중시하고 현재를 경시하는 경향이 있는 고서를 많이 읽었기 때문이라고 판단하고, 진시황에게 건의하여 분서령을 내리게 했던 것이다. 이사의 결정에 따라 진의 역사를 기록한 책 이외의 모든 사서와 박사들이 소장하고 있던 시, 서, 백가 등의 주요 저작들이 송두리째 불태워지고, 의약과 무술, 원예 등에 관한 일부 서적들만 남게 되었다.

이 이후로 시서를 논하는 사람들은 누구를 막론하고 저잣거리에서 처형되었고, 옛 전적을 빌어 현재를 비판하는 사람들은 일족이 몰살당하는 화를 입었다. 또한 이런 사실을 알고도 눈감아주는 관리는 죄인과 똑같은 처벌을 받았다. 분서령이 내려진 후 30일이 지나도록 책을 태우지 않는 사람들은 얼굴에 글자를 새겨 넣는 형벌을 받은 다음 만리장성 축조에 징용되어 갔다. 기원전 212년, 진시황은 함양의 유생 460여 명을 산 채로 매장하는 이른바 '갱유坑儒'를 단행하였다.

'분서갱유'는 중국 문화사상 가장 커다란 사건으로 중국 문화에 극단적인 파괴와 손실을 가져왔을 뿐만 아니라, 인류 문명에 커다란 치욕을 안겨주고 인간의 존엄을 잔혹하게 박해했던 사건으로 기록되고 있다.

조고가 이사를 죽이다

기원전 210년, 진시황은 황권의 위세를 과시하고 6국의 백성들을 위무하기 위해 다섯 번째 출유出遊를 시작했다. 그러나 다시 함양으로 돌아오는 길에 진시황은 중병에 걸렸고, 얼마 후 세상을 떠났다.

당시 진시황을 수행했던 사람 중에는 이사와 진시황의 아들 호해胡亥, 호해의 스승인 조고趙高도 포함되어 있었다. 진시황은 임종 직전에 편지를 써서 맏아들 부소扶蘇를 불러 장례를 진행하게 했다. 당시의 관습에 따르면 장자가 황위를 계승하는 것은 당연한 일이었다. 게다가 부소는 용감하고 의로운 성품으로 비교적 인심을 얻고 있었다. 그러나 대권을 장악하기 위해 호해를 황제로 앉히려 노력했던 조고는 진시황이 부소에게 쓴 편지를 호해에게 맡기고 보내지 않았다.

진시황이 사망하자 이사는 대란이 일어날 것이 두려워 다른 사람을 진시황으로 변장시켜 수레에 타게 했고, 예전처럼 물과 식사를 올리게 했다. 조고는 이를 기회로 이사를 끌어들였고, 두 사람 사이에 진지한 대화가 시작되었다. 조고가 말했다.

"황제께서 서거하시기 전에 부소에게 장례를 부탁한다는 편지를 한 통 썼지만 편지는 지금 호해의 수중에 있습니다. 황제께서 이미 서거하셨지만 아무도 이 사실을 모르고 있고, 누가 황위를 계승할지를 결정하는 일은 전적으로 저와 호해의 손에 달려 있습니다. 공의 생각은 어떻습니까?"

"이런 일을 하면서 너무 지나치다고 생각지는 않으신지요?"

"황제의 뜻대로 일을 처리한다 해도 제겐 아무런 손해도 없습니다. 제가 묻고 싶은 것은 공과 몽염蒙恬을 비교할 때 누가 더 능력이 있느냐 하는 것이지요."

"난 몽염에 미치지 못하오."

"부소는 강직하고 용맹한 인물로 공께서 황제와 함께 추진했던 분서갱유에 줄곧 반대해왔습니다. 그가 즉위하게 되면 가장 가까운 몽염을 승상으로 기용할 것이 분명한데, 그때 가서 어찌 하시겠습니까?"

두 사람은 일을 꾸몄고, 진시황의 서찰을 위조하여 부소에게는 '불효', 몽염에게는 '불충'의 죄명을 뒤집어씌워 자살을 강요했다. 부소는 편지를 받자마자 곧바로 자살했지만, 몽염은 자살하지 않고 구금되었다가 얼마 후 사약을 받고 죽었다. 이리하여 호해가 즉위하게 되었다. 호해는 향락만 추구하면서 국정을 돌보지 않았고, 진 왕조는 쇠퇴 일로를 치닫게 되었다.

한번은 호해가 이사에게 물었다.

"한비는 고대의 제왕들은 모두 힘든 세월을 보냈다고 말했는데, 황제란 자리가 정말로 그런 자리요? 황제가 자기 자신도 만족시키지 못한다면 어떻게 천하를 다스릴 수 있겠소? 짐의 생각으로는 신하들이 무능하여 황제가 힘들었던 것 같소. 짐은 마음껏 욕망을 따르면서도 천하를 잘 다스리고자 하니, 그대가 좋은 방법을 생각해보도록 하시오."

이 말에 이사는 직간을 안 한 것은 물론이요, 오히려 호해의 비위를 맞추기 위해 '독책지술督責之術'을 제시했다. 이른바 '독책'이라는 것은 실제로는 독단적인 전횡을 일삼으며 잔혹한 사법과 형벌을 남용하는 것이었다. 이사의 건의에 호해는 어린아이처럼 좋아하며 즉시 그의 제안을 실행에 옮기라고 지시했다. 그 결과 충신들은 전부 죽임을 당했고, 사리에 밝은 관리들은 박해를 받아 전국에 원성이 자자했다.

조고와 이사는 원래 서로를 이용하는 관계였으나 점차 경쟁하고 배척하는 관계가 되었다. 호해는 하루 종일 궁중에서 향락에 빠져 있었고, 조정의 대사에는 애당초 손을 대지 않은 채 대소사를 전부 조고에게 일임한 상태였다. 하루는 조고가 이사를 찾아가 의도적으로 관동 지방의 소요에 대해 언급하면서 언쟁이 벌어졌다. 조고가 말했다.

"지금 관동 지방에 도적 떼가 들끓고 있어 빈번하게 경보가 전달되는데도 주장께서는 환락에 취해 역부들을 동원하여 아방궁을 축조하고 있소. 이처럼 발등에 불이 떨어진 상황에서 덕망이 높으신 승상께서 간언해주시는 것이 좋을 듯합니다."

"간언을 올릴 마음이 없는 것이 아니라 황상께서 애당초 조정에 나오시지 않으니 어쩔 수 없었던 것이지요."

조고는 호해가 한가해진 틈을 타서 간언을 올려달라고 다시 부탁했고, 조고를 훌륭한 충신으로 평가하고 있던 이사는 흔쾌히 승낙했다.

며칠 후 호해가 신나게 놀고 있을 때, 조고가 급히 환관을 이사에게 보내 서둘러 입궁하라고 전했다. 이사는 조복을 챙겨 입고 황급히 달려갔으나, 한창 여흥에 젖어 있던 호해에게 호된 질책만 받고 그냥 돌아가야 했다. 이런 일이 몇 차례 반복되자 호해는 이사에게 몹시 화가 났고, 자신의 흥을 깬다는 이유로 안 좋은 감정을 갖게 되었다. 조고는 이런 기회를 놓치지 않고 이사를 모함하는 참언을 올렸다.

"조서를 위조하여 폐하를 왕좌에 앉히는 일에는 이사도 참여했습니다. 그의 이런 공로를 인정하여 황상께서는 그를 크게 봉상하셨지만, 지금 그는 이에 만족하지 못해 불만이 가득합니다. 떠도는 소문에 의하면 그가 장자인 이유李由와 함께 모반을 꾀하고 있다고 합니다. 관동 지방에 도적 떼가 창궐하고 있는데도 이유가 수수방관하고 있는 것은 모반의 증거임에 틀림없습니다. 폐하께서는 서둘러 그를 구금하시어 큰 화를 면하시는 것이 좋을 듯합니다."

어리석기 그지없는 호해이지만 이런 사안의 중요성을 모를 리 없었다. 그는 즉시 사람들을 시켜 조사를 진행했고, 조고는 이사를 철저하게 모함하도록 미리 조치했다. 사람들이 자신과 아들 이유를 조사하러 온다는 소식을 들은 이사는 그제야 조고의 술책에 걸려들었다는 사실을 깨달았다. 그는 즉시 상소하여 여러 차례 조고의 죄상을 보고함으로써 패국을 만회해보려 했지만, 호해는 더욱 분개할 따름이었다.

"조고는 성품이 청렴하여 아래로는 민의를 두루 살피고 있고 위로는 짐의 뜻을 잘 헤아리고 있으니, 짐이 조고를 중용하지 않으면 누구를 믿고 천하를 다스린단 말인가? 승상은 헛된 마음으로 조고를 모함하고 있구나!"

이사는 호해가 자신의 진언을 받아들이지 않자 우승상 풍거질馮去疾과 장군 풍각馮却을 끌어들여 상소를 올리면서 아방궁의 축조를 중지하고 조고를 내쳐야 한다고 말했다. 그러자 극도로 화가 난 호해는 나라가 부유하여 황제가 향락을 취하는 것은 당연한 일이지만, 도적이 창궐하는 것을 수수방관하는 것은 신하로서의 직무를 유기하는 것이라 판단하고 세 사람을 모두 잡아들여 옥에 가둬버렸다. 결국 '독책'을 주장했던 이사는 자신의 책략에 희생된 셈이었다.

풍각과 풍거질은 치욕을 거부하고 자살을 택했지만, 죽음을 거부한 이사는 조고에 의해 곤장 1,000대를 맞고 혼절하고 말았다. 그는 여러 차례 억울함을 호소하는 상소를 올리기도 했지만, 매번 조고에 의해 차단됐다. 결국 이사는 모반죄로 오형五刑[19]을 당하고 삼족을 멸하는 혹형에 처해져 그의 가족과 친척들이 저잣거리에서 비참하게 처형되고 말았다. 이것이 중국 최초로 정치가와 지략가, 학자의 자질을 한몸에 지녔던 정치인의 비참한 최후였다.

---

19 고대 중국의 형벌의 총칭으로 얼굴에 먹으로 문신을 새기는 묵형墨刑과 코를 베는 의형劓刑, 발꿈치를 자르는 월형刖刑, 생식기를 자르는 궁형宮刑, 머리를 베는 대벽大辟 등이다.

이사는 진시황을 도와 중원을 통일하고 군현제를 시행했으며 유생들을 탄압하여 왕권을 강화하는 등 적지 않은 공을 세웠지만, 모두 자신의 권세와 부귀를 위한 것이었다. 또한 한비를 죽이고 아첨과 영합으로 분서갱유를 단행한 것은 그의 일생에 있어서 결코 씻을 수 없는 오점으로 남게 되었다.

조고 역시 교활하고 간사한 성격에 대담하면서도 세심한 지모로 기회를 놓치지 않고 모험을 일삼았던 인물로 전형적인 '간재奸材'였다.

중국의 고대 역사에서 왜 이처럼 무섭고 위험한 인물들이 조정을 차지하고 진정한 우국지사들이 밀려났던 것인지 알 수 없는 일이다. 어쩌면 우국의 충정을 가진 지식인들이 관료가 된 후에는 전부 이사처럼 개인의 영달만을 추구하는 탐관으로 변질됐던 것인지도 모를 일이다. 그렇다면 고대 중국의 통치 체계에는 깊이 뿌리내린 잠재된 법칙이 있었던 셈이다. 수많은 관원들을 탐관으로 만드는 이상한 메커니즘을 밝혀내야 이 악순환의 고리를 끊을 수 있지 않을까.

2장 흥망성쇠의 법칙

7 | 국가와 군주는 별개의 존재이다

　봉건 관료 사회에서 성공하는 사람들이 전부 정치가인 것은 아닐지도 모르지만, 모두가 권력을 희롱하는 술책의 예술가라는 말은 틀리지 않을 것이다. 조금이라도 신중하지 못해 사소한 실책을 저지르는 날에는 가볍게는 자기 목숨을 잃고, 심하게는 집안 전체, 가문 전체가 몰살하는 화를 당하기 십상이었기 때문이다. 따라서 성공한 봉건 관료들을 정치가라 부르기보다는 '관장官場의 예술가' 라는 별명을 부여하는 것이 훨씬 더 적절할 것이다.

　주아부周亞夫는 한漢 왕조의 개국공신인 주발周勃의 아들로서 명장의 후예라 할 수 있다. 그는 병법에 통달했고 군대의 통솔에 뛰어나 명장의 칭호를 얻긴 했지만, 황제와 그 친족들의 뜻을 헤아리지 못해 굶어 죽는 비참한 최후를 맞고 말았다.

한나라 문제 2년(기원전 162년), 주아부는 조후條侯에 봉해졌고 그보다 3년 전에는 하내河內 군수가 되었다. 문무를 겸한 그는 민정과 군사 업무를 관장하는 최고 장관인 하내 군수로 부임하여 임기 동안 문무 양면에서 커다란 공적을 세웠고, 개인적으로도 군정 사무 각 분야에 다양한 경험을 쌓았다.

기원전 166년, 흉노의 노상老上 선우單于가 기병 14만을 이끌고 조나와 초관으로 쳐들어와 북지北地의 군위를 사살하고 곧장 감숙甘肅성 진원鎭原 동남 지역까지 밀고 내려왔다. 이런 상황에서 문제는 백성들을 안심시키는 조치와 함께 흉노와의 화친을 추진하는 한편, 적극적인 군사 대응을 준비했다. 이리하여 주아부가 하내에서 관중으로 옮겨가 장안을 수비하는 중요한 임무를 떠맡게 되었다.

주아부가 진정으로 명장이 된 것은 세류細柳에 군대를 주둔시키면서부터였다. 기원전 158년, 흉노 기병이 두 갈래로 나뉘어 한을 침략하여 선봉대가 태원군太原郡을 바싹 압박하면서 감천甘泉에서 장안까지 봉화가 그치지 않았다. 흉노의 남하를 저지하기 위해 문제는 중대부 영면令勉을 거기장군車騎將軍으로 임명하여 호구를 방어하게 하고, 소의蘇意를 장군으로 임명하여 구주를 지키게 했으며, 장무張武를 장군에 임명하여 북지를 사수하게 했다. 이와 동시에 장안의 동, 서, 북, 3면에 막대한 병력을 배치하여 흉노의 기습에 대비하게 했다. 당시 장안의 군사배치는 축자후祝滋侯 서력徐歷이 위북渭北 극문을 지키고 종정 유예劉禮가 패상覇上을 방어하며 주아부가 세류를 지키는 형세였다.

문제는 매우 검소하고 신중한 성품을 지닌 황제로서 중국 역사상 보기 드문 성군이었다. 국방의 신중을 기하기 위해 그는 직접 서군과 북군을 시찰했는데, 가는 곳마다 군대가 달려 나와 영접했다. 문제는 이러한 행동을 심히 우려하면서 이럴 때 흉노가 기습해오면 어떻게 대적하겠느냐고 질책했다. 그러나 문제가 주아부의 군대를 방문했을 때는 상황이 전혀 달랐다. 천자의 선행관이 군영에 다다라 영문營門으로 들어가려 하자 사병들이 앞을 가로막아 들어설 수 없었다.

영문을 지키는 군리가 "천자의 수레가 도착했다!"라고 외쳤으나 영문의 출입을 책임지는 군위는 "장군의 명령도 없었고 천자의 조령도 들은 바 없기 때문에 문을 열 수 없다"라고 단호하게 말했다. 문제가 사람을 보내 주아부에게 천자의 부절符節을 전달하면서 "천자께서 친히 병사들을 위로하고자 한다"라고 말하자 그제야 주아부는 명령을 내려 영문을 열었다. 천자가 영내로 들어왔는데도 주아부는 무릎을 꿇어 예를 갖추지 않고, 몸에 갑옷을 입은 상태로 문제를 향해 간단히 읍을 하면서 "갑옷을 입은 상태라 엎드려 절을 올리지 못하니 군중에서의 예로 대신하겠습니다"라고 말했다. 문제는 마침내 주아부의 투철한 군인 정신에 감동하여 장수들의 노고를 치하했고 주아부에게 칭찬과 격려의 말을 아끼지 않았다.

문제를 수행하던 대신들은 주아부의 이런 태도에 마음을 졸이며 식은땀을 흘렸다. 주아부가 한 왕실의 안녕을 위해 군무에 힘쓰고 있긴 하지만, 다른 군영에서와는 달리 황제에게 지나치게 무례하고 오만한 태도를 보였기 때문이다. 그러나 문제는 주아부의 세류 군영을 방문하고 나서 감개 어린 표정으로 말했다.

"저 사람이야말로 진정한 장군이오. 패상과 극문의 군영은 주아부의 세류 군영에 비하면 아이들 병정놀이에 불과하지. 패상과 극문의 장군들은 기습 공격을 받을 경우 패하여 포로가 되기 십상이지만 주아부는 그 누구도 이기지 못할 것이오."

대신들은 주아부를 문제가 칭찬하는 것을 듣고서야 비로소 안도의 한숨을 내쉴 수 있었다.

사실 문제도 주아부가 국가와 군주를 위해 헌신하고 있는 줄은 알지만, 속으로는 그의 태도가 지나쳐 황제의 존엄에 손상을 입었다는 생각도 하고 있었다. 결국 자존심에 커다란 상처를 입은 문제는 주아부를 중용할 수는 있어도 그를 좋아할 수는 없었다.

다행히 문제는 명군이라 주아부에 대해 불쾌한 마음을 갖고 있긴 했지만, 국가의 대사를 고려하여 감정을 잘 다스리면서 전혀 밖으로 내색을 하지 않았다. 심지어 임종 때에는 태자 유계劉啓[20]를 불러 이렇게 말했다.

"장차 나라에 큰 어려움이 발생하거나, 특히 반란이 일어날 때는 주아부에게 중임을 맡기도록 하여라."

과연 경제 초년에 조조鼂錯가 일찍이 한과 다른 길을 가고자 했던 오吳와 초楚 등 7국을 연합하여 반란을 일으켰다. 위기가 닥치자 경제는 문득 문제가 임종하면서 했던 말을 기억해내고는, 조당 양쪽에 늘어선 대신들 가운데 주아부를 지목하여 태위에 임명하고 군대를 이끌고 나가 반군을 진압하게 했다. 주아부는 임무를 받자마자 두말없이 이를 받아들였다. 주아부는 경제의 기대를 저버리지 않고 출병한 지

---

[20] 나중에 경제景帝가 됨.

3개월 만에 오왕 유비劉濞를 죽이고 오와 초의 반군을 완전히 평정했다. 오초 반군의 주력부대가 괴멸된 데 이어 나머지 다섯 나라의 군대도 한나라 장수들의 추격에 영수領袖들이 차례로 자살하거나 죽임을 당함으로써 7국의 난은 완전히 평정되었다.

7국의 반란을 평정하고 나서 주아부는 혁혁한 군공으로 모든 사람들의 칭송을 한몸에 받았고, 경제도 그를 중용하게 되었다. 경제 전원前元 7년(기원전 150년), 주아부는 승상이 되었다. 승상은 문관의 최고 영수로서 천자를 도와 갖가지 정무를 처리하는 대단히 중요한 요직이었다. 그러나 조금만 잘못해도 함정에 빠져 자리에서 물러나거나 심지어 죽을 수 있는 위험한 자리이기도 했다. 주아부 같은 강직한 성격으로는 애당초 오래 보전하기 어려운 직책이었다.

가장 먼저 주아부를 골치 아프게 한 인물은 양왕梁王 유무劉武였다. 당시 주아부는 반란 평정을 주재하면서 군대를 하남 일대에 배치했다. 오초 연합군은 병력을 총동원하여 양을 공격하고 있었다. 양왕은 경제에게 구원을 요청했고 경제는 주아부에게 양을 지원하도록 명령했다. 그러나 주아부는 형세를 분석해본 결과, 연합군의 기세가 대단하여 정면으로 대적하기 힘들다고 판단하고 양을 연합군에게 주어 이를 공격하게 하기로 마음먹었다. 주아부는 명령에 불복하고 기병을 보내 오초 연합군의 보급로를 차단해버렸다. 오초 연합군은 오래 버티지 못하고 양을 포기한 채 한의 주력군에 맞서기 시작했고, 이에 주아부는 치밀한 전략으로 기선을 제압하여 연합군을 괴멸시켰다. 이리하여 반란군을 진압하긴 했지만 양나라와는 원수가 되고 말았던 것이다.

주아부는 나라를 위해 지략을 발휘할 줄만 알았지 자신을 위해 지모를 쓸 줄은 몰랐기 때문에 양왕의 원한을 사게 됐던 것이다. 그래서 양왕은 매번 입조할 때마다 항상 두 태후에게 주아부에 대해 언급하면서 중상과 모함을 일삼았다. 시간이 흐르면 거짓말도 진실이 되는 법이어서, 두 태후는 양왕의 참언을 그대로 믿고 경제에게 주아부의 험담을 늘어놓게 되었다.

살아서 모반하지 않으면 죽어서 모반한다

경제 전원 4년(기원전 153년), 장자 유영劉榮이 황태자가 되었으나 그 모친인 율희栗姬가 점차 총애를 잃게 되면서 태자를 폐하고 새로 왕 황후의 아들인 유철劉徹을 태자로 세우게 되었다. 중국에서 장자를 폐하고 어린 아들을 태자로 세우는 것은 절대로 허용될 수 없는 일이었다. 주아부는 재상의 자리에 오르자마자 태자에게 아무런 과실도 없는 한 마음대로 태자를 폐하고 세우다가는 큰 혼란을 유발하기 쉽다고 주장했다. 성품이 강직하고 솔직하여 권고하고 간하는 기술을 모르는 주아부는 고집스럽게 경제에게 맞섰고, 경제는 태자를 세우고 폐하는 문제는 자신의 가정사인 만큼 외부인의 간섭을 허락하지 않는다고 단호하게 말했다. 주아부는 지나치게 강경한 성격으로 황제를 무시한다는 생각을 갖게 함으로써 경제의 분노를 유발하고 말았다.

경제 중원中元 3년(기원전 147년), 두 태후는 경제에게 왕 황후의 오라버니인 왕신王信을 후侯에 봉해줄 것을 요구했다. 매우 교활한 성격의 소유자인 왕 황후는 온갖 방법으로 두 태후의 비위를 맞추면서 환심을 산 덕분에 지위를 유지할 수 있었다. 외척을 후에 봉하는 것은 전례가 없던 일이라 경제는 주아부가 동의하지 않을 것이 분명하다고 예상하고 먼저 그를 찾아갔다. 과연 주아부는 단호하게 반대하고 나섰다.

"왕신이 황후의 오라버니이긴 하지만 아무런 공적도 없기 때문에 만일 그를 후에 봉하면 고조의 규약을 위배하는 셈이 됩니다."

주아부는 왕신을 후에 봉하는 일을 저지하긴 했지만 이때부터 경제와의 갈등이 깊어졌고 왕신으로부터 커다란 미움을 사게 되었다. 그리하여 서로 사이가 좋았던 양왕과 왕신은 손을 잡고 주아부를 공격하기 시작했다.

이 일이 있고 나서 얼마 지나지 않아 흉노의 여섯 부락 수장들이 투항해왔다. 경제는 몹시 기뻐하며 이들을 모두 열후로 봉했다. 그 가운데 한 명은 이전에 흉노에 투항했던 한나라 장수 노관의 손자로서 이름이 타인이었다. 노관은 남쪽의 영토를 차지하려고 기회를 엿보다가 뜻을 이루지 못하고 죽었고, 그의 아들도 한나라로 잠행했다가 병사하고 말았다. 노타인은 조부와 부친의 뜻을 이루기 위해 다른 수장들과 함께 투항한 것이었다. 주아부는 노타인을 열후로 봉해선 안 된다고 판단하고 경제에게 말했다.

"그의 조상은 한조를 배반하고 흉노에 투항했던 사람들인데, 지금은 또 흉노를 배반하고 한조에 투항해왔습니다. 그를 열후로 봉한다면 신하로서 군주에게 불충했던 책임을 어떻게 물으시겠습니까?"

이번에는 경제의 반응이 전과 달랐다. 경제는 주아부의 건의를 받아들일 수 없다고 잘라 말하고 여섯 사람을 전부 열후에 봉했다. 사실 경제가 그의 주장을 단호하게 거절한 것은 완전히 그의 견해가 틀렸기 때문이 아니라, 모든 일을 그의 뜻대로 해서는 안 되겠다는 경계 심리가 상당히 작용한 결과였다. 주아부는 경제가 자신의 말을 들어주지 않자 상소를 올려 병을 핑계로 사직 의사를 밝혔다. 경제도 굳이 그를 말리지 않아 결국 그의 사직은 무리 없이 이루어졌다.

그러나 사태는 여기서 끝나지 않았다. 문제는 그가 경제의 미움을 산 데다 적지 않은 공로와 위망이 있기 때문에 경제가 그에 대해 마음을 놓을 수 없다는 데 있었다. 경제는 주아부를 불러 그가 정말로 자족할 줄 아는 사람인지를 시험해보기로 마음먹었다.

하루는 경제가 특별히 주아부를 식사에 초대했다. 경제가 주아부에게 함께 식사를 하자고 하자 주아부도 사양하지 않고 순순히 초대에 응했다. 그러나 배석하는 사람은 아무도 없었고 경제와 주아부 두 사람뿐이었다. 약간 당혹해하던 주아부는 자기 자리에 술잔만 하나 있을 뿐 수저가 없어 푸짐하게 차려진 음식들을 먹을 수 없음을 발견했다. 주아부는 이것이 경제의 장난이라고 생각하고 얼른 고개를 돌려 식사를 담당하는 주석관에게 젓가락을 갖다 달라고 요청했다. 그러나 주석관은 이미 경제에게 뭔가 지시를 받은 터라 들은 척 만 척하면서 꼼짝도 하지 않았다. 주아부가 재차 요청하려고 하는 순간 경제가 끼어들어 말을 막았다.

"군주의 이런 성의에 만족하지 못하겠단 말이오?"

주아부는 화도 나고 부끄럽기도 했지만 경제의 심기를 건드리고 싶지 않아 얼른 바닥에 무릎을 꿇고 엎드려 경제에게 사죄했다. 경제는 일어서라는 말 한마디 외에는 다른 설명을 하지 않았고 두 사람 사이엔 아무런 대화도 오가지 않았다.

며칠 후 궁중에서 사자가 찾아와 정당廷堂에 나가 대부對簿를 받으라는 지시를 전했다. 대부란 질의를 통해 죄행의 사실 여부를 가리는 심문 방식이었다. 주아부는 자신이 최후를 맞게 됐다는 사실은 직감했지만 도대체 무슨 죄를 범했다는 것인지 전혀 감이 잡히지 않았다. 알고 보니 주아부가 연로하여 그의 아들이 호상護喪에 사용하기 위해 500벌의 갑옷과 방패를 사들였고 조정에서 사용하는 목재도 다량 구입했는데 이것이 모반을 준비하고 있는 것으로 간주되었고, 인부들을 고용하여 부리고 나서 급료를 주지 않은 사실을 누군가가 부풀려서 고발한 것이었다.

주아부는 이런 사정을 전혀 모르고 있던 터라 아무런 대답도 하지 못했고, 심문관은 경제에게 그가 완강하게 진술을 거부하고 있다고 보고했다. 경제는 대노하여 그의 진술을 받을 필요도 없이 그를 당장 대리시大理寺[21]로 넘겨 심문을 받게 하라고 지시했다. 주아부가 투옥되자 그의 아들은 자초지종을 알고 부친에게 자신의 행실을 사실대로 알렸다. 주아부는 아들에게 아무 말도 하지 않고 긴 탄식만 내뱉었다. 대리시 심문관이 물었다.

"왜 모반을 획책했는가?"

"내 아들이 사들인 물건들은 전부 상례에 쓰기 위한 것인데 어찌 모반을 운운하시는 것이오?"

대리경도 할 말이 없었지만 경제가 그가 죽기를 바라고 있기 때문에 어떻게 해서든지 꼬투리를 잡아야 했다. 결국 대리경은 황당하고 무모한 결론을 내리고 말았다.

"그대가 살아서 모반을 계획하지 않았다면 죽어서 모반하려 했던

---

21 형벌을 맡아보던 관청.

것이 분명하다!"

이 한마디에 주아부는 형세를 완전히 알아차리고 더 이상 아무 말도 하지 않았다. 결국 다시 투옥된 그는 닷새 동안 음식을 거부하다 굶어 죽고 말았다. 일대 명장의 너무나 안타까운 최후였다.

주아부가 간파하지 못했던 것은 국가와 군주가 별개의 것이라는 사실이었다. 국가는 공적인 존재이지만 군주는 사적인 존재인 것이다. 군주에 대한 충성이 반드시 애국인 것도 아니고 애국이 반드시 군주에 대한 충성을 의미하는 것도 아니다. 봉건 사회에서는 이론상으로 국가와 군주를 하나로 간주하고, 국가를 군주 일가의 사업으로 생각하지만 실제 상황은 그렇지 않다. 예컨대 군주의 사욕을 희생시키면서 국가의 복리를 실현하려 할 경우 대부분 커다란 좌절과 함께 개인적 보복에 봉착하게 되었다. 아무리 훌륭하고 멋진 정책이라 하더라도 군주의 사욕을 합리화시킬 수 있어야만 실행이 가능했기 때문이다.

8 | 쳐야 할 때 치지 않으면 자신이 다친다

위진남북조魏晉南北朝 시기의 진왕晉王 이극용李克用은 대단히 뛰어난 군주였다. 그는 머리에 독창이 생겨 치료가 불가능하다는 것을 알게 되자 내외번한도지병사마內外蕃漢都知兵馬使와 진무振武 절도사를 맡고 있는 이극녕李克寧과 감군鑒軍 장승업張承業, 대장 이존장李存璋, 오기吳琪, 장서기掌書記, 노질盧質 등 여러 친신들을 병상으로 불러, 일심동체가 되어 태자를 보좌하고 태자 이존훈李存勛에게 왕위를 계승하게 할 것을 당부했다. 이어서 임종 직전에는 이극녕과 장승업을 따로 불러 당부하며 말했다.

"태자를 그대들에게 부탁하오!"

말을 마치자마자 이극용은 영원히 눈을 감고 말았다.

이극녕은 이극용의 동생으로 왕부의 군정을 전담하면서 내외를 불문하고 치밀하게 관리했기에, 아무도 기회를 틈타 일을 벌이려 하지 못했다. 아울러 그는 장기간 병권을 장악하면서 절대적인 권력과 지위를 차지하고 있었다. 중국 역사에는 동생이 형의 왕위를 계승한 선례가 있었기 때문에 그가 이극용의 관작을 모두 물려받을 가능성도 없지 않았다. 당시 진군은 후량後梁과 대치하고 있어 군사적 긴장이 적지 않았다. 이존훈은 나이가 아직 어리고 명망이 크지 않아 수많은 장수들이 순순히 복종하려 하지 않았고, 남몰래 의론을 일삼아 군심이 크게 흔들리고 있었다.

이런 상황을 바라보는 이존훈은 마음이 몹시 불안하여 차라리 자신의 관작을 숙부인 이극용에게 양보하는 게 좋겠다는 생각을 하기도 했다. 그러나 이극용은 이를 받아들이지 않았다.

"태자께서는 적장자이신 만큼 왕위를 계승하는 것이 마땅합니다. 게다가 선왕의 유언이 계신데 어찌 감히 이를 거역할 수 있겠습니까?"

문무 관원들이 이존훈을 배알하려 했지만 그는 부친의 영정 앞에서 슬피 울며 밖으로 나오지 않았다. 장승업은 환관으로서 이극용에 대한 충성심이 대단했고 태자를 잘 보살펴달라는 당부가 있었던 터라 이런 상황이 오래가선 안 되겠다는 생각에 영당을 찾아가 이존훈을 타일렀다. 그는 이존훈의 손을 잡고 함께 영당을 나와 공당으로 올랐다. 그런 다음 이존훈으로 하여금 정식으로 하동河東 절도사와 진왕의 작위를 계승하게 했다. 이극녕은 여러 장수들을 이끌고 이존훈을 향해 머리를 땅에 부딪쳐 축하 인사를 올리게 했다. 이존훈은 군정의 대사를 전부 이극녕에게 맡겨 처리하게 했다.

이극용은 수많은 용사와 건아들을 양자로 받아들여 키우면서 이들을 친자와 조금도 다름없이 극진하게 총애하고 후하게 대우했다. 이들은 어느 정도 군권을 손에 쥐고 있었기 때문에 자신들의 군공을 자랑하며 이존훈을 안중에 두지 않았고, 심지어 병을 핑계로 조정에 나오지 않는 자도 있었으며, 명령에 불복하면서 친왕에게 예를 행하지 않는 자도 있었다. 이극용은 대권을 장악하고 있는 데다 존귀한 지위를 갖고 있어 군심은 그가 왕위를 계승하기를 바라고 있었다. 이극용의 양자 이존호李存顥가 이런 상황을 기회로 생각하고는 몰래 이극녕을 찾아가 말했다.

"형이 죽어 동생이 그 왕위를 계승하는 것은 예전부터 있어 왔던 일입니다. 게다가 숙부가 조카에게 머리를 숙여 신하를 자처하는 것은 도리상 있을 수 없는 일이지요. 하늘이 공께 기회를 주셨으니 이를 거부하지 마십시오. 때가 지나면 후회하셔도 소용이 없을 것입니다."

그러나 이극녕은 버럭 소리를 지르며 그를 꾸짖었다.

"허튼소리 하지 말게! 우리 이씨 집안은 대대로 부자간의 자애로 이름을 떨쳐왔네. 선왕의 위업은 여러모로 합당한 사람에게 계승케 하는 것이 당연한 일인데, 내가 어찌 다른 마음을 먹을 수 있겠나? 또다시 우리 숙질을 이간질하려 들었다간 내가 자네의 목을 베지 않나 두고 보게."

이극녕의 아내 맹孟씨는 성정이 완고하고 고집이 셌다. 양자들은 처자들을 이극녕의 집으로 보내 맹씨를 설득하기 시작했다. 맹씨는 부귀영화를 몹시 탐하는 여인네라 많은 사람들이 찾아와 자신을 부추기자 순순히 그들의 견해에 동의했다. 그녀는 음모가 드러나 큰 화를 불러일으킬 것이 두려워 이극녕에게 서둘러 손을 쓸 것을 재촉했다. 주관이 부족한 이극녕은 주위 사람들의 끈질긴 선동에 조금씩 마음이 움직이기 시작했다. 이극녕은 장승업, 이존장 등과 의견이 일치하지 않아 여러 차례 이들을 질책한 바 있고 이존훈에 대한 태도도 이전처럼 공손하지 않았다. 얼마 후 이극녕은 따로 대동大同 절도사를 설치할 것을 요구하여 자신이 이를 장악함으로써 위蔚와 삭朔, 응應의 세 주를 관할하게 되었다. 이존훈은 그의 결정을 전해 듣고 아무런 반대 의사도 표하지 않았다.

이존호 등은 때가 점점 무르익는 것을 보고는 이극녕을 위해 구체적인 정변의 계획을 세웠다. 이들은 이존훈이 이극녕의 집을 찾는 기회를 이용하여 정변을 일으켜서 장승업과 이존장을 죽이는 동시에, 이극녕을 하동 절도사로 추대하여 하동의 아홉 개 주부州府를 헌납하기로 했다. 그런 다음 후량後梁에 투항하고 이존훈과 태부인 조曹씨 등을 생포하여 대량大梁으로 보낼 생각이었다.

태원太原 사람 사경용史敬鎔은 어려서부터 줄곧 이극용을 따라다니며 그의 수하에서 성실하게 일하면서 두터운 총애와 신임을 받고 있었다. 이극용이 세상을 떠난 후에는 이극녕에 대해서도 대단히 공경스러운 태도를 보였다. 이극녕은 왕부의 비밀을 탐지하기 위해서는 사경용이 가장 믿을 만한 인물이라 생각하고 그를 불러 자신의 계획을 털어놓으면서 일이 성사되면 큰 상을 내리겠다고 약속했다. 사경용은 겉으로는 이런 제의를 받아들이는 척하면서 곧장 이존훈과 태부인을 찾아가 모든 사실을 고했다. 이 말을 들은 태부인은 장승업을 찾아가 이존훈을 가리키며 말했다.

"선왕께선 저 아이의 팔을 붙잡고 여러분께 잘 보좌해달라고 당부하셨습니다. 만일 밖에서 병변의 음모가 벌어지고 있다는 소문을 듣고 입장을 바꾸신다면 저로서는 저희 모자를 안전한 곳으로 보내주시기를 바랄 뿐입니다. 저희를 대량으로 보내지만 않으신다면 더 바랄 것이 없습니다!"

깜짝 놀란 장승업이 황급히 되물었다.

"신하는 왕의 명령 한마디에 죽는 법이고 선왕의 유훈을 받들어야 하는 것이 마땅한데, 태부인께서 어찌 그런 말씀을 하신단 말인가?"

이존훈은 그제야 이극녕의 음모를 그에게 알려주며 말했다.

"혈육을 나눈 사이라 서로를 잔인하게 죽이는 일은 없을 겁니다. 작위를 물려주기만 하면 대란은 피할 수 있을 겁니다."

"너무 간단하게 생각하시는군요. 이극녕이 이미 대왕 모자를 호랑이굴에 밀어 넣으려고 하고 있는데, 대왕께서는 어찌 작위를 양보하는 것으로 큰일을 피할 수 있다고 하십니까? 일단 병권과 왕위를 잃으면 어떤 일에도 대처할 수 없게 됩니다. 이극녕을 제거하지 않는 한 대란은 피할 수 없을 겁니다."

그러자 이존훈은 이존장과 오공吳珙, 양자 이존경李存敬, 장직군사 주수은朱守殷 등을 불러들여 몰래 정변에 반격할 준비를 갖추게 했다. 장승업이 주도면밀하게 계획을 실행했다. 이존훈은 왕부의 대청에 연회를 준비하고 각 군의 장수들을 불렀다. 술이 세 순배쯤 돌았을 때 갑자기 이극녕과 이존호를 체포하게 했다. 술자리는 아수라장이 되었지만 무장한 병사들의 경비가 삼엄하여 아무도 감히 난동을 벌이지 못했다. 이존훈은 이극녕을 향해 통곡하며 말했다.

"이 조카는 관작을 전부 숙부에게 이양하려 했으나 숙부께서 단호하게 거절하셨소. 이제 대사가 두루 제자리를 찾았는데 어째서 숙부께서는 이런 음모를 꾸며 우리 모자를 적국의 손에 넘기려 하셨던 것이오? 어찌 이런 짓을 할 수 있단 말이오?"

"이 모든 것이 야심을 품은 소인배들이 저를 선동한 탓입니다. 일이 이 지경에 이르렀으니 제가 무슨 말을 더 할 수 있겠습니까? 그저 처분만 바랄 뿐입니다."

이극녕과 이존호는 당일로 처형되었다. 이극용이 태자를 잘 보살펴 달라는 유훈을 남기고 세상을 떠난 지 한 달도 채 안 된 때의 일이었다.

9 | 인심을 얻는 자가 천하를 얻는다

공자가 『춘추春秋』를 산정刪定²²하고 난신적자亂臣賊子²³들을 통렬히 비난했을 무렵, 노魯나라에서는 춘추전국시대 이래 최대의 난신적자가 나타나 천자를 범하고 난을 일으킨 사건이 발생했다. 이른바 '공실을 셋으로 나눠 가진' 사건이었다.

춘추전국시대 노나라에서는 맹손孟孫씨와 숙손叔孫씨, 계손季孫씨 등 세 권력 집단이 출현했다. 이들의 출현에는 대단히 복잡한 역사적 과정이 있었다.

환공桓公에게는 수많은 아들이 있었는데 그가 세상을 떠나고 아들

---

22 글을 다듬어 잘 정리함.
23 나라를 어지럽게 하는 신하와 부모의 뜻을 거스르는 자식.

인 장공莊公이 왕으로 즉위하게 되었다. 기원전 662년, 30여 년 동안 군왕으로 군림했던 장공이 중병으로 자리에 눕게 되자 수많은 형제들이 왕위를 다투기 시작했다. 이 가운데 특히 이모異母 형제인 경보慶父는 음험하고 잔인하기 짝이 없는 인물이었다. 그는 오래전부터 온갖 계략을 꾸미고 있었지만 장공의 병이 위중해지자 잠시 행동을 미루기로 마음먹었다. 경보는 먼저 자신의 수하와 아우인 숙아叔牙를 장공에게 보내 병문안을 하는 척하면서 상황을 살폈다. 장공 역시 그가 문안하기 위해서가 아니라 자신의 병세를 살피기 위해 사람을 보낸 것임을 알아채고는 일부러 심각한 어투로 서글프게 말했다.

"난 이미 병이 깊어 어떤 약도 소용없는 상태이니, 내가 죽은 다음에 누구에게 왕위를 계승하게 하는 게 좋겠는가?"

숙아는 조금도 망설이지 않고 당연한 듯 대답했다.

"형이 죽으면 아우가 그 자리를 잇는 것이 예부터 내려오는 관례이지요. 경보가 군왕의 아우인 데다 능력과 인덕을 겸비하고 있으니 대왕을 계승할 사람으로서 손색이 없을 것입니다. 그러니 걱정하실 일이 뭐가 있겠습니까?"

경보에게 국왕의 자리를 넘겨주고 싶지 않았던 장공은 또 다른 아우 계우季友를 불러 이 문제를 상의했다. 장공에게 성심과 충성을 다하던 계우는 장공의 설명을 다 듣고 나서 조금도 망설이지 않고 말했다.

"그가 대왕께 그런 말을 한 것은 실제로는 공공연한 도발이나 마찬가지지요. 그들은 곧장 자신들의 모반 계획을 행동에 옮길 것입니다. 서둘러 대응 조치를 하지 않으면 후환이 클 것입니다."

장공은 그 자리에서 전권을 계우에게 맡겨 모든 일을 알아서 처리하게 했고, 계우는 곧장 숙아를 잡아다가 참수해버렸다. 그러나 종법宗法[24] 관념이 너무 강했던 그는 이른바 친정親情을 고려하여 숙아가 경보의 사주를 받은 것임을 알면서도 경보를 철저히 조사하는 일은 뒤로 미룸으로써 화근을 남겼다.

장공이 사망하자 계우는 장공의 아들인 공자公子 반般을 새 왕으로 옹립했다. 그 후 두 달이 채 되지 않아 경보는 상황이 순조롭지 못하다고 판단하고는 급한 마음에 마부를 시켜 반을 살해했다. 이로써 화살은 다시 마부에게로 돌아가 애꿎게 마부 일가만 멸문의 화를 당해야 했다. 얼마 후 경보는 장공의 부인 애강哀姜과 일을 꾸며 장공의 또 다른 아들인 공자 개開를 군왕으로 세웠다. 계우는 공자 반이 살해되자 더 이상 노나라에 머무를 수 없다는 판단 하에 진陳나라로 도망쳤다. 공자 개가 즉위하고부터 약 1년 동안 정세가 많이 안정되고 민심도 잠잠해졌으나, 경보는 하루빨리 군주가 되려는 욕심에 또다시 사람을 시켜 공자 개를 살해했다.

2년이 채 안 되는 시간 동안 경보는 이미 두 명의 군주를 살해한 셈이었다. 이로써 그는 한 치 앞을 내다볼 수 없는 안개 속으로 정국을 몰아갔고 백성들의 원성이 높아졌다. 당시 백성들 사이에는 "경보가 죽지 않으면 노나라에는 난리가 그치지 않을 것이다"라는 속담이 구전되기도 했다. 경보는 자신이 이미 민심을 잃었고 더 이상 노나라에 붙어 있다가는 언제 죽게 될지 모른다는 생각에 인근의 거莒나라로 도망쳤다. 계우는 노나라의 다른 대부들을 규합하여 장공의 또 다른 아

---

24 친족 제도의 기본이 되는 법.

들 공자 신申을 새 왕으로 옹립했다. 그가 바로 희공僖公이다.

계우는 노나라 백성들의 원분怨憤을 잠재우기 위해 거나라 군왕에게 후한 예물을 보내서 경보를 돌려보내줄 것을 요청했다. 경보는 숙아가 참수되었을 때와 마찬가지로 계우가 자신을 용서할지도 모른다는 환상을 갖고 있었다. 그는 종법의 이름으로 계우에게 용서를 구하면서 다른 나라로 피신할 수 있게 해달라고 간청했다. 그러나 사실 그의 이러한 부탁은 나중에 다시 쳐들어오기 위한 포석을 깔아두려는 의도였다. 경보의 음모를 꿰뚫고 있던 계우가 이를 단호히 거절하자 경보는 하는 수 없이 자결하고 말았다. 계우가 경보의 난을 완전히 평정하자 희공은 그에게 후한 상과 봉작을 내렸다. 그러나 종법 관념이 지나치게 강했던 계우는 희공에게 이런 간언을 올렸다.

"제 손에 죽은 숙아와 경보는 저와 마찬가지로 선군이신 환공桓公의 친자들입니다. 옛 의례에 따르자면 이들의 후대에게도 봉작을 내리셔야 합니다."

그의 간청에 따라 희공은 공손公孫 오敖에게 경보의 지위를 계승하게 하여 맹손씨孟孫氏라 칭하게 하고, 공손 자玆에게 숙아의 지위를 계승하게 하여 숙손씨叔孫氏라 칭하게 하는 동시에, 계우를 계손씨季孫氏라 칭하게 했다. 그리하여 이들 세 대부가 노나라 조정에 동시에 입지를 구축하게 되었고 또한 모두가 환공의 후손들이라 이른바 '삼환三桓'으로 불리게 되었다.

이들은 자신들의 지위가 쉽게 얻어진 것이 아닌 데다 대단히 불안정한 상태이므로, 자손들이 대대손손 작위와 봉록을 유지하려면 전적으로 나라에 의지해서는 안 되고 스스로 세력을 키워야만 멸문의 화를 면할 수 있다는 사실을 잘 알고 있었다. 그리하여 이들은 민심을 사로잡을 수 있는 다양한 조치들을 시행하며 근신하기 시작했다. 특히 경보의 후손들은 부친과는 달리 몹시 신중하고 진솔한 모습을 보였다. 이처럼 매우 검소하고 소박한 생활은 당시 노나라 공실 및 다른 대부들의 모습과 선명한 대비를 이루면서 세인들의 마음을 사로잡게 되었다. 무엇보다도 인재를 받아들이는 데 관대하여 노나라 공실보다 훨씬 자유롭고 넉넉한 모습을 보였다. 당시 사회적으로 대단한 지위와 영향력을 행사했던 공자의 제자 자공子貢도, 계문자가 개인 재산을 풀어 빈민들을 구제함으로써 민심을 산 것이 장차 그에게 커다란 복을 가져다줄 것이라고 말한 바 있다.

이들 세 가문이 자신들의 세력을 발전시키는 데 있어서 가장 중심을 두었던 정책은 무엇보다도 인구를 늘이고 농지를 확장하는 것이었다. 이들은 각지에서 피란 온 난민과 기민饑民들을 받아들였고, 이 소문을 듣고 찾아온 사람들을 내치지 않았으며, 이들에게 군왕의 공전公田을 나누어주어 점차 사전으로 전환시켰다. 춘추 말기에 이르자 세 가문의 세력은 놀라울 정도로 강대해졌고, 특히 계손씨는 7,000명이 넘는 사병私兵으로 막강하게 무장함으로써 군사력이 노나라의 공실을 능가하게 되었다.

이러한 상황에 대처하기 위해 노나라 공실公室이 대규모 공전을 사전으로 전환시키는 바람에 국가의 재정 수입은 급속도로 감소하게 되었고, 이에 따라 사전의 합법성을 인정하면서도 사전에도 공전과 마찬가지로 세금을 부과하게 되었다. 이는 실제적으로 공실의 재정수입을 증가시키는 동시에 사전의 특수한 권익을 박탈함으로써 공정과 사전을 동일화하는 조치였다. 이리하여 세 가문과 공실의 투쟁은 갈수록 첨예하고 격렬해지게 되었다.

세 가문은 여전히 자강불식自強不息[25]을 게을리하지 않았고, 30여 년 동안 노력한 결과 노나라 국군國君에 필적할 만한 군사 및 경제적 실력을 갖추게 되었다. 기원전 562년, 계무자는 노나라의 상군上軍과 하군下軍을 상, 중, 하 3군으로 개편하고 세 가문이 각각 한 군씩 차지하여 그 토지에서도 부세를 징수했다. 이것이 역사적으로 잘 알려진 이른바 '삼공분실三公分室'이다.

시대의 흐름과 형세에 적응하기 위해 계손씨는 새로운 세수 방법을 사용하기 시작했다. 토지를 타인에게 양도하여 경작하게 하되, 세수의 금액을 일정하게 규정하는 것이었다. 맹손씨는 낡은 구시대의 노예제를 부활시켰고, 숙손씨는 예전과 현재의 방법을 각각 절반씩 시행했다. 새로운 세수 제도는 생산의 적극성을 크게 높여 계손씨의 경제력을 증강시켜주었고, 군사적으로도 다른 두 가문에 비해 월등히 높은 수준을 갖게 해주었다.

기원전 537년, 3군 제도가 폐지되고 다시 2군 제도로 바뀌었다. 얼마 후 2군은 다시 4군으로 분할되어 이른바 '사공분실'의 형세를 이루었다. 계손씨 가문은 이 가운데 2군을 차지하면서 군사 상의 세금과 부역을 완전히 독점하게 되었다. 이로써 세 가문은 노나라를 완전히 분할하여 차지했고, 백성들은 이 세 가문에 부세를 납부해야 했다. 납부된 부세는 세 가문을 거쳐 다시 국군에게 전달되었다. 노나라 국군

---

[25] 스스로 최선을 다하여 힘쓰고 가다듬어 쉬지 않는다는 의미.

은 명목상의 군주에 지나지 않았다.

　세 가문이 국군을 대신해서 정권을 집행하는 과정에서 공실과 여러 차례 군사적 충돌이 발생했고, 매번 세 가문의 압도적인 승리로 끝을 맺었다. 결국 노의 소공昭公은 노나라를 떠나야만 했다. 소공은 원래 진晉나라로 가려 했으나, 진은 국도國都로 들어오는 것을 허락하지 않고 건후乾侯에 머무는 것만 허용했다. 소공은 결국 그곳에서 처량한 죽음을 맞아야 했다. 노나라 사관들은 이 사건을 이렇게 기록하고 있다.

　노나라 군주들은 대대손손 제대로 나라를 다스리지 못했으나 계씨는 대대손손 백성들을 사랑하면서 성실한 정치를 펼쳤다. 백성들은 일찌감치 노나라 군주를 잊었다. 소공이 타지에서 쓸쓸하게 죽었지만 그 누가 이를 불쌍히 여길 수 있겠는가?

　이처럼 신하들이 군주를 대신하게 된 노나라의 중대한 역사 사건은 의미하는 바가 매우 크다. 경대부들의 권력 탈취를 정당화할 수는 없지만, "인심을 얻는 자가 천하를 얻는다"라는 천고의 진리 또한 뒤집기 어려운 것이다. 맹자는 "주周 무왕武王이 주紂라 불리는 악독한 사내를 죽였다는 얘기는 들어봤어도 무왕이 임금을 시해했다는 얘기는 들어보지 못했다"라고 말한 바 있다. 노나라 계손씨는 민심을 얻는 데 최선을 다한 결과 마침내 노나라 공실을 3분할 수 있었다. 당시 백성들로서도 이런 반역적 행위가 지닌 합법성과 합리성을 부정하기는 어려웠을 것이다.

10 | 편안함은 영웅들의 무덤이다

중국의 옛 속담에 "부드러운 고향은 영웅들의 무덤이 된다"라는 말이 있다. 중국인들이 세속적인 행복을 매우 중시했던 것은 분명한 사실이다. 일반적으로 초월적인 가치 관념이 없었기 때문이다. 일단 세속적인 행복을 누리게 되면 큰 뜻을 잃고 안주하기 십상이다. 게다가 나이가 들면서 젊은 시절에 가졌던 영웅의 꿈을 접고 부드럽고 편안한 고향으로 돌아가는 것이 중국인들이 지닌 이상적인 인생의 법칙이기도 하다. 나이가 든다는 것은 꿈을 잊는 과정이며 사람들은 세속적 행복 속에서 비극 의식을 잊고 큰 뜻을 소멸시켜버린다. 춘추오패春秋五霸[26] 가운데 하나였던 진晉의 문공文公 중이重耳도 이런 경력을 갖고

---

[26] 춘추시대 5인의 패자를 일컫는 말.

있다. 아내와 신하들이 억지로 말리지 않았더라면 중이 역시 나이가 들어 타향을 떠도는 어리석은 늙은이가 되고 말았을 것이다.

춘추시대 헌공獻公의 총애를 독차지했던 애첩 여희驪姬는, 자신의 아들 해제奚齊를 태자로 세우기 위해 태자 신생申生이 독약으로 군왕을 시해하려 했고 공자인 중이 역시 이런 음모에 가담했다고 모함했다. 그 결과 신생은 자신의 봉지인 곡옥曲沃에서 자살하고 말았고, 중이는 겨우 몸을 피했으나 오랫동안 떠돌이 생활을 해야 했다.

중이 일행이 제나라에 왔을 때 환공桓公은 그를 반갑게 맞아주면서 강姜씨를 아내로 구해주었고 말 80필을 선물로 주었다. 진晉을 떠나서 10여 년 동안 중이는 적狄나라와 위衛나라 등을 떠돌면서 때로는 극진한 예우를 받기도 했고 때로는 무례한 대접을 받기도 했다. 그런데 제나라로 와서 이처럼 환대를 받게 되자 중이는 안일한 생활에 젖어들기 시작했다. 이때부터 그의 머릿속에는 진취적인 기상과 고국으로 돌아가 자신의 지위를 회복해야겠다는 야망이 사라져버렸다. 중이를 따라 여러 나라를 떠돌아다니던 대신들은 모두 진나라의 귀족들로, 망명 생활에 안착하지 못하고 항상 진나라로 돌아가 과거의 지위를 회복할 날을 학수고대하고 있었다. 그런데 중이의 변해버린 태도를 바라보면서 이들의 마음은 조급해지지 않을 수 없었다. 그리하여 이들은 뽕나무 밭에 모여 중이가 제나라를 떠나게 할 방법을 모색하게 되었다.

뜻하지 않게도 그때 강씨 집안의 시녀 하나가 뽕나무 위에 올라가 뽕잎을 따다가 중이의 대신들이 나누는 얘기를 하나도 빠짐없이 듣고 말았다. 서둘러 집으로 돌아온 시녀는 이 일을 강씨에게 그대로 전했다. 강씨는 큰 뜻을 품고 있던 여인으로, 의기가 약해질 대로 약해져 진취적인 모습은 전혀 찾아볼 수 없는 중이를 크게 걱정하고 있었다. 비밀이 새어 나가 풍파가 일어날 것을 걱정한 그녀는 시녀를 몰래 살해했다. 그리고 나서 중이에게 말했다.

"당신은 큰 뜻을 품은 대장부입니다. 설마 고국으로 돌아갈 마음을 포기하신 건 아니시겠지요?"

아내의 속뜻을 이해하지 못하고 그녀가 자신의 의중을 떠보려는 것이라 생각한 중이는, 황급히 아내와 평생 함께 살고 싶다는 자신의 바람을 확인해주었다. 그러자 강씨가 말했다.

"당신의 대신들은 단 하루도 고국으로 돌아갈 희망을 버린 적이 없습니다. 방금 전에도 그들은 뽕나무 밭에 모여 당신이 제나라를 떠날 수 있도록 도울 방법을 상의했지요."

"누가 그런 얘길 합디까?"

"뽕잎을 따러 나갔던 시녀에게서 들었어요. 그러나 걱정하실 것 없어요. 그런 사실을 알고 있는 시녀는 제가 이미 죽여버렸으니까요."

"그럴 수는 없을 것 같소."

"안 돼요. 어서 고국으로 돌아가세요. 사내대장부라면 원대한 뜻을 품는 게 마땅한 일이지요. 아내에게 연연하거나 편안한 생활에 빠져 그 뜻을 잊는 것은 장래가 없는 소인배들이나 하는 어리석은 짓이에요."

그러나 중이는 아내의 말에 귀를 기울이지 않았다.

중이의 수하에는 자범子犯이라는 모신謀臣이 하나 있었다. 다름 아닌 그의 외삼촌으로 대단한 결단력을 지닌 인물이었다. 강씨는 자범과 상의한 끝에 중이를 술에 취하게 한 다음 그를 수레에 태워 여러 사람이 호위하는 가운데 야밤을 틈타 제나라를 떠나기로 결정했다. 그리고 치밀하게 계획을 세워 마침내 중이를 고국으로 돌아가게 했다. 이처럼 중이는 다른 사람들의 도움에 의지하여 편안한 생활이라는 영웅의 무덤에서 벗어날 수 있었다.

스스로 편안함을 경계하다

물론 중국 역사에는 부드러운 고향이 영웅의 무덤이라는 사실을 자각하고 스스로 편안한 생활을 멀리한 사람들도 적지 않았다. 당唐 왕조의 장군인 이광안李光顏도 이런 인물들 가운데 하나였다.

당 헌종憲宗 원화元和 10년(815년), 채주蔡州 자사[27] 오원제吳元濟가 반란을 일으켜 병마를 이끌고 이리저리 몰아치며 침략과 노략질을 일삼았다. 그가 동도인 낙양洛陽 주변 지역까지 이르자 헌종은 조령을 내려 오원제의 관직과 작위를 박탈하고 선무宣武 등 16도 진군에게 명을 내려 그를 토벌하게 했다. 충무忠武 절도사 이광안도 황명을 받들고 토벌에 참여하여 혁혁한 전공을 세웠다. 당시엔 여러 군벌들이 혼전을 벌이던 때라 회서淮西 제군도통[28]인 한홍韓弘도 이런 기회를 이용하여 오원제를 토벌함으로써 자신의 세력 기반을 확장하려 했다.

한홍은 일찍이 헌종 원화 10년 정월에 수사도守司徒가 되어 선무에 머무르고 있었다. 그는 자신의 군사적 역량을 과대평가하고 자신을 대단한 인물로 자처하면서 10여 년 동안 입조하는 일이 없었고 조정에서

---

27 지방 관리를 뜻함. 당나라 때는 주지사에 해당하는 관직이었음.
28 군사를 다스리는 관직의 하나.

도 그를 충성스럽고 온유돈후한 신하로 대하지 않았다. 한홍에게 작위를 주고 관직을 높여준 주요 목적은, 그가 차지하고 있는 유리한 지리적 위치를 이용하여 오원제를 견제하기 위한 것이었다. 사실 한홍은 조정의 이런 의도를 잘 알고 있었고 암암리에 자신의 세력 기반을 넓히면서 가까운 신하들을 양성하고 있었다. 때문에 그에게는 회서 지역을 평정하는 일이 그리 급한 일이 아니었고, 이번 반도 토벌을 통해 자신에게 유리한 상황을 조성하여 조정과 거래할 수 있는 조건을 만드는 것이 주요 전략이었다.

이광안이 전도가 유망한 훌륭한 장수라고 판단한 한홍은 그를 어떻게 해서든지 자신의 수하로 끌어들이고 싶었다. 한홍이 이리저리 고심하고 있을 때 부하 하나가 계략을 제시했다.

"자고로 영웅은 미인의 관문을 넘기 어려운 법이니 미인계로 그를 매수하는 게 어떻겠습니까?"

그리하여 한홍은 대량성大梁城에서 가장 아름다운 여인을 골라 춤과 노래, 악기 연주, 그리고 손님 접대하는 방법을 가르친 다음 100만 냥이 넘는 금은보석으로 치장하여 사자를 통해 이광안에게 선물했다.

사자는 먼저 한홍의 서신을 이광안에게 건넸다. 이때 마침 이광안은 군막 안에서 여러 장수들과 더불어 연회를 즐기고 있었다. 이어서 사자가 여인을 헌상하자, 그녀의 아름다움과 요염한 자태에 놀란 장수들은 입을 다물지 못했다. 이광안은 한홍의 서한을 다 읽고 나서 한참 동안 깊은 생각에 잠겼다. 그런 다음 사자에게 정중하게 말했다.

"한 상공께서 내가 타향에 머무는 것을 불쌍히 여겨 이처럼 아름다운 여인을 선사하시니 한 상공의 두터운 은덕에 뭐라고 감사의 인사를 전해야 할지 모르겠소이다. 그러나 이 자리에는 수많은 장수들이 한데 모여 있는 데다, 하나같이 가정을 버리고 처자와 헤어져 먼 길을 온 사람들로서 생사를 돌보지 않고 국가의 안위를 지키기 위한 전역에 힘쓰고 있소이다. 그런데 어떻게 나 혼자서 미색과 가무를 즐길 수 있겠소이까?"

이렇게 말하면서 그는 자신을 따르는 장수들의 노고를 생각하며 눈물을 뿌렸다. 함께 자리에 있던 장수들도 그의 사람됨과 자신들에 대한 애정에 감격하여 눈물을 흘렸다. 이광안은 그 자리에서 사자에게 후한 상을 내리고 여인과 함께 돌려보내면서 한마디 덧붙였다.

"날 대신해서 한 상공께 감사의 인사를 전해주시구려. 난 이미 이 한몸을 나라를 구하는 사명에 바치기로 결심했소. 맹세컨대 절대로 반역을 획책하는 무리들과 한 하늘 아래 살지 않을 것이오. 설사 이런 결심으로 인해 죽는 한이 있더라도 두 마음을 품지 않을 것이오!"

여러 장사들은 이광안의 말에 존경과 감탄을 금치 못했고 마음속으로 영원히 그를 따를 것을 맹세했다. 결국 이광안에게 탄복한 장수와 병사들의 용기로 오원제의 반란은 금세 평정되고 말았다.

한홍에게로 돌아간 사자는 출사의 결과를 보고하면서 이광안의 반응을 상세히 설명했다. 한홍은 이광안의 의연함에 부끄러움을 느끼고 그 뒤로는 그를 매우 존경하게 되었다.

삼국 시기에 제갈량의 마음을 떠보려던 주유周瑜의 책략도 결국에는 실패로 끝났고, 미인계를 이용하여 유비를 농락하려 했다가 실패한 사건은 천고의 웃음거리로 남아 있다. 중국 역사에서 때로는 이러한 방법이 성공을 거두곤 했고, 다른 것으로 대체할 수 없을 정도로 결정적인 역할을 하기도 했다. 실제로 주유의 계책은 나름대로 대단히 뛰어난 것이었고, 중국인들의 일반적인 문화 심리에도 부합하는 것이었다. 단지 제갈량이나 유비 같은 특수한 인물들에게는 통하지 않아 실패를 맛보게 된 것이다. 그러나 몇몇 예외가 있다고 해서 부드러운 고향은 영웅들의 무덤이라는 속담을 부정할 수는 없을 것이다. 적어도 뭔가를 이루기 위해서는 일정한 고통의 대가를 치러야 한다는 것이 변하지 않는 천고의 법칙이기 때문이다.

11 　유명인사의 후광을 이용하라

　중국의 전통 관념에 따르면 '조강지처를 집 밖으로 내쫓아선 안 되고 빈천할 때의 교우를 잊어서는 안 되는' 법이다. 여치呂雉와 유방劉邦은 뜻이 맞아 혼인을 맺은 결발結髮의 부부이자 온갖 어려움을 함께한 동지 사이였다. 때문에 유방이 황제가 된 이후로 정실正室로서의 지위가 흔들릴 수 없었다.
　이에 비해 척희戚姬와 유방은 우연한 사건으로 정을 나누게 된 비공식 부부에 지나지 않았다. 유방은 팽성에서 항우에게 패하자, 혼자서 황급히 도망치다가 어느 인가에 들어가 밥을 얻어먹고 잠까지 자게 되었다. 이 집 주인은 그가 한왕漢王이라는 얘기를 듣고는 자신의 딸을 그에게 주었다. 이 여인이 척희, 즉 척 부인이다.
　척희는 젊고 아름다운 데다 춤과 노래에 뛰어났으며 문묵文墨[29]에도 조예가 깊었다. 더욱이 남자를 기쁘게 해주면서 자기 마음대로 다룰 줄도 알았다. 척희는 여후의 야심과 잔인함을 알아채고는 자신의 장래를 위해 유방에게 자기가 낳은 아들 여의如意를 태자로 세워줄 것을 간청하기 시작했다. 유방은 처음에는 이를 받아들이지 않았지만, 결국 척희의 눈물 어린 애원과 애교에 넘어가 마음이 움직이지 않을 수 없었다. 특히 태자 유영劉盈의 성정이 너무 유약한 데다 별로 총명하지 못해 유방의 마음에 들지 않았다. 반면에 여의는 총명하면서도 강인한 성격을 갖고 있어 유방도 그를 대단히 총애했다. 여후呂后는 일찌감치 이 점을 간파하고 은근히 걱정하고 있었지만 유방의 마음이 송두리째 척희에게 가 있어 아무런 대책도 찾지 못하고 있었다.

얼마 후 여의는 만 열 살이 되었다. 당시의 관례에 따르면 황제의 아들이 열 살이 되면 개봉改封을 통해 봉지奉地를 하사받고 봉지에서 거주해야 했다. 여의가 봉지를 받아 멀리 떨어져 가게 되면 황상을 볼 기회가 적어지고, 그만큼 서로의 감정도 소원해져 황상의 환심을 살 기회도 적어지기 마련이었다. 척희는 몹시 두려워하면서 유방을 찾아가 무릎을 꿇고 통곡하며 그렇게 되지 않게 해달라고 애원했다. 이런 척희의 마음을 헤아린 유방이 말했다.

"나도 당신의 마음을 잘 알고 있소. 당신이 여의를 아끼는 만큼 나도 그 애를 태자로 세울 마음을 갖고 있소. 그러나 장자를 폐하고 유자幼子를 세우거나 적자를 폐하고 서자를 세우는 일은 국가의 대사이기 때문에 함부로 결정할 수 없어 적절한 시기를 기다리고 있는 것뿐이오."

---

29 시문을 짓거나 서화를 그리는 일.

그래도 마음을 놓지 못하는 척희의 애원에 못 이겨 유방은 다음 날 여러 대신들을 모아놓고 태자를 다시 세우는 일에 대해 의논하기로 마음먹었다.

다음 날 조회에서 유방이 태자를 폐하는 문제를 거론하자, 대신들은 아무 근거도 없이 갑자기 태자를 폐한다면 큰 혼란을 야기할 수 있다며 말렸다. 그러나 유방은 대신들의 말에 귀를 기울이지 않고 문서를 담당하는 신하에게 당장 조서의 초안을 만들라고 명령했다. 이때 어사대부 주창周昌이 나서서 절대로 안 될 일이라며 반대했다. 주창은 말이 많은 사람인 데다 마음이 다급해지면 말을 더듬기 일쑤였다. 그는 말이 안 나와 한참이나 입을 벌린 채 끙끙대다가 간신히 말했다.

"신이 입을 열고도 이렇게 더듬거리며 말을 하지 못하는 것을 보면 절대로 안 될 일임을 알 수 있습니다. 폐하께서 굳이 태자를 폐하시려 한다면 소신은 계속 말을 더듬으면서 조령을 받들지 못할 것입니다."

주창이 두 번씩이나 말을 더듬는 바람에 유방은 웃음을 참지 못했다. 덕분에 유방은 화를 가라앉혔고 더 이상 조서를 재촉하지 않은 채 조회를 끝냈다.

주창이 문 밖으로 나서자 여후가 밖에 서서 그를 기다리고 있었다. 그가 황후를 향해 예를 갖추려 하자 여후가 먼저 무릎을 꿇더니 그에게 예를 올리는 것이었다. 주창이 어찌할 바를 몰라 하며 얼른 무릎을 꿇자, 여후가 황급히 그를 일으켜 세우며 말했다.

"오늘 대인께서 애써 간언을 하지 않았더라면 태자는 이미 자리를 잃었을 것입니다. 태자를 지켜준 은혜에 보답하고자 이렇게 대인께 예를 행하는 것입니다."

"제가 태자의 폐위를 저지한 것은 공을 위한 것이지, 사를 위한 것이 아닙니다. 황후께서는 제게 이러실 필요가 없습니다."

사실 여후의 이런 행동은 치밀한 계획에 따른 것이었다. 사람의 마음을 얻기 위해서 그녀는 아랫사람에게 무릎을 꿇었고, 이런 돌발 행동을 통해 다른 대신들에게도 태자의 폐위 사실을 알리려 했던 것이다. 여후는 유방이 일시적으로 이 일을 덮어둔 것일 뿐, 때가 되면 태자의 폐위 문제를 다시 거론할 것이라는 사실을 잘 알고 있었다. 이때 누군가 여후를 향해 말했다.

"장량張良이 지모가 뛰어나고 폐하의 두터운 신임을 얻고 있으니, 황후께서는 장량에게 계책을 묻는 것이 어떠신지요?"

여후는 당장 오라버니인 건성후建成侯 여석呂釋을 장량에게 보내 계책을 묻게 했다. 장량은 여석에게서 상세히 듣고 나서 사안이 가볍지 않음을 깨닫고는 쉽사리 입을 열지 못했다. 그러나 찾아온 사람이 문책당할 것을 생각하니 대답을 안 할 수도 없어 마지못해 말했다.

"태자의 지위를 폐하시고자 하는 것은 애당초 부자지간의 문제인데, 저 같은 신하가 무슨 소용이 있겠습니까? 게다가 이 문제는 집안의 일이지 나라의 일이 아니라 제가 감히 뭐라고 드릴 말씀이 없습니다."

여석이 어서 대책을 내놓으라고 협박하자, 하는 수 없이 장량이 다시 입을 열었다.

"지금 폐하께서 우러러보면서도 수하에 얻지 못하신 은사隱士 네 분이 계십니다. 동원공東園共과 기리계綺里季, 하황공夏黃公, 녹리甪里 선생 등이 그분들이지요. 이 네 분은 이미 연로하신 데다 폐하께서 유생들을 업신여기신다는 이유로 상산에 숨어 사시면서 밖으로 나오지 않고 있습니다. 이른바 '상산사호商山四皓'라 불리는 이분들은 절대로 한나라의 신하가 되지 않겠다고 맹세한 바 있지요. 후한 예물을 준비하여 언변이 능한 사자를 시켜 태자의 친필 서한을 가지고 직접 상산으로 가서 이분들을 모셔 오게 하십시오. 만일 상산의 네 어르신이 산에서 내려와 태자와 왕래하며 조정을 드나들게 된다면 태자의 지위를 보전할 수 있을 것입니다."

여후는 장량의 계책을 전해 듣고는 몹시 기뻐하면서 당장 상산으로 사람을 보냈다. '상산사호'는 자신들을 찾아온 사람이 지극한 정성을 보이는 것을 보고는 태자를 만나겠노라고 약속했다. 이들이 장안에 도착하자 태자 유영은 이들을 정중하게 맞이했고, 그 후로 이들은 도성에 머물게 되었다.

고조 11년 7월, 회남왕淮南王 영포英布가 반란을 일으켰다. 유방은 몸에 병이 들어 태자에게 병력을 이끌고 나가 이들을 토벌하게 할 생각이었다. 이런 소식을 전해 들은 상산사호가 여석을 찾아가 말했다.

"듣자하니 폐하께서는 태자에게 병력을 통솔하게 하신다 합니다. 그렇게 된다면 공이 있어도 상이 없을 것이고 공이 없을 경우엔 치죄가 따를 것이니 태자의 지위가 위태롭게 됩니다. 어서 황후께 폐하를 만나 뵙고, 영포는 천하의 맹장인데 태자에게 병력을 통솔하게 하는 것은 양이 호랑이나 이리 같은 맹수들을 이끄는 것과 마찬가지라 여러 장수들이 제대로 힘을 쓰려 하지 않을 것이라고 아뢰게 하십시오. 영포는 태자가 토벌에 나선다는 사실을 알게 되면 틀림없이 군사를 몰아 서진할 것입니다. 폐하께서 병중이시긴 하지만 힘든 몸을 이끌고서라도 친정親征에 나서야만 여러 장수들이 감히 게으름을 피우지 못하고 있는 힘을 다해 싸워 영포를 진압할 수 있을 것입니다."

여후가 유방을 찾아가 이런 지략을 전하자, 유방은 여후의 말이 대단히 일리 있는 탁견이라 판단하고는 직접 나서는 수밖에 없다는 결론을 내렸다.

하루는 유방이 궁중에 술자리를 마련해놓고 태자를 불러 시중을 들게 했다. 유방이 태자가 궁 안으로 들어서는 모습을 보니 뒤에 네 명의 노인이 따라 들어오고 있었다. 하나같이 아흔이 넘은 고령에 수염과 눈썹이 온통 눈처럼 하얗고 의관이 초췌한 것이 평범한 사람들이 아니었다. 의아한 생각에 유방이 먼저 물었다.

"네 분 어르신들은 뭐 하는 분들이시오?"

상산사호는 유영의 소개를 기다리지 않고 먼저 순서대로 예를 올린 다음 각자의 성명을 밝혔다. 유방은 이들의 이름을 듣고 몹시 놀라면서도 어찌 된 영문인지 갈피를 잡지 못했다.

"과인이 공들을 수년 동안 청했는데도 공들께서는 과인의 부름을 피하면서 만나주지 않더니, 지금은 무슨 일로 내 아들과 함께 이곳에 모습을 나타내신 게요?"

"폐하께서 유사儒士들을 가볍게 여기시고 함부로 욕을 하시니 저희로서는 치욕을 견디기 어려워 알현하지 못했던 것이지요. 허나 지금은 태자께서 인仁과 효孝를 겸비하셔서 유사들에게 공경스럽고 자애로운 태도를 보이시니, 천하의 현자들이 전부 태자를 위해 목숨을 바칠 각오를 하고 있지요. 신들도 태자를 보좌하기 위해 내려온 것입니다."

"공들께서 기꺼이 몸을 낮춰 과인의 아들을 보좌하시겠다는데 과인이 무슨 말을 할 수 있겠소이까? 앞으로도 태자를 잘 보좌하셔서 천하의 복을 만들어주시길 바라겠소이다."

술자리가 끝나고 상산사호가 유영을 따라 물러가자 유방은 황급히 척희를 불러 멀리 그들의 뒷모습을 가리키며 말했다.

"원래는 태자를 다시 세우려 했는데, 태자가 이미 저들의 보좌를 받고 있으니 두 날개가 이미 다 자란 셈이라 더 이상 폐위 문제를 거론할 수 없을 것 같소."

이렇게 한마디 던진 유방은 술기운을 빌어 소리 높여 노래를 부르기 시작했다.

큰 기러기 높이 나니 한번 날갯짓에 천 리를 가네.
굳센 날개를 갖추니 사해를 두루 날아다니네.
사해를 날아다니니 이제는 어찌할 수 없네.

노래는 그칠 줄 모르고 이어졌고 갈수록 곡조가 처량하기만 했다. 이때 이후로 유방은 더 이상 태자의 폐위 문제를 거론하지 않았다. 척희의 철저한 패배였다.

여후가 척희에게 보복하다

유방이 죽고 유영이 혜제惠帝로 즉위하자, 여후는 대권을 마음대로 조종할 수 있게 되었다. 그녀는 척희를 심하게 매질하여 냉궁에 가두고 사람을 시켜 척희의 머리털을 깎아버린 다음, 머리에 쇠로 된 칼을 씌우고 입고 있던 궁중의 복장을 전부 벗겨버렸다. 그런 다음 거친 베로 만든 촌부의 옷을 입혀 가둬놓고 하루 종일 절구로 쌀을 찧는 중노

동을 하게 했다.

척희는 매일 울면서 쌀을 찧었다. 오래지 않아 그녀는 자신의 슬픔을 담아 노래를 지어 하루 종일 불러대기 시작했다.

아들은 분봉왕인데 어미는 노예가 되었네.
하루 종일 쌀을 찧으며 항상 죽음을 옆에 두고 있네.
서로 3,000리나 떨어져 있으니,
누구를 시켜 이런 사정을 전할까.

이런 사실을 전해 들은 여후는 화를 내며 마구 욕설을 퍼부었다.
"천한 노비가 감히 아들에게 의지하려 하다니!"
여의를 제거해야만 화근을 없앨 수 있다는 점을 잘 알고 있었던 여후는 기원전 194년, 사람을 보내 조왕趙隱王 여의를 독살했다.
여후는 그것으로 그치지 않고 척희를 더욱 잔인하게 괴롭혔다. 먼저 그녀의 손가락과 발목을 자른 다음 유방을 도려내고 두 눈을 파냈다. 그것으로도 모자라 귀를 멀게 하고 독약을 먹여 벙어리로 만든 다음 뒷간에 처넣었다. 이런 척희에게 여후는 '인저人猪[30]'라는 별명까지 지어주었다.
여후는 혜제를 불러다가 척희의 이런 모습을 보여주었다. 다음날 척희는 뒷간 안에서 비참하게 생을 마감했다. 척희의 처참한 모습을 본 혜제는 궁중으로 돌아와 대성통곡하다가 1년 동안 병으로 누워 일어

---

30 사람의 탈을 쓴 돼지.

나지 못했다. 나중에 혜제는 사람을 시켜 여후에게 이렇게 말했다.

"척희를 그 지경으로 만든 것은 사람으로서는 도저히 못할 짓이오. 그런 당신의 아들인 내가 앞으로 어떻게 나라를 다스린단 말이오?"

이때부터 혜제는 술과 여색에 빠져 허송세월하면서 정사를 돌보지 않고 미치광이로 변해가다가, 기원전 188년에 결국 화병으로 세상을 떠나고 말았다.

아들이 유영 하나밖에 없었던 여후는 한 궁녀가 낳은 유공劉恭이란 남자아이를 골라 왕위에 앉히고 그 생모를 죽여버렸다. 이때부터 여후는 조정을 마음대로 주무를 수 있게 되었다. 여후는 조정에 나와 황제를 대신하던 8년 동안, 유씨가 아닌 친족들은 분봉왕이 될 수 없다는 규정을 파기하고 여씨 친족들을 대거 왕으로 봉했다. 이로써 유씨 정권은 점차 여씨 정권으로 변해가고 있었다.

그러나 유공은 점차 성장하면서 자신이 여후의 친아들이 아니라는 사실을 알게 되었다. 여후에 대해 원한을 품은 그는 언젠가 이렇게 말했다.

"태후는 어떻게 내 어머니를 죽이고 나를 황제로 세울 수 있단 말인가? 내가 좀더 크면 반드시 어머니의 원수를 갚고야 말 것이다."

이 말을 전해 들은 여후는 당장 유공을 유폐시켰다가 얼마 후에 살해해버렸다. 그런 다음 항산왕恒山王 유홍劉弘을 허수아비 황제로 세웠다.

기원전 180년 7월, 여후는 중병에 들고 말았다. 자신이 죽은 후에 대란이 일어날 것임을 알고, 사전에 여씨 일족에게 군사적 안전 조치를 서두르게 하는 한편 이들에게 경고하여 말했다.

"내가 죽고 나면 대신들의 태도가 돌변할 것이니 장례를 이유로 궁을 나서선 안 될 것이오. 어떻게 해서든지 병권을 틀어쥐고 황궁을 지켜야 할 것이오."

그러나 여씨 일족 가운데는 쓸 만한 인재들이 없었다. 여후가 죽자 주발과 진평陳平 등이 다른 여러 장수들과 연합하여 일거에 여씨 일족을 제압해버렸다. 여씨 일족을 죽인 이들은 대왕代王 유항劉恒을 문제文帝로 옹립했다.

장량이 4명의 선비들을 이용하여 유방의 신임을 얻고 태자의 지위를 지켜준 것은 중국 역사에서 빼놓을 수 없는 지략이었다. 사실 유명 인사의 후광을 이용하는 이러한 지략은 오늘날에도 광범위하게 운용되고 있다. 단지 장량처럼 그렇게 절묘하지 못한 것이 흠일 따름이다.

3장 뜻을 세우는 사람과 이루는 사람

12 나라를 세우면 권력을 다져야 한다

개국 황제의 첫 번째 임무이자 가장 중요한 조건은 무엇일까? 그것은 권력을 공고히 다지는 일이다.

삼황오제三皇五帝의 시대로부터 시작되어 3,000~4,000년에 이르는 고대 중국의 역사에서 중화 민족은 약 30~40개의 조대朝代[31]를 거쳤다. 조대 가운데 권력을 공고히 하기 위해 가장 많은 살인을 저지른 개국 황제는 아마도 명明 태조 주원장朱元璋일 것이다. 주원장이 철저하게 공신들을 박해하고 죽임으로써 정권을 오래 유지하지 못했던 반면, 한漢 광무제光武帝 유수劉秀는 지나치게 많은 공신들과 인척 관계를 맺어 결국 외척과 환관들이 권력을 휘두르는 폐단을 야기했다.

---

31 왕조의 연대. 조대가 바뀐다는 것은 왕조가 바뀌고 새 왕조가 세워진다는 뜻임.

이처럼 역사의 논리는 그렇게 순탄하지만은 않은 법이다. 그렇다면 양극을 버리고 중용을 취할 방법은 없는 것일까? 중국 역대 왕조의 통치자들이 극단을 피하고 중용의 길을 걷고자 했지만 아무도 성공하지 못했다. 어떻게 해야 살육과 혼란을 피할 수 있는 것일까? 역사 자체가 피와 형극으로 이루어진 것이란 말인가?

맹자는 살인을 좋아하지 않는 자가 천하의 일인자가 될 수 있다고 말했다. 인仁을 행하는 자만이 능히 천하를 얻고 천하를 다스릴 수 있다는 말이다. 그러나 중국인들이 칭송해 마지않는 이 만고불변의 신념이 실제 역사에서는 얼마나 실현되었던가?

역사를 돌이켜보면 새로운 왕조를 수립할 때 맨 처음에 악역을 맡은 사람들은 성공하지 못하고 그 뒤를 잇는 사람이 비로소 대업을 완성하곤 했다. 이는 고대 중국의 정권 교체에 나타나는 무척 흥미로우면서도 공통적인 법칙이다.

중국 역사상 최초의 농민 봉기는 진승陳勝과 오광吳廣에 의해 그 불길이 타올랐다. 그러나 쉽게 진나라 군대에게 진압되었고 진승과 오광도 죽고 말았다. 진승과 오광의 난을 계기로 항우와 유방도 각자 자신들의 군대를 일으켰다. 진나라 군대에 대항하는 과정에서 이 두 군벌은 빠르게 세력을 키워갔으며 마침내 진나라를 멸망시켰다. 그리고 그 후 4년간의 초한 전쟁을 거쳐 마침내 유방이 항우를 이기고 한 정권을 수립한 것이다.

수당隋唐의 교체도 이와 유사한 상황을 보이고 있다. 당시 각지에서 수 정권에 반대하는 농민 봉기가 잇따랐다. 적양翟讓과 이밀李密이 와강군瓦崗軍을 이끌었고, 두건덕竇建德은 하夏나라를 세웠으며, 두복위

杜伏威 등도 막강한 기의군을 이끌고 종횡무진했다. 이 세 무리의 기의군은 수나라 군사를 뒤흔들면서 전국을 초토화시켰지만 결국 천하를 얻지는 못했다. 오히려 뒤늦게 수에 반기를 들고 일어선 관농關隴의 귀족 이연李淵과 이세민李世民 부자가 농민군을 진압하고 수 왕조를 밀어냄으로써, 중국 고대사에서 가장 빛나는 대당 제국의 태평성세 시대를 열었던 것이다.

원나라도 마찬가지였다. 칭기즈칸은 뛰어난 지략을 갖고 있었지만 몽고의 각 부락을 통치하는 데 그쳤다. 후에 대칸大汗이라 불리게 된 후손들에 이르러서야 금金과 남송南宋을 멸하고 중원을 통일하여 원 왕조를 세울 수 있었다.

명 왕조의 수립도 한이나 당과 크게 다르지 않았다. 한산동韓山童과 유복통劉福通은 홍건적을 조직하여 크게 세력을 떨치면서 원 조정을 통째로 뒤흔들었지만, 끝내 성공하지 못하고 얼마 후에 곧 패망하고 말았다. 오히려 그 밑에 속해 있던 주원장이 이끈 기의군이 온갖 난관을 헤치고 원을 전복시킨 후 진우량陳友諒이 이끄는 다른 농민 기의군까지 물리쳐 명 왕조를 건립했다.

청 왕조의 건립도 원의 경우와 매우 흡사하다. 청 왕조의 기초를 다진 누르하치도 칭기즈칸과 마찬가지로 지략을 가지고 있었지만 만청滿淸의 각 부락을 통일하는 데 그쳤을 뿐이다. 그가 청 태조로 불리고 있긴 하지만 실제로 중원 전체를 통일하지는 못했다. 진정한 청 왕조의 창시자는 그의 후손인 청 태종 황태극皇太極이다.

한漢 왕조를 서한과 동한의 두 조대로 구분하여 살펴보자면 서한 뿐 아니라 동한의 건립도 예외가 아님을 알 수 있다. 서한 말년 녹림綠林

과 적미赤眉가 일으킨 봉기의 불길이 중국 전역을 뒤덮었고, 정권을 찬탈한 새로운 왕조인 왕망王莽의 대군은 여지없이 패하고 말았다. 결국 마지막으로 성공한 것은 처음에 기의군을 일으켰던 왕광王匡이나 왕봉王鳳, 번숭樊崇 등이 아니라 그 뒤를 이어 세력을 일으킨 한 왕조의 종친인 유수劉秀였다.

이처럼 중국의 고대 왕조는 대부분 후발 주자에 의해 수립되었다고 볼 수 있다. 그렇다면 왜 처음 봉기를 일으킨 사람은 성공하지 못하고 오히려 그 뒤를 이은 사람들이 쉽게 성공하는 것일까? 이는 하늘이 불공평해서가 아니라 조대의 교체에 법칙이 있기 때문이다.

첫째, 맨 처음에 악역을 맡은 사람은 부패한 왕조를 맹렬히 공격하는 데 모든 힘을 소진하여 스스로를 파멸 직전의 상황으로 몰아감으로써 그 뒤를 이을 사람들에게 훌륭한 기초를 제공한다.

둘째, 처음 악역을 맡는 사람들은 대부분 정치적 자질이 부족하다. 단지 사람들을 선동하는 능력이 뛰어나고 혈기에 넘칠 뿐, 정확한 시기와 방법의 선택에서는 치밀한 지략이 결여되어 있고 경험도 부족하기 때문에 패망할 수밖에 없는 것이다.

셋째, 나중에 기의하는 사람들은 어렵지 않게 앞서간 사람이 닦아놓은 기초를 이어받게 되고, 앞 사람들의 경험을 계승할 수 있으며, 험난한 고난과 투쟁 과정을 거치면서 지도자로서 다방면으로 강하게 단련되고 정치가로서 필요한 자질을 갖추게 된다.

그렇다면 개국 황제는 왜 후대의 황제들보다 권력을 공고히 다지는 데 더욱 충실해야 하는 것일까?

첫째, 처음 나라가 세워졌을 때는 모래와 흙이 섞여 있게 마련이다.

각양각색의 사람들이 건국의 대열에 섞여 들어올 수 있기 때문에 이들을 철저하게 검증하여 정리하지 않을 경우 장차 큰 화를 부를 수 있다.

둘째, 새로운 왕조가 건립되는 초기에는 각지에서 사람들의 신망을 얻어 강력한 군대를 거느린 인물들이 많다. 이들을 철저하게 토벌하지 않을 경우 군공이 뛰어나 군주를 위협하는 자가 있을 수 있고, 재주가 뛰어나 군주를 억누르는 자가 있을 수 있으며, 권세가 대단해 군주를 업신여기는 인물도 생겨날 수 있다. 이러한 견제 세력이 힘들게 세운 정권을 다시 무너뜨리게 된다.

셋째, 개국 황제의 자손이 모반을 일으킬 수도 있다.

주원장이 개국 공신인 이선장李善長을 죽이려 하자 태자 주표朱標가 주원장에게 간언했다.

"아버님, 그러지 않아도 죽이신 사람이 너무 많습니다. 화기和氣를 해치지 않을까 걱정됩니다."

주원장은 이튿날 태자를 불러 가시가 가득 돋친 곤장을 땅바닥에 던져놓고 태자에게 이를 집도록 했다. 태자가 난색을 표하자 주원장이 웃으며 말했다.

"가시가 가득한 곤장을 들라 하니까 가시가 너무 많아 손을 다치지나 않을까 해서 감히 들지 못하지 않느냐? 저 가시들을 다 제거해버린다면 손을 다칠까 걱정할 필요도 없을 게다. 내가 지금 공신들을 죽이려는 것이 너를 대신해 가시를 제거하는 것인데, 그래도 너는 이 아비의 뜻을 모르겠느냐?"

그러나 옛 성현들의 책만 읽었을 뿐 정치를 모르는 태자는 그 말에 고개를 끄덕이기는커녕 오히려 그렇지 않다는 생각으로 말을 받았다.

"위에 요순堯舜 같은 임금이 있어야 그 밑에 요순의 백성들이 있는 법이지요."

자신을 어질지 못하고 흉포하기만 한 군주로 여기는 태자의 말에 주원장이 노기를 감추지 못하자, 태자는 화들짝 놀라며 황급히 품속에 있던 두루마리를 땅 위에 던져놓고 도망쳤다. 주원장은 두루마리를 펼쳐보고 〈부자도負子圖〉인 것을 알고는 더 이상 태자의 죄를 추궁하지 않았다. 이전에 주원장이 20만 대군으로 진우량의 60만 대군과 맞서야 했던 위급한 상황에서 마馬 황후가 뒤에서 태자를 도와 작전을 펼친 덕분에 결국 전쟁을 승리로 이끌었던 사건이 있었다. 이 일이 있은 후로 주원장은 사람을 시켜 〈부자도〉를 그려 이 시기의 어려웠던 역사를 기리게 했다. 그런데 이 그림이 이번에는 태자의 목숨을 구한 것이다. 〈부자도〉가 아니었다면 태자는 목숨을 보전하기 어려웠을 것이다.

가시 몽둥이의 가시를 제거하다

명 왕조 건립 초기에 주원장은 잠도 잊고 국사에 전념했다. 아침 일찍 일어나 대신들을 접견하고 상소문을 읽느라 밤늦도록 잠을 자지 못했을 뿐만 아니라, 문화 활동이나 여가 생활을 즐기는 것은 꿈도 꾸지 못한 채 검소하게 생활했다. 그런데도 전쟁 중에 세력을 키운 신흥 지주와 관료들은 온갖 방법으로 부정한 짓을 저지르면서 농민들을 착취했다. 주원장을 따라 남정북벌에 참여했던 공신들과 원로 장수들도 자신들의 군공을 믿고 오만하게 굴었고, 사적인 정에 얽매여 법을 어기거나 교묘하게 재물을 착취하여 자기 배를 채웠다. 그러다 보니 여기저기서 소규모의 농민 봉기가 발생했으며, 북방에 남아 있던 원元의 잔존 세력이 끊임없이 소란을 피웠고, 동남 연해에서는 왜구들이 출몰하여 개국한 지 얼마 되지 않은 명 왕조에 내우외환의 짙은 먹구름을 드리웠다.

이런 상황에서 주원장은 권력을 공고히 하기 위한 정책을 펼쳐 나갔다. 가장 먼저 취한 조치는 중서성中書省과 대도독부大都督府의 권력을 약화시키기 위해 행정과 군사의 업무를 주관하는 이 두 기구를 몇 개의 기관으로 분리시키고, 각지에 자신의 측근을 파견하여 대권을 황제 한 사람에게로 집중시킨 것이었다.

두 번째 정책은 도찰원都察院을 설립하고 그 밑에 열세 개의 감찰어사監察御使를 두어 법의 집행을 엄격히 한 것이다. 도찰원에는 문무백관들의 잘잘못을 감찰하고 조사할 수 있는 권한이 주어졌다. 감찰어사의 관직은 7품에 불과했지만 무슨 말이든지 자유롭게 할 수 있었고 어떤 관리든지 고발할 수 있었다.

오늘날의 관점에서 보자면 『명률明律』의 규정에는 매우 잔혹한 조항들이 적지 않았다. 주원장은 탐관오리의 폐해를 가장 심각한 문제로 생각했고, 정치풍토와 직접적으로 연관되어 있으면서 국가의 생사에 영향을 미치는 중대한 악으로 인식했다. 그는 "관리의 폐단은 탐묵貪墨만 한 것이 없다"라고 하면서 이러한 폐단을 없애지 않으면 아무리 선정을 펼치고자 해도 절대 불가능하다고 생각했다. 결국 『명률』의 규정은 관원들의 청렴하고 성실한 자세를 제도적으로 보장하기 위한 것이었다.

공적인 업무로 출장을 갈 경우 개인의 재물은 가져갈 수 없었고, 지참하는 의복의 무게는 10근(약 5kg)을 초과할 수 없었으며, 한도를 초과했을 경우에는 5근(2.5kg)을 초과할 때마다 곤장 10대씩을 맞았고, 10근(5kg)이 넘으면 그만큼을 더 맞아 최대 곤장 60대까지 가혹한 처벌을 내렸다. 어떤 형태로든 공금을 횡령한 자는 그 죄가 아무리 사소하다 할지라도 북방의 변경 지역으로 유배를 보냈고, 횡령한 액수가 은자 60냥이 넘을 경우에는 살갗을 벗기고 목을 베는 형에 처했다. 주원장의 이러한 조치들은 '비인간적'이라는 비난을 받기는 했지만 효과는 매우 뛰어났다. 그래서 이 법령이 시행된 지 얼마 되지 않아 관리들의 업무 자세와 치적이 크게 좋아졌다.

그러나 이렇게 해도 여전히 생명의 위험을 무릅쓰고 법을 어기는 관원들이 있었다. 홍무 10년(1385년), 누군가 이사二司와 호부시랑戶部侍郎 곽환郭桓이 결탁하여 재물을 횡령했다고 고발한 사건이 발생했다. 주원장의 명령으로 서둘러 조사를 벌인 결과 훔친 곡물 700석이 발견되었고, 주원장은 대노하여 육부六部와 좌우 시랑 이하 모든 관리들을 처형했다. 이처럼 엄격하게 법제와 형률을 시행한 결과 홍무 연간에 관원들의 치적은 혁신적으로 변화했다.

셋째로, 관리들을 상대로 첩자를 이용한 비밀 감찰을 실시했다. 주원장은 순검사巡檢司와 금의위錦衣衛를 신설하여 순검사로 하여금 전국 각지의 행인들을 집중적으로 단속하게 했다. 금의위는 문무백관의 동정을 감시하는 임무를 전문적으로 담당했다. 한번은 박사博士 전재錢宰가 조정에서 물러나 집으로 돌아오는 길에 입에서 나오는 대로 시를 한 수 읊었다.

"새벽 북소리에 자리에서 일어나 옷을 주워 입고, 헐레벌떡 조회에 나가도 황상께서는 항상 늦는다고 미워하시네. 언제나 전원의 음악소리를 듣고 밥 익는 시각까지 잠을 잘 수 있을까?"

이튿날 전재가 조회에 나가자 주원장이 그에게 말했다.

"어제 멋진 시를 지었더군. 그러나 결코 그대를 '미워하는嫌' 것이 아니니 '걱정한다憂'는 말로 바꾸는 것이 어떻겠나?"

전재는 주원장의 말에 황급히 무릎을 꿇고 고개를 조아렸다. 놀란 얼굴에서는 식은땀이 흘렀다. 다행히 주원장은 그의 죄를 추궁하지 않았다. 단지 자신이 모르는 일이 없음을 암시했을 뿐이었다. 전재는 천만다행이라고 생각하며 안도의 한숨을 내쉬었다.

대학사大學士 송렴宋濂은 유명한 학자로 주원장에게 충성을 다했지만, 주원장은 그에 대해서도 마음이 놓이지 않아 자주 첩자를 보내 감시하곤 했다. 하루는 송렴이 집에서 손님들을 대접하고 있었다. 첩자는 연회에 참석한 사람들의 이름은 물론, 상에 오른 음식의 목록까지 상세히 적어 주원장에게 보고했다. 이튿날 송렴이 조회에 나가자, 주원장은 송렴에게 어제 연회에 참석한 손님들과 음식에 대해 시시콜콜 캐물었다. 송렴이 하나하나 사실대로 대답하자 주원장은 매우 흡족해하며 말했다.

"송 학사의 대답은 내가 알고 있는 바와 다르지 않구려. 그대는 나를 속이지 않았어!"

이처럼 주원장은 신하들의 언행 하나하나까지 상세히 파악하고 있었기 때문에 신하들은 사소한 실수로 책망을 듣거나 처벌을 받게 될까 두려워 항상 행실을 조심하게 되었고, 전대의 어느 대신들보다도 신중하고 올바른 자세로 정사에 충실했다. 감히 불충한 마음을 갖는 것은 상상도 못할 일이었다.

넷째, 여론을 통제하여 사람들의 의식 속에 자신의 숭고한 이미지를 확립했다. 당시 사람들이 보기에 주원장의 출신은 매우 미천했다. 그는 선조 대대로 소작농이었을 뿐 아니라 주원장 본인은 호구지책으로 승려가 되기도 했다. 때문에 주원장이 황제가 됐다는 것은 당시의 신분적 가치관으로 볼 때 그야말로 민중에 대한 모욕이었고, 특히 귀족 출신 문인들의 눈에는 주원장이 더더욱 마음에 찰 수 없었다.

귀계貴溪의 유생 하백계夏伯啓 숙질 두 사람이 관직을 맡지 않을 구실을 찾기 위해 손가락을 잘랐다는 이야기를 듣고, 주원장이 특별히 그들을 불러놓고 물었다.

"지난날 세상이 어지러웠을 때 그대들은 어디에서 살았는가?"

"홍구紅寇[32]가 난립할 때는 복건과 강서 일대에 살았습니다."

이들의 대답에 주원장은 버럭 화를 냈다. 홍건군紅巾軍 출신인 주원장에게 하백계가 감히 홍건군을 도적寇이라 표현했으니, 두려움을 상실한 태도가 아닐 수 없었다. 주원장은 당장 명령을 내려 하백계 숙질을 처형하는 동시에, 관직을 거부하는 자나 조정에 협조하지 않는 자들에 대해서는 신분에 관계 없이 목을 베고 재산을 몰수하게 했다.

뜻하지 않게 자신의 심기를 건드리거나 누군가에 의해 터무니없이 모함을 당한 사람들도 주원장은 진상을 가리지 않고 모두 살해했다. 일례로 위씨현尉氏縣 교유敎諭 허원許元이 마을을 위해 지은 「만수하표萬壽賀表」라는 글에 '천지를 받들고 태평성대를 이룬다瀆乾法坤, 藻飾太平'라는 구절이 있었는데 여기서 '법곤法坤'을 중국어로 읽으면

---

[32] 홍건적을 도적이라 부르는 말.

'발곤發髡33'과 발음이 같다. 주원장은 이 글이 자신이 중이었던 것을 풍자한 것이 아닌가 하는 의심을 품게 되었고, 결국 교유는 '조식태평藻飾太平'이 '조실태평早失太平34'를 암시하는 말이라는 억지 해석으로 억울하게 죽고 말았다. 회경부학懷慶府學의 훈도訓導였던 여예呂睿가 마을을 위해 지은 「사사마표謝賜馬表」라는 글에는 '황제가 거하는 집의 울타리를 우러러본다遙瞻帝扉'는 구절이 있는데, 여기서 '제비帝扉'는 '제비帝非35'와 동음이라 주원장은 여예가 자신이 황제가 되어선 안 된다는 뜻을 암시한 것이라 의심하여 그를 참수했다. 또한 호주亳州의 훈도 임운林雲이 지은 「사동궁사연전謝東宮賜宴箋」이라는 글에도 '임금을 모시는 정도에 따라 작록을 얻는다式君父以班爵祿'라는 구절이 있는데, 이를 '임금을 잃어야 작록을 얻을 수 있다失君父以班爵祿'라는 말로 억지 해석하여 그를 참수했다.

주원장은 아는 글자가 많지 않았지만 금기가 된 글자에 대해서는 특히 민감했고, 마음에 드는 시문에는 각별한 관심을 보였다. 한번은 주원장이 미복微服36을 하고 민정을 순시하러 나갔다가 강회江淮 일대의 다보사多寶寺에 이르렀다. 그가 절 안의 다선다보여래多宣多寶如來라는 아미타불의 불호佛號를 보고 시종에게 말했다.

"절 이름이 다보多寶이다 보니 다보여래가 많은 것이로구나."

그를 수행하던 학사 강회소江懷素는 주원장이 또 신하들을 시험하

---

33 머리를 깎는다는 뜻.
34 머지않아 태평성대가 사라진다.
35 황제가 잘못했다.
36 평민의 복장.

려 드는 것임을 알고 임기응변으로 대답했다.

"국호가 대명大明이니 폐하보다 더 영명하신 황제는 없을 것이옵니다."

이 말에 주원장은 크게 기뻐하며 강회소를 이부시랑으로 승급시켜 주었다.

주원장이 한 선비를 만났다. 그의 문학적 재능과 풍류를 보고서 이야기를 나누던 주원장은 그가 중경부重慶府 국자감의 학생이라는 사실을 알게 되었다. 주원장은 그에게 대구對句를 대라고 명령하면서 자신이 먼저 시를 한 구절 읊었다.

"천 리 길이 멀고도 머니 물이 겹치고 산이 겹친 곳이 중경부로다."

그러자 선비는 이렇게 화답했다.

"위대한 인물이 하나 있으니, 큰 땅 큰 나라 대명제국의 군주일세."

주원장은 그의 재치에 크게 기뻐하며 다음날 사람을 시켜 황금 1,000냥을 상으로 내렸다.

주원장은 이런 방법으로 관리들의 치적을 개선하고 통치 체제를 공고히 하면서 자신의 위신을 세웠다. 동시에 모반을 꾀하거나 자신에게 거역하는 신하에 대해서는 단호한 태도를 취했다. 호유용胡惟庸의 모반과 남당대옥藍黨大獄은 중국 역사에서 아주 유명한 사건이었다. 이 두 차례의 사건으로 처형된 사람이 4~5만 명에 달했고 그로 인해 조정이 텅 빌 정도였지만, 그 이후로 주원장이 휘두르는 권력의 '가시몽둥이'에는 단 하나의 가시도 남지 않게 되었다.

13 권력의 가시 방망이는 버릴 수 없다

    명조의 개국 공신 가운데 무신武臣으로 큰 공을 세운 가장 유명한 인물로는 서달徐達과 상우춘常遇春을 꼽을 수 있고, 문신文臣으로 큰 공을 세운 인물로는 이선장李善長과 유기劉基를 꼽을 수 있다.

    유기는 세상사에 통달한 기인으로서 주원장이 내리는 관직을 여러 차례 사양하고 받지 않았다. 그러나 이선장은 좌승상의 자리에 오르고 한국공韓國公에 봉해지자 점차 오만방자해지기 시작했고, 점차 불만을 느끼게 된 주원장은 그를 내치고 유기를 좌상으로 삼으려 했다. 그러자 유기가 말했다.

    "이선장은 원로 공신이라 여러 장수들 사이의 관계를 잘 조정하고 통제할 수 있습니다. 그를 내치시는 것은 절대 바람직하지 못한 처사입니다."

"이선장은 항상 내게 와서 그대를 헐뜯곤 하는데, 그대는 어찌하여 이선장을 감싸는 것이오? 과인은 그대를 이선장 대신 좌상으로 삼고자 하는데 의중이 어떤지 모르겠구려."

"재상을 바꾸는 것은 궁궐의 기둥을 바꾸는 것과 같습니다. 기둥에는 모름지기 큰 재목을 사용해야지, 작은 재목을 사용하게 되면 부러지거나 뒤집힐 것입니다. 저는 작은 재목에 불과한데 어찌 좌상이 될 수 있겠습니까?"

"그렇다면 양헌楊憲은 어떻소?"

"양헌은 재상의 능력은 있으나 재상의 그릇은 못 됩니다."

"그럼 왕광양汪廣洋은 어떻소?"

"왕광양은 그릇이 좁아 양헌보다도 못하지요."

"그럼 호유용은 어떻소?"

"절대 안 됩니다! 어린 송아지를 함부로 중용했다가는 반드시 큰 화가 미칠 것입니다!"

머지않아 양헌은 모함을 당해 죽었고, 이선장은 재상의 자리에서 쫓겨나 결국 호유용이 승상의 자리에 올랐다. 호유용은 유기가 자신을 폄하한 것을 알고는 원한을 품어 유기의 아들을 모함하고 유기까지 해치려 했다. 유기는 울분이 병이 되어 주원장이 보내준 사람들의 호송을 받으며 고향인 청전青田으로 돌아왔고, 얼마 지나지 않아 세상을 떠났다.

유기가 죽자 호유용은 더욱 오만하게 행동했다. 그는 권력을 믿고 조정의 승진과 파면, 생사에 관련된 일을 천자에게 아뢰지 않고 독단적으로 결정하고 처리했으며, 천자에게 올라온 상소문을 자신이 먼저 읽어본 다음 자신에게 불리한 것은 감추고 보여주지 않았다. 그러다 보니 권세와 이익을 추구하는 무리들이 그의 집으로 몰려들어 호유용의 집에는 금은보화가 넘쳐났다. 위국공魏國公 서달이 호유용을 못마땅하게 여겨 주원장에게 밀서를 보내 그의 간사함을 알리면서 죽일 것을 간청했다. 그러나 주원장은 서달의 말을 믿지 않고 이런 사실을 호유용에게 알렸다. 이로 인해 서달에게 앙심을 품은 호유용은 서달 집의 문지기를 매수하여 그를 모함하게 했다. 그러나 일이 공교롭게 되어 호유용의 하수인이 먼저 이런 사실을 서달에게 보고했고, 이로 인해 호유용은 오히려 주원장의 의심을 사게 되었다. 호유용은 매일 아침 입궐하여 천자를 알현할 때마다 혹시 화를 입게 되지나 않을까 노심초사했다. 그러나 며칠이 지나도 아무 일이 없자 비로소 마음을 놓은 호유용은 이때부터 언행에 각별히 주의하게 되었다.

그 후로 든든한 후원자를 찾아야겠다고 마음먹은 호유용은 이선장을 마음에 두었다. 이선장은 승상은 되지 못했지만 주원장이 몹시 아끼는 인물로 자주 황궁을 드나들었다. 호유용은 매파를 청해 자신의 딸을 이선장의 동생인 이존의李存義의 아들에게 시집보냈고, 이로써 호유용은 이선장이라는 든든한 후원자를 얻게 되어 자신도 모르게 다시 오만방자해지기 시작했다.

이 무렵 덕경후德慶侯 요영충廖永忠이 황제의 물건을 마음대로 사용했다는 이유로 사약을 받았다. 같은 시기에 평요平 지역의 훈도인 섭백거葉伯巨가 상서를 올려 분봉分封이 너무 많고 형벌 제도가 지나치게 번잡하다고 지적하면서 지금은 천하의 인심을 얻어야 할 때라고 간언했다. 그러나 섭백거는 이 일로 인해 주원장의 분노를 사 감옥에 갇힌 채 굶어 죽고 말았다. 안길후安吉侯 육중정陸仲亨은 마음대로 역거驛車를 탔다는 죄로, 그리고 평원후平凉侯 비취초費聚招는 몽고족을 회유하는 데 공이 없다는 죄로 각각 엄중한 처벌을 받았다. 왕광양은 재상의 자리에서 물러난 지 몇 년 만에 호유용의 추천으로 다시 재상의 지위에 올랐지만, 오래지 않아 유기의 건의로 다시 재상의 지위에서 쫓겨났다. 이후 운남으로 갔다가 얼마 지나지 않아 사약을 받았다.

조정의 관리들이 연이어 처벌을 받자 대신들은 두려워 안절부절못했다. 특히 왕광양의 죽음은 호유용에게 커다란 충격을 안겨주었다. 호유용은 주원장이 조만간 자신도 처벌할 것이라 판단하고 반란을 일으키기로 결심했다. 그는 우선 주원장의 처벌을 두려워하는 관리들을 모아 사당을 결성한 다음 사돈인 이존의에게 부탁하여 이선장의 의중을 떠보게 했다. 이선장은 구족이 몰살당할 일이라는 생각에 처음에는 허락하지 않았지만 이존의의 거듭된 설득에 결국 사건을 묵인했다.

이선장의 태도로 더욱 힘을 얻은 호유용은 모반 준비에 박차를 가했다. 호유용은 망명한 무리를 자신의 심복으로 삼고 몰래 인마를 모집하여 호위대를 조성하는 동시에, 국가 병력의 배치 상황을 세밀하게 파악해두었다. 또한 사람을 동남 연해 일대로 보내 왜구와의 결탁을 시도했다. 외부의 지원 세력을 끌어들이기 위해 병권을 장악하고 있는 사람들과 친분을 돈독히 하여, 일단 거사가 시작되면 즉시 병사를 일으켜 호응할 수 있도록 만반의 준비를 갖추었다. 그는 또 비밀리에 일본에서 파견된 조공 사절과도 친교를 맺어 거사가 실패했을 경우에 대비하여 퇴로를 만들어두었다.

호유용이 모든 준비를 끝낸 것은 홍무 13년(1380년) 정월이었다. 그는 주원장에게 자신의 북경 저택에 있는 우물에서 감천수가 솟아났는데, 이는 길조임이 분명하니 친히 와서 구경하라고 주원장을 초청했다. 주원장이 나서려는 순간 내사內使 운기雲奇가 수레의 말고삐를 잡아 멈추면서 주원장을 만류하려 했다. 그러나 황급히 달려오느라 헐떡이며 제대로 말을 잇지 못했다. 이 모습을 본 주원장은 대노하여 운기가 허튼소리를 한다고 여기고 주위에 명을 내려 쇠 저울로 운기를 내려치게 했다. 운기는 죽어가면서도 끝까지 손가락으로 호유용의 저택을 가리켰다.

주원장이 문득 높은 곳에 올라 호유용의 저택을 바라보니 언뜻언뜻 병기가 눈에 띄었다. 얼마 후 황제의 금위군이 호유용의 저택에 쳐들어가 매복해있던 병사들과 호유용을 잡아왔다. 호유용은 주원장의 질책에 모반 계획을 부인하지 않고 스스로 죄를 인정했다. 그런 다음 그는 저잣거리로 끌려가 능지처참을 당했다. 주원장은 사방으로 관리를 보내 철저하게 조사를 진행했고 호유용의 죄상은 낱낱이 드러났다. 가족과 친구, 부하를 비롯하여 그와 관련된 사람들은 모두 처형되었는데, 그 수가 무려 3만여 명에 달했다. 그리고 그로부터 12년 뒤 또다시 남당藍黨 사건이 발생했다.

개국 공신이라는 가시를 제거하다

양국공凉國公 남옥藍玉은 유명한 무장이자 개국 공신이었지만 성질이 사납고 고집스럽기 그지없었다. 또한 그는 태자 주표와 먼 친척으로 아주 가깝게 왕래하곤 했다. 남옥은 북방 정벌에 나서면서 연왕燕王 주체朱棣의 행동거지를 보고는 깊은 불안감을 느끼고 돌아와 태자에게 보고했다.

"제가 연왕을 살펴보니 그의 봉지에는 실로 위엄이 넘치고 그 행동거지가 황제 못지않았습니다. 게다가 듣자하니 연왕의 땅에 천자의 기운이 있다고 합니다. 바라건대 태자께서는 철저히 방비하시어 뜻밖의 일이 발생하는 것을 막으셔야 할 것 같습니다."

그러나 천성이 온후한 태자는 공연히 문제를 일으키는 것을 원치 않았다.

"연왕은 내게 매우 공손하고 충직한 태도를 보이고 있소. 절대 그런 일은 없을 것이오."

"태자께서 제게 항상 깊은 은혜를 베풀어주셔서 걱정하는 마음에 제 느낌을 말씀드린 것뿐입니다. 저도 제 말이 현실로 나타나지 않기를 바랄 뿐입니다."

머지않아 태자가 병으로 세상을 떠났다. 주원장은 연왕 주체의 위인이 매우 총명하고 침착한 것이 자신과 매우 닮았다고 느껴 그를 태자로 세우고 싶었으나, 여러 대신들이 관례에 어긋나는 일이고 다른 황자들에게도 영향을 주게 된다는 이유로 반대하자 할 수 없이 주표의 아들을 황태손으로 삼는 것으로 생각을 정리했다. 연왕 주체는 태자가 세상을 떠나 남옥을 변론해줄 사람이 없는 것을 보고는 입궁하여 상소하는 자리에서 주원장에게 말했다.

"조정의 대신들 가운데 법을 어기고 멋대로 구는 자가 있습니다. 지금 처단하지 않으면 장차 큰 우환이 될까 두렵습니다."

이런 줄도 모르고 남옥은 여전히 자유롭게 행동하며 자신을 감추지 않았다. 그는 서번西番으로 출정하여 도망치는 왜구를 잡아들이고 건

창위建昌衛의 역적 두목을 생포했으니 자신의 공적이 더 커졌다고 자신하면서 더욱 득의양양했다. 그는 조정으로 돌아오면 분명 큰 상급을 받게 될 것이라 생각했지만, 주원장은 그를 거들떠보지도 않았다. 황태손을 책봉할 때에도 마땅히 자신이 태자의 태사太師가 될 것이라고 생각했는데, 자신은 여전히 태자의 태부太傅에 그치고 오히려 풍승馮勝과 전유덕傳有德 두 사람이 태자의 태사가 되었다. 이에 남옥이 분노를 참지 못하고 소매를 찢으며 고함쳤다.

"어째서 나는 아직도 태자의 태사가 될 수 없단 말인가!"

남옥의 이러한 소란은 주원장을 더욱 불쾌하게 했고 그 후로 남옥이 상소하는 일은 모두 윤허를 얻지 못했다. 남옥은 그래도 행동을 삼갈 줄 모르고 오만방자하게 굴었다. 한번은 주원장이 가마를 타고 멀리 지나가는 모습을 본 남옥이 손으로 가리키며 말했다.

"저 가마에 탄 사람이 나를 의심하고 있구나!"

이 한마디가 결국 큰 화를 부르고 말았다. 사실 남옥은 호유용처럼 모반을 일으킬 생각은 없었지만 '입이 화근'이었다. 이 말을 들은 금의위 사람들은 당장 달려가 남옥이 모반을 꾀하고 있다고 보고하면서 그를 비롯하여 학경후鶴慶侯 장익張翼과 보정후普定侯 진원陳垣, 경천후景川侯 조진曹震, 축로후鱐鱸侯 주수朱壽, 동완백東莞伯 하영河榮, 이부상서 첨휘詹徽, 호부시랑 전우문傳友文 등이 반란을 계획하고 황상의 어가를 급습하려 한다고 말했다. 남옥을 처형하고 싶어도 구실이 없던 차에, 이 말을 들은 주원장은 자초지종과 시시비비를 따져보지도 않고 그 길로 조정으로 돌아와 친히 사건을 심문한 다음, 형부로 넘겨 사건을 확대시키고 있지도 않은 일을 사실로 만들어 이 일에 연루된 관원들을 전부 살해해버렸다.

이러고도 분이 풀리지 않은 주원장은 남옥과 친분이 있는 사람들을 전부 사건에 연루시켜 처단했다. 이로 인해 조정의 원로 공신들은 하나도 남지 않게 되었다. 이 사건에 연루되어 살해된 사람 수는 1만 5,000여 명에 달해 3만여 명이 살해됐던 호유용 사건에 못지않았다. 화는 여기서 그치지 않았다. 남당 사건이 일어난 지 1년 남짓 지나서 영국공穎國公 전유덕이 땅을 달라고 요청하자 주원장은 이를 허락하지 않았을 뿐만 아니라 오히려 사약을 내렸다. 송국공宋國公 풍승은 항아리 위에 널빤지를 얹은 다음 굴레를 이용하여 벼이삭을 터는 탈곡장을 만들었는데, 그 소리가 몇 리 밖까지 들렸다. 앙심을 품은 사람이 풍승이 병기를 숨기고 있다고 모함하자, 주원장은 풍승을 조정으로 불러 술과 음식을 내리면서 다른 사람의 거짓된 말은 절대로 믿지 않는다고 말했다. 이에 풍승이 몹시 기뻐하며 집으로 돌아와보니 자신의 몸에 이미 독이 퍼져 있었다. 정원후定遠侯 왕필王弼은 집에 돌아와 탄식하며 말했다.

"황상의 춘추가 더해가면서 희로애락의 감정이 수시로 변하니 우리도 오래 살기는 어렵겠구나!"

이 말이 또 첩자를 통해 주원장의 귀에 들어가는 바람에 그 역시 사약을 받고 죽었다.

이리하여 개국 공신 대부분이 처형되고 그나마 몇 남지 않은 사람들은 일찌감치 조정을 떠나 정치에 관여하지 않았다. 서달과 상우춘, 이문충李文忠, 탕화湯和, 등유鄧愈, 목영沐英 등 여섯 사람은 모두 목숨을 부지했고 죽어서도 왕에 봉해졌다. 그러나 서달, 상우춘, 이문충,

등유 네 사람은 호유용 사건과 남당 사건이 일어나기 전에 죽었고, 목영은 북경에서 아주 멀리 떨어진 운남 지역에 있었기 때문에 무사할 수 있었던 것이다. 또한 탕화는 현명하게 갑옷을 벗고 고향으로 돌아가 자기 한몸만 돌보며 정치에 대해 일절 입을 열지 않았기 때문에 향년 70세에 침상에서 편안하게 생을 마감할 수 있었다.

중국 역사의 여러 조대를 살펴볼 때, 개국 공신들이 이처럼 철저하게 살해된 예는 명대가 유일하다. 덕분에 홍무 연간 이후 명대의 군권은 상당히 오랜 기간 동안 안정되게 유지될 수 있었다. 연왕 주체가 군사를 일으켜 왕권을 탈환한 일이 있었으나, 이것은 황가皇家의 집안일일 뿐이었다.

역사의 피비린내는 오늘날에도 어디선가 천지를 물들이고 있다. 5만 명에 가까운 사람을 살해함으로써 권력을 공고히 하고, 자손을 위해 산 사람의 가죽을 벗겨냄으로써 만민을 억압하며, 손에 잡히는 권력을 지팡이로 만들려 했던 결과는 어떠한가? 숙질 간의 정권 다툼과 종실 간의 상잔相殘이 그치지 않았고 여느 조대처럼 아첨과 모함이 사라지지 않았다.

사실 권력의 '가시 방망이'는 안팎이 모두 가시투성이이다. 외부의 가시를 제거해도 안에는 여전히 제거할 수 없는 가시가 존재한다. 이 방망이를 내버려도 또다시 손에 잡히는 것이 역사이다. 이는 어쩔 수 없는 일이다.

14 | 대의를 위해 아들을 죽이다

중국 역사의 정통 통치 관념에 따르면, 신하의 책임은 '문신은 간언을 하다 죽는 것이고 무신은 싸우다 전쟁터에서 죽는 것'이다. 그렇지 못할 경우 훌륭한 신하라 할 수 없고 군주에게 면목이 없게 된다. 그러나 그렇지 않은 신하들도 적지 않았다.

춘추전국시대 위衛나라에는 항상 이상한 군주들만 나타났다. 장공莊公도 그 가운데 하나였다.

장공의 아내는 이름이 장강莊姜으로, 제齊나라 국군의 딸이었다. 장강은 대단히 아름다운 경국지색이라 『시경』에도 그녀의 아름다움을 기록한 시가 있을 정도였지만, 애석하게도 장공에게 아이를 안겨주지는 못했다. 장공은 왕위 계승을 위해 결국 진陳나라 여인 여규를 맞아들여 효백을 낳았지만, 효백은 태어난 지 얼마 되지 않아 요절하고 말았다. 나중에 장공은 여규의 여동생 대규에게서 또다시 아들을 낳아 이름을 완完이라 했다. 그리고 그 후로 다른 소실들에게서 아들 몇 명을 더 낳았다. 장강은 완을 몹시 총애하여 자신의 아들로 삼음으로써 다른 소실들에게 장공의 사랑을 빼앗기지 않으려 했다.

장공에게는 다른 총비에게서 낳은 아들 주우가 있었는데, 장강은 이 아이를 몹시 싫어했다. 당시 장공으로부터 큰 신임을 얻고 있던 대신 석작石碏이 장공에게 말했다.

"독점적인 총애는 곧 편애가 되고, 이런 사랑을 받은 아이는 십중팔구 오만하고 무례해지는 법입니다. 결국에는 방탕해져 법도를 어기고 나쁜 길로 빠지게 되지요. 오만해지면 곧 자신의 지위가 떨어지는 것에 대해 불안을 느끼게 됩니다. 또한 불안은 원한을 야기하게 되고 원한이 일정한 수준에 이르면 사악한 행동으로 폭발하게 됩니다. 지금 주우 저하께서 이런 상황에 처해 있습니다. 폐하께서는 주우 저하를 아끼시기만 하고 엄하게 다스리진 않으십니다. 반면에 왕후께서는 주우 저하를 몹시 싫어하시니 장차 주우 저하의 지위가 내려가게 되면 큰 화를 부르게 될 것입니다. 만일 폐하께서 주우 저하를 태자로 세우기로 결심하셨다면 최대한 서두르셔야 합니다. 머뭇거리시다가는 조만간 큰 재난이 발생할 것입니다."

그러나 장공은 석작의 충언에 조금도 귀를 기울이지 않았다. 석작은 자신의 간언이 소용없는 것을 보고는 머지않아 주우가 위나라를 위태롭게 할 것이라 판단하고 자신의 아들 석후石厚를 불러 그를 경계할 것을 당부했다. 석후가 주우와 가깝게 지내고 있었기 때문이다. 그러나 석후는 부친의 말을 듣지 않고 오히려 주우와 더욱 가깝게 지냈다.

장공이 세상을 떠나자 과연 위나라는 큰 혼란에 빠졌고, 장강의 아들 완이 왕위를 계승하여 환공桓公으로 즉위했다. 얼마 후 주우는 환공을 죽이고 자신이 군주가 되었다. 이리하여 나라의 정세가 혼란스러워지자 백성들은 주우의 통치에 불만을 갖게 되었다. 이에 주우는 백성들의 불만을 해소하기 위해 송宋나라와 정鄭나라 간의 갈등을 이용하기로 마음먹고 송나라, 진나라, 채蔡나라 등과 연합하여 정나라를 공격했다. 당시 노나라 사람 중중衆仲이 주우의 실패를 예견하여 이렇게 말했다.

"주우는 자신의 군주를 시해하고 곧이어 정벌 전쟁을 일으켜 백성들에게 가혹한 전쟁의 고통을 안겨주었다. 자신의 덕행에 의지하여 민심을 얻는 것이 아니라 오히려 전쟁을 통해 성공을 얻으려 한다면 반드시 패망할 수밖에 없다."

과연 전쟁으로 인해 위나라의 혼란은 더욱 가중되었고 나라 안에는 온통 주우를 원망하는 백성들의 고함 소리가 높아만 갔다. 주우는 통치자로서의 지위를 안정시키기 위해 석후를 시켜 석작에게 군권과 국가를 안정시킬 방법을 구하게 했다. 석작은 진즉부터 이들 두 사람을 제거하려 하던 차에 석후가 자신에게 자문을 구하자 재빨리 계책을 생각해냈다.

"지금 모든 제후국들이 어지러이 흩어져 자신들만의 정치에 여념이 없고 주周나라 천자의 지시를 따르고 않고 있지만, 주 천자의 허명은 그대로 남아 있어 아무도 이를 대신하지 못한다. 따라서 주 천자에 대한 조배朝拜를 이용하면 주우의 지위를 확고히 할 수 있을 것이다."

"그럼 어떻게 하면 주 천자를 알현할 수 있습니까?"

"지금 진陳의 환공이 주 천자의 총애와 신임을 받고 있고 진나라와 위나라 사이의 관계가 매우 돈독하니, 네가 주우와 함께 진 환공을 배알하고 그에게 주 천자를 만나게 해달라고 청하면 문제없을 것이다."

석후는 부친의 설명을 듣고는 당장 주우와 함께 진나라로 떠났다. 그러나 석작은 미리 진나라에 사람을 보내 환공에게 다른 말을 했다.

"저는 이미 나이가 많아 나라의 해를 제거하고 싶어도 힘이 마음을 따르지 못합니다. 주우와 석후 두 사람은 군주를 살해하고 왕위를 찬탈하여 나라를 망친 역적이니, 환공께서 저희를 대신해 그들을 제거해 주시기 바랍니다."

환공은 석작의 부탁을 받아들였고, 석후와 주우는 진나라에 도착하자마자 체포되고 말았다. 이어 환공은 위나라에 사람을 보내 이들을 처단할 것을 요청했고, 위나라에서는 곧 두 명의 사신을 보내 석후와 주우를 죽였다.

오늘날의 관점에서 보더라도 석작은 대단히 경탄할 만한 인물이다. 첫째, 그는 국가를 위해 진지하고 성실한 태도로 간언을 올렸다. 어떤 일들은 자신의 능력으로도 어떻게 할 수 없다는 것을 안 그는 즉시 관직에서 물러나 적극적으로 다른 방법을 찾았다. 둘째, 그는 대의를 위해 친자식을 죽이는 용기를 지닌 인물이었다. 아무리 자신이 낳은 아들이라 할지라도 국가의 이익을 위해서는 과감히 희생시켰던 것이다. 여기서 우리는 개인보다 공동체를 중시하는 중국 지식인들의 전통적인 대의 관념을 확인할 수 있다. 그러나 사사로운 이익이 아닌 대의를 위해 자식을 희생한다는 것은 대단히 어려운 일로서 중국 역사에서도 그런 사례를 찾아보기가 쉽지 않다. 다만 묵가의 사상과 행동 특성이 이와 유사하다 할 수 있을 것이다. 셋째, 그는 도회술韜晦術[37]에 뛰어나 적절한 시기에 어리석은 임금과 아들을 동시에 처치할 수 있었다. 이 세 가지 장점을 동시에 갖춘 인물은 중국 역사를 통틀어도 그리 흔치 않다.

---

[37] 고의로 사실을 감추고 피하는 지략.

15 | 한 잔 술로 병권을 거두다

길고 긴 중국 역사에 있어서 남의 병권兵權을 찬탈하여 자신의 권력을 집중시키고 공고히 하는 책략은 무수히 많았으나, 한잔 술로 병권을 거둔 조광윤趙匡胤보다 성공적이고 효과적인 사례는 없을 것이다.

조광윤은 미천한 평민 출신으로 스무 살이 되도록 특별히 출세의 가능성을 보이지 못하다가, 나중에야 누군가의 소개로 곽위郭威의 수하로 들어가게 되었다. 당시 후한後漢의 명장인 곽위는 병력을 모아 기의하여 후한 정권을 차지하려 했다. 조광윤은 대단히 용감한 데다 작전 능력이 뛰어나 금군禁軍의 중급 군관으로 발탁되어 곽위를 옹립하는 일에 참여했다. 곽위는 장수들의 옹립으로 후주後周의 태조가 되었고 조광윤은 동서반행수東西班行首로 발탁되어 금군의 중간급 장군이 되었다. 군벌들 간의 전쟁에서 조광윤은 무공을 발휘했고 뛰어난 작전 능력으로 용감히 적진을 뚫고 들어가 적을 궤멸시키는 동시에 남다른 지략을 발휘하여 후주 정권에 혁혁한 군공을 세웠다. 특히 대장인 시영柴榮에게 특별한 충성심을 보이면서 점차 그의 신임을 얻게 되었다.

곽위가 병사하자 양자인 시영이 왕위를 계승하여 후주의 세종으로 즉위했다. 세종은 황제가 되자마자 조광윤을 전전도점검殿前都点檢으로 승급시켰다. 이는 금군의 최고 지위로서 곽위가 후한 정권에서 맡았던 직위와 같은 것이었다. 얼마 후 세종도 병으로 세상을 떠나고 일곱 살의 어린 아들 시종훈柴宗訓이 왕위를 이어받아 고아와 과부가 함께 정무를 펼치는 상황이 되었으니, 그 어려움은 충분히 짐작하고도 남았다. 그러나 조광윤으로서는 이때야말로 황제의 자리를 넘볼 수 있는 천재일우의 기회였다.

조광윤은 후주 세종이 세상을 떠나기 전에 군중에서 가장 건장하고 용맹한 정예 군사들을 선발하여 '전전제반殿前諸班'을 설치했다. 아울러 직접 이 조직을 관리하면서 뛰어난 사병과 군관들을 대거 받아들였다. 덕분에 이 부대에는 조광윤의 친신들이 넘쳐나게 되었고, 조광윤 자신은 막강한 병력을 이끄는 원수가 되었다. 세종이 세상을 떠나자 후주 왕조에는 그와 세력을 다툴 만한 인물을 찾아볼 수 없었다.

959년 11월, 조광윤은 진주鎭州와 정주鄭州에서 북한北漢의 잔존 세력이 거란과 결탁하여 후주에 대한 공격을 감행했다고 거짓으로 보고를 올렸다. 재상 범질范質과 왕부王溥는 무능하여 사실 여부를 확인하지 않은 채 당장 조광윤에게 대군을 이끌고 나가 적을 막으라는 명령을 내렸다. 그달 초사흗날 군대를 이끌고 출발한 조광윤은 그날 저녁 개봉開封에서 동북쪽으로 약 40리 떨어진 진교역陳橋驛에 도착했다. '진교병변陣橋兵變'과 '황포가신黃袍加身'이라는 역사적 사건은 이렇게 시작되었다. 그날 밤, 조광윤의 친신인 조보趙普와 동생 조광의趙匡義는 황상이 너무 어려 세태와 인정을 제대로 살피지 못하다 보니 장수들이 목숨을 걸고 싸움에 이기고 돌아와도 공을 따지거나 상을 내리는 일이 없다고 한탄하면서, 조광윤을 황제로 옹립하면 싸움에 나가 전공을 세우는 장수들에게 후한 관작과 봉록이 주어질 것이라는 말을 퍼뜨려 여론을 조성했다. 군대 안에는 원래 조광윤의 친신들이 많이 포진하고 있었던 데다 이러한 선동이 더해지면서 절대 다수의 병사들이 그를 황제로 추대하는 데 동의하게 되었다. 그리하여 조보와 조광의는 장령들에게 부하 병사들을 철저히 관리하게 하는 동시에, 병변이 일어난 뒤에도 함부로 살인과 약탈을 자행해서는 안 된다는 엄명을 내려 역성易姓 혁명이 순조롭게 진행되도록 했다.

이날 저녁 조광윤은 아무것도 모르는 척하며 술에 취하여 잠이 들었다가 다음날 아침이 되어서야 일어났다. 그가 천천히 자리에서 일어서자 조보와 조광의 등은 미리 준비해둔 황포를 강제로 그에게 입혔다. 조광윤은 짐짓 사양하는 척하다가 조보가 문무백관을 거느리고 무릎을 꿇어 예를 올리며 간절히 요청하자 백성의 뜻을 거역할 수 없다면서 마지못해 황포를 받아 입었다. 이것이 역사적으로 유명한 '황포가신' 사건이다. 곽위가 금군을 이끌고 병변을 일으켜 후한의 정권을 차지한 지 8~9년 만에, 곽위의 부하였던 조광윤이 그의 방법을 그대로 모방하여 금군을 기반으로 후주의 고아와 과부로부터 황위를 탈취한 것이다.

조광윤이 사람을 보내 개봉을 지키고 있던 금군 장령 석수신石守信,

왕심기王審琦 등에게 연락하자, 두 사람은 공을 세우고 싶은 마음에 조광윤이 도착하자마자 앞다투어 성문을 열고 맞아들였다. 재상 범질 등은 달리 방법이 없음을 깨닫고 조광윤을 도와 양위 의식을 거행했다. 그리고 조광윤이 후주 정권에서 귀덕군歸德軍 절도사의 관직을 맡고 있던 곳이 송주宋州여서, 국호를 '송'이라 정함으로써 송 왕조가 출범하게 되었다.

조광윤은 사람들의 마음을 사로잡는 데 뛰어났다. 그는 병사들에게 피 한 방울 흘리지 않게 했으며, 개봉을 점령한 후에는 전前 왕조의 대신들에게도 대대적인 관용을 베풀었다. 개인적으로 조광윤에게 반대하던 번진의 절도사들도 속속 굴복함으로써 조광윤은 무사히 북송의 왕좌에 앉게 되었다.

그 다음 문제는 어떻게 전국을 통일할 것인가 하는 것이었다. 어느 날 전국을 통일하는 문제를 놓고 고심하면서 잠을 이루지 못하던 조광윤은 동생 조광의를 찾아갔고, 두 사람은 다시 조보를 찾아가 그의 견해를 물었다. 조보는 조광윤 형제가 찾아왔다는 보고를 받고는 황급히 문 밖으로 뛰어나오다가 두 사람이 눈 속에 서 있는 모습을 보고는 놀라움을 금치 못했다. 이 자리에서 선남후북先南後北이라는 통일 전략이 수립되었다. 조보가 물었다.

"깊은 밤에 큰 눈이 내리는데 황상께선 어인 일로 이렇게 소신을 찾아오셨습니까?"

"지금 울타리 밖이 온통 남의 땅인데, 어떻게 편안히 잠을 잘 수 있겠소? 번진에 대한 걱정을 떨칠 수가 없어 그대를 찾아 이 문제를 상의하러 온 것이오."

"폐하께선 지금 작은 천하를 차지하고 계시지만 소신의 생각으로는 남북으로 정벌 전쟁을 벌이면 충분히 중원을 통일할 수 있을 것입니다. 그리고 그 시기도 점차 무르익어 가고 있습니다. 폐하께서는 어떻게 생각하시는지요?"

"난 먼저 태원太原을 수복하고 싶소."

"제가 생각했던 바와 다르군요."

조광윤이 황급히 그 이유를 묻자 조보가 대답했다.

"태원은 남북 어느 쪽으로 보나 변경 지역입니다. 그곳을 점령하면 요遼의 남하를 막는 일을 송나라가 단독으로 떠맡아야 하지요. 태원을 잠시 북방의 병풍으로 남겨두었다가 남방의 여러 나라들을 평정한다면, 태원은 공격하지 않아도 저절로 우리 손에 들어올 것입니다."

"나도 그런 생각을 못한 건 아니지만 결정을 내리기가 어려웠소. 그대의 말을 듣고 나니 아무래도 그렇게 하는 게 좋을 것 같구려."

그러나 조광윤은 당장 출정에 나서지 않았다. 아직 중대한 걱정거리 하나가 해결되지 않았기 때문이다. 그것은 금군의 지휘권 병권을 집중시키는 문제였다. 일찍이 961년에 조광윤은 양주揚州 이중진李重進의 반란을 진압한 후에 자신이 전전도검위라는 직책을 맡게 되자 피휘避諱[38]를 구실로 모용연교慕容延釗가 갖고 있던 작위를 박탈해버렸고, 이때부터 금군의 최고 직위가 사라져버렸다.

그래도 조광윤은 완전히 마음을 놓을 수 없었다. 그는 석수신이나

---

[38] 임금이나 높은 이의 이름자가 들어 있는 경우, 삼가는 뜻을 표하기 위해 뜻이 통하는 다른 글자를 쓰거나 획의 일부를 생략하는 것.

왕심기, 고회덕高懷德 같은 금군의 고위 장수들이 자신을 황제로 옹립하기는 했지만 이들을 모두 자신의 심복이라고는 확신할 수는 없었다. 게다가 그들이 군중에서 보낸 세월이 오래될수록 그 뿌리는 갈수록 깊어지기 때문에, 자신이 출정이라도 나가게 된다면 더더욱 마음을 놓을 수 없는 상황이었다. 한번은 조광윤이 조보에게 말했다.

"당나라 이후로 천하가 바뀐 지 수십 년 동안, 황제의 성이 바뀐 것이 무려 여덟 차례나 되고 전쟁이 끊이지 않았으며 백성들의 처지가 비참해지고 민생이 도탄에 빠진 상황이오. 나는 천하에 정벌 전쟁이 끊이질 않는 상황을 하루빨리 마감하고 국가의 발전을 위한 장기적인 계획을 수립하고자 하는데, 어디에서부터 손을 써야 할지 그 방법을 모르겠구려."

"이는 그리 어려운 문제가 아닙니다. 번진의 세력이 너무 강대하다 보니 군주는 약하고 신하가 강한 형국을 이루고 있지요. 이런 상태로 시간이 흐르다 보면 어려움은 더해지고 정세는 통제하기 어려운 지경으로 발전할 것입니다. 점차적으로 번진의 세력을 박탈하여 그들의 전량錢糧 수입을 제한하는 동시에 번진의 정예 병력을 단계적으로 폐하께 귀속시키면 천하는 자연히 안정을 찾게 될 것입니다."

조보의 말이 채 끝나기도 전에 조광윤은 그가 말한 치국안방治國安邦의 지략에서 확실한 깨달음을 얻게 되었다. 그는 재빨리 조보의 말을 가로막았다.

"더 말하지 않아도 될 것 같소. 이미 충분히 알 것 같소."

그리하여 그는 '술로 병권을 푸는' 방침을 확정했다.

병권을 회수하여 폐단을 낳다

고대 중국의 역사에서 병권을 회수하는 일은 극도로 민감하고 어려운 사안이었다. 신중하지 못해 조금이라도 허점을 보이는 날에는 병변이 일어나 더 큰 혼란으로 빠져들기 십상이었다.

조광윤은 적당한 날을 잡아 궁중에 연회를 마련해놓고 석수신과 왕심기, 고회덕 등을 불렀다. 술자리에서 군주와 신하들 모두가 기분 좋게 술을 마셨다. 술이 거나해지자 조광윤은 때가 무르익었다고 판단하고는 주변의 시위들을 전부 물러가게 한 다음 은밀한 목소리로 이들에게 자신의 '속마음'을 털어놓았다.

"그대들의 지지와 도움이 없었다면 나는 황제가 되지 못했을 것이오. 그대들의 은덕에 감사하는 마음은 영원히 잊지 않을 것이오. 그러나 천자가 된다는 것이 그리 쉽기만 한 일은 아니오. 가끔씩 황제보다 절도사가 훨씬 더 속 편할 것 같다는 생각이 드는구려."

조광윤의 속셈을 알지 못하는 석수신 등이 의아하다는 표정으로 그 연유를 물었다. 조광윤이 말을 이었다.

"너무나 당연한 일이 아니겠소? 여기 계신 군신들께 한번 묻고 싶소. 이 가운데 황제가 되고 싶지 않은 분이 있소?"

이는 대단히 민감한 질문이었다. 조금이라도 모반의 기미를 보였다가는 당장 구족이 죽게 되는 화를 입을 수 있기 때문이었다. 석수신 등은 이 한마디에 갑자기 두려움에 떨면서 황급히 머리를 숙여 말했다.

"폐하께선 어인 연유로 그런 말씀을 하십니까? 지금은 이미 천하에 모든 자리가 정해졌는데, 누가 감히 다른 야심을 품고 천자가 되기를 꿈꾼단 말입니까?"

"맞는 말씀이오. 그대들이 그런 야심을 갖고 있진 않겠지만 그대들의 부하들 가운데 부귀를 탐하는 자가 없으리라고 누가 보장할 수 있겠소? 그대들도 일단 황포가신을 당하게 되면 황제가 되고자 하지 않는다 해도 어쩔 수 없이 황제가 되는 수밖에 없을 것이오. 내가 어떻게 황제가 되었는지 그대들은 벌써 잊었단 말이오?"

석수신 등은 그제야 황제가 걱정하는 것이 자신들임을 깨닫게 되었다. 이들은 하나같이 총명한 인물들이라 황제의 처분에 맡겨 살 길을 찾는 것밖에 달리 방법이 없음을 잘 알고 있었다. 황제의 의심을 샀다가는 결국 비참한 최후를 맞게 될 것이 불 보듯 뻔했기 때문이다. 그들은 조광윤을 향해 머리를 조아리며 울먹이는 목소리로 말했다.

"저희들이 우매하여 그런 문제들을 미처 생각지 못했습니다. 폐하께서 저희들의 살 길을 찾아주시길 간절히 바랄 뿐입니다."

"인생은 흰 망아지가 구멍을 통과하는 것처럼 빠르게 지나가는 법이오. 부귀영화를 누린다 해서 반드시 훌륭한 삶이라 할 수 있는 것은 아니지. 그런대로 재물을 모아놓고 하루하루를 즐겁게 보내면서 자손에게 복을 남겨줄 수 있다면 그것으로 만족해야 할 거요. 그대들도 차라리 병권을 풀어놓고 외성外省으로 나가 지방관으로 지낸다면, 좋은 농토에 훌륭한 집을 지어 수많은 여인들을 거느리면서 편안한 말년을 보낼 수 있지 않겠소? 게다가 과인은 그대들의 자녀들과 결친할 생각도 갖고 있소. 그렇게 되면 군신이 모두 평안하게 지내면서 서로 시기하거나 미워하는 일이 없을 것이니 얼마나 좋은 일이겠소!"

"폐하께서 저희를 위해 그토록 깊이 생각하고 관심을 가져주시니, 이 은혜는 죽어서도 잊지 못할 것입니다."

석수신, 고회덕, 왕심기, 장영탁張永鐸, 조언휘趙彦輝 등은 조광윤의 명백한 언질에 더 이상 반론의 여지가 없음을 깨닫고, 다음날 일제히 병을 핑계로 병권을 반납했다. 조광윤은 흐뭇한 마음으로 이들의 형식적인 간청을 전부 받아들였다. 이것이 역사적으로 잘 알려진 '술로 병권을 회수한' 사건이었다.

그 후에 조광윤은 어떤 인물들로 금군의 장수들을 대체했을까? 조건은 세 가지였다. 자질이 다소 부족해야 하고, 명망이 그리 높지 않으며, 능력이 뛰어나지 않은 인물이어야 했다. 그리고 장수들끼리 서로 견제하게 하면서 각 장수들을 황제가 직접 관리했다.

송 왕조는 번진의 문제를 성공적으로 해결함으로써 왕조의 장기적인 발전과 안정을 위한 실질적인 기초를 확립하게 되었다. 그러나 병권이 집중되고 군대가 정돈된 후에는 군권이 완전히 황제의 수중에 집중되는 동시에 병사와 장수들 간에 확실한 예우의 구분이 사라져, 군대의 작전이 황제가 정한 작전 지침에 따라 이루어지는 등의 폐단을 낳게 되었다. 나중에 북방의 요와 서하를 상대로 한 송군의 작전에서도 병권이 고도로 집중되는 폐단이 적지 않게 드러났고, 이로 인해 송군은 연전연패하면서 불리한 국면을 맞게 되었다. 이는 조광윤과 조보가 천하를 안정시키는 데 주력하면서 전혀 예상치 못했던 일이었다.

16 선한 행위가 항상 보답을 받는 것은 아니다

중국에 불교가 전래되기 전에는 중국인들에게 인과응보因果應報의 관념이 명확하거나 확고하지 않았다. 불교가 중국에 전래된 이후로 중국인들은 빠르게 불교의 윤회 사상을 수용하여 자신들의 고유한 문화적 특징, 특히 도덕에 대한 고정불변의 신앙을 융합하여 독자적인 인과응보 관념을 형성했다.

"선을 행하면 선한 보답이 돌아오고 악을 행하면 나쁜 보답이 돌아온다. 보답이 없다면 이는 보답 받지 못한 것이 아니라 아직 때가 되지 않은 것이다善有善報, 惡有惡報. 不是不報, 時辰未到."

이런 관념은 신앙이라기보다 기도문이라고 하는 편이 적합하다. 좀 더 정확하게 말하자면 불공평한 세상에 대한 분노이자 사악함에 대한 저주라고 할 수도 있을지 모른다.

고대 중국에는 착한 사람은 장수하지 못하는데 악한들이 천수를 누리는 일이 허다했고, 정의가 제대로 진작되지 못하고 천리天理에 맞지 않는 현상이 자주 발생하여 사람들이 천리와 인리人理에 대한 믿음을 상실한 경우도 부지기수였다. 외롭고 가난한 사람들은 치욕과 고통을 견디며 무거운 삶의 짐을 짊어진 채 힘겹게 살아갈 수밖에 없었다. 이런 민중의 삶이 반영되어 인과응보 이론이 만들어진 것이다. 선악의 보답을 직접 체험하지 못하더라도 아직 때가 되지 않은 것뿐이라 언젠가는 복을 받게 되리라는 믿음이 이들의 삶을 지탱해준 것이다.

호소할 곳 없는 외로움과 고통, 현실에 대한 절망 속에서 사람들은 여전히 천리의 존재와 어둠 속에서 나타나 선을 구현하고 악을 징벌해줄 정의의 힘을 믿었다. 그러나 중국 역사에서 이러한 천리가 구체적으로 모습을 드러낸 적은 거의 없었고, 끝까지 선을 유지하는 사람도 많지 않았다. 오히려 간사하고 아첨에 능한 무리들이 출세하여 천수를 누리는 경우가 많았다. 이러한 중국 역사에서 충정으로 인해 속죄양이 된 가장 전형적인 인물이 바로 서한의 조착晁錯일 것이다.

문제文帝가 죽자 태자 유계劉啓가 경제景帝로 즉위했다. 이 시기에는 유방으로부터 분봉을 받았던 각 제후국들의 세력이 점차 강대해지고 있었다. 그 가운데는 바닷물을 이용해 소금을 얻고 구리를 제련하여 큰돈을 벌어들임으로서 강한 경제력과 독립성을 갖춘 나라들도 있었다. 지방 정권의 세력이 점차 커지면서 중앙 정부가 통제할 수 없는 국면으로 발전되고 있는 상황에서 조착이 역사의 무대에 등장하게 되었다.

조착은 대단한 인재였다. 그러나 아무리 능력과 식견이 탁월해도 인정과 세태에 밝지 못하고 자신의 퇴로를 남겨두지 않은 채 오로지 앞으로 나아갈 줄만 아는 사람들은 결국 패망의 나락으로 떨어지기 마련이었다. 그런 의미에서 조착의 이러한 성격이 어느 정도는 비극적 결말을 결정했다고 할 수도 있을 것이다.

경제는 공명에 대한 욕심이 강하고 뭔가 이루고 싶어하긴 했지만 뛰어난 지략은 갖추지 못한 황제였다. 성격상의 약점이 매우 분명했다. 고집이 세고 나약하며 질투심이 많다는 것이 그의 성격에서 가장 두드러지면서도 치명적인 부분이었던 것이다. 황제로 즉위한 후 경제는 조착이 제시한 방책과 의론들을 마음에 들어하며 그를 중대부中大夫에서 내사內使로 승급시켜주었다. 조착은 이처럼 경제의 총애와 각별한 신임을 받게 되었고, 국가의 대사가 대부분 그의 조언과 견해에 따라 이루어졌다. 그러다 보니 조정의 대신들도 하나같이 조착에 대한 경제의 총애와 신임을 의식하게 되었고, 겉으로는 아무도 그에게 대항하지 않았지만 속으로는 몹시 질투하고 있었다.

재상 신도가申屠嘉는 조착 때문에 자신이 부당한 냉대를 받고 있다고 생각하여 호시탐탐 그를 제거할 기회를 노리고 있었지만, 조착은 자신의 명성과 지위에 취해 이를 의식하지 못했다.

조착이 집무하는 관청이 태상황太上皇의 묘당 뒤편에 있다 보니 큰길로 나가려면 한참을 돌아가야 했다. 이에 조착은 황제의 허락도 받지 않고 제멋대로 관청에 작은 문을 하나 만들어 태상황 묘당의 낮은 담을 지나쳐 갈 수 있게 했다. 우연히 이 사실을 알게 된 신도가는 즉시 부리府吏를 시켜 조착이 윤허를 얻지도 않은 채 마음대로 담을 허문 것은 태상황 폐하를 무시한 일이니 마땅히 불경죄를 물어 법에 따라 죽여야 한다는 상소문을 작성하게 했다. 누군가 이 소식을 듣고 황급히 조착에게 달려가 알렸다. 이런 소식을 접하고 너무 놀라 혼비백산한 조착은 밤이 깊었음에도 불구하고 황궁으로 뛰어 들어가 황제에게 알현을 청했다. 조착의 설명을 들은 경제는 상관없으니 그대로 처리하라고 말했다.

이튿날 신도가가 입궐하여 상소문을 올렸다. 신도가는 경제가 조착의 죄를 엄하게 다스릴 것이라 잔뜩 기대하고 있었다. 그러나 뜻밖에도 경제는 아무렇지도 않은 듯 담담하게 말했다.

"조착이 편의를 위해 새로 문을 만들긴 했으나 단지 태상황 묘당의 외벽을 통과해 지나친 것일 뿐, 묘당을 크게 훼손하지는 않았소. 게다가 그런 사실을 이미 나에게 알렸으니 승상은 더 이상 마음 쓸 필요가 없소."

신도가는 조정에서 물러나온 뒤로 질투와 분노가 더욱 심해져 결국 화병으로 피를 토하면서 죽고 말았다. 신도가가 죽자 경제는 어사대부 도청陶靑을 승상으로 중용하고 조착을 어사대부로 승급시켰다. 이에 조착은 다른 일은 생각지 않고 오로지 황상을 위하는 일에만 신경을 썼다.

순조로운 상태가 계속될 때 사람들은 흔히 방심하여 조심성을 잃게 되고 만다. 조착도 계속되는 성공에 신중함을 잃고 말았다. 그는 이런 기회에 백성들을 확실하게 통제하면서 황제에게 충성을 다하는 몇 가지 일을 벌이기로 마음먹었다. 그는 오吳나라로부터 시작하여 각 번진의 세력을 확실하게 꺾어놓기로 마음먹고 경제에게 상소문을 올렸다.

당초 고조께서 천하를 안정시키셨을 때 여러 형제들은 나이가 어렸고 자제분들과 조카도 유약하기 그지없었기 때문에, 성이 같은 사람들을 대거 분봉왕으로 봉하셨습니다. 그러나 지금 제齊나라는 70여 개의 성읍을 갖고 있고 오나라는 50여 개의 성읍을 보유하고 있으며, 초楚나라는 40여 개의 성읍을 갖고 있어 천하의 반이 그들에게 분배된 셈입니다. 게다가 오나라 왕은 지금 병을 핑계로 폐하를 알현하지 않고 있으니 옛 법령에 따라 마땅히 죽이셔야 할 것입니다. 문제께서는 이런 무례를 참지 못하시고 특별히 몇 대의 장형을 내리셨으나, 이는 더없이 어질고 후덕한 조치였습니다. 그 후로 오왕은 마땅히 잘못을 고쳐 새 사람이 되어야 했음에도 불구하고 오히려 더욱 무례하고 거만하게 굴고 있습니다. 구리를 제련하여 돈을 벌고 바닷물을 끓여 소금을 만들면서 한편으로는 각지에서 도망친 범죄자들을 불러 모으고 있으니 이것이 반란을 획책하는 음모가 아니고 무엇이겠습니까? 지금의 상황으로 보아서는 오와 초를 비롯한 제후국들의 세력을 축소시키려 해도 반란을 일으킬 것이고, 그냥 내버려두어도 반란을 일으킬 것입니다. 따라서 번진의 세력을 약화시키려면 지금 당장 그들을 공격하여 일찍감치 반기를 들게 함으로써 모반을 준비할 시간을 적게 해야만 그 화가 적을 것입니다. 반면에 지금 당장 공격하지 않는다면 그들이 충분한 준비를 갖출 시간을 벌게 되기 때문에, 반란의 시기는 늦춰질지 몰라도 그 화가 오히려 더 커져 평정하기 쉽지 않을 것입니다.

경제도 평소에 제후국들의 세력을 약화시켜야겠다는 생각을 갖고 있던 터라 조착의 상소문을 보자 여러 대신들에게 보여주면서 의견을 물었다. 대부분의 대신들이 감히 이의를 제기하지 못하는 상황에서 첨사詹事인 두영 혼자서 이런 방침을 저지하고 나섰다. 두영은 직위가 높지는 않지만 두 태후의 조카로서 조정 내부에 상당한 지지 세력을 갖고 있었다. 그래서 조착을 별로 두려워하지 않고 서슴없이 직언을 했던 것이다. 두영의 반대로 제후국을 정벌하여 세력을 꺾는 일은 잠시 보류되었고, 자신의 계획이 성사되지 못하자 조착은 은근히 두영에게 앙심을 품게 되었다. 그리고 얼마 뒤 두영은 관직에서 쫓겨나고 말았다.

조착은 두영이 관직에서 쫓겨나자 다시 상소를 올려 제후국을 공격할 준비를 시작했고, 황제의 결정을 기다리고 있는 차에 마침 조정을 찾은 초왕 유무劉戊를 만나게 되었다. 조착은 유무의 천성이 여색을 좋아하여 부薄 태후의 상중에도 음욕을 자제하지 못하고 멋대로 방탕하게 굴었으니 마땅히 사형에 처해야 한다고 말하면서, 경제에게 법에 따라 엄하게 처벌할 것을 요청했다. 그는 부 태후의 상중에도 여전히 붉은색을 가까이하고 비취색 옷을 입었으며 얼굴에 슬퍼하는 기색을 전혀 보이지 않았다. 태부太傅 위맹 등이 간언을 해도 소용이 없자 모두 그의 곁을 떠나버린 일도 있었다. 그러던 차에 조착에게 확실히 덜미가 잡히고 말았으니 이를 부인할 방법이 없었다. 그러나 경제는 여전히 너그럽고 후덕한 태도를 보이며 가혹한 형벌을 가하는 대신 초의 동해군東海郡 땅만 회수하여 황제에게 귀속시키고 그를 다시 초나라로 돌려보내주었다.

초나라의 세력이 약화되자 이번에는 조왕趙王의 과실을 찾아내 조나라의 상산군常山郡 땅을 빼앗았고, 그 다음에는 교서왕膠西王이 사사로이 관직을 사고판 일을 색출해내어 교서의 땅 여섯 개 현을 회수했다. 조착은 제후들이 아무런 저항도 하지 않는 것을 보고 제후국의 세력을 약화시키는 것이 얼마든지 가능한 일이라 판단했다. 그래서 세력이 만만치 않은 오나라에도 손을 댈 준비를 하고 있었다.

충성에도 여러 가지 길이 있다

조착이 한창 의기양양해 있는 차에 갑자기 한 노인이 백발을 흩날리며 문을 박차고 들어와서는 조착을 향해 큰 소리로 말했다.

"대체 어쩌자고 이러는 게냐?"

조착이 노인을 자세히 살펴보니 자신의 아버지였다. 조착은 황급히 아버지를 부축해 자리에 앉혔다. 조착의 아버지가 말했다.

"근래에 듣자하니 네놈이 조정에서 정사를 주관하면서 형제들 사이를 이간시키고 남의 봉지를 빼앗는 등 온갖 악행을 벌이고 있어 원성이 자자하다고 하더구나."

"아버님, 만일 지금 제후국들의 땅을 회수하여 그들의 세력을 꺾지 않는다면 장차 제후들이 각지에서 점차 세력을 키워 한조의 천하를 위협하게 될 것입니다."

"유씨 가문이 평안을 얻기 위해 조씨 가문이 위험에 빠지겠구나! 나는 이미 늙었다. 차마 너희들에게 화가 미치는 것을 볼 수 없으니 그만 고향으로 돌아가야겠다."

말을 마치고 조착의 부친은 곧장 자리를 떴다.

오왕 유비는 초왕과 조왕, 교서왕이 모두 봉지를 빼앗겼다는 소식을 듣고 자신도 봉지를 빼앗길까 두려워 병사를 일으켜 모반을 일으키려 했다. 당초 유방이 유비를 왕에 봉했을 때에도 그에게 모반을 일으키지 말라고 경고한 바 있었다. 유비에게 작위를 내리던 날 유방은 엎드려 절을 하는 유비의 눈빛에서 흉악한 기운이 뿜어져 나오는 것을 발견하고는, 그가 언젠가 모반을 일으키고 말 것이라 예견하고 솔직하게 말했다.

"네 모습을 보니 장차 반란을 일으키고 말겠구나!"

이 한마디에 놀란 유비는 등에 식은땀이 흘렀다. 유방이 다시 그의 등을 가볍게 두드리며 말했다.

"한 왕실이 세워진 지 50년이 지나면 동남 지방에 반드시 반란이 일어날 텐데, 이는 틀림없이 네 신상에서 시작될 것이다. 그러나 네가 한 왕실의 대업을 생각한다면 모반을 꾀하지 않는 것이 나을 것이다!"

이제 유비는 정말로 교서왕과 초왕, 조왕, 교동膠東, 치천淄川, 제남濟南 등 6국과 연합하여 모반을 준비하고 있었다.

7국 연합국이 군사를 일으킨 지 얼마 되지 않아 오왕 유비는 명분이 없는 반란은 인심을 얻을 수 없다는 사실을 깨닫고는 여론을 흩뜨리는 선동적인 구호를 만들어냈다. 조착을 죽여 군주의 신변을 깨끗이 정리하자는 것이었다. 즉, 황제는 잘못이 없고 단지 신하를 잘못 기용한 것인 만큼, 7국이 군사를 일으키는 것도 결코 반란을 도모하는 것이 아니라 단지 황제의 신변에 있는 간신을 제거하기 위함이라는 뜻이었다.

경제는 반란을 평정할 인물을 찾다가 문득 문제가 임종 직전에 남겼던 말이 떠올랐다.

"천하에 변란이 일어난다면 반드시 주아부를 대장으로 삼아야 할 것이다."

이에 경제는 주아부를 대위大尉로 임명하여 군사를 이끌고 출정에 나서게 했다. 주아부는 거절하지 않고 명을 받들어 반란군 진압에 나섰다. 얼마 뒤 제왕의 긴급한 구원 요청을 받고 두영이 막 출병하려 하는 차에 갑자기 옛 친구 원앙이 찾아왔다. 예전에 조착은 원앙이 사사로이 오왕의 재물을 받았으니, 이는 오왕과 내통하는 것이 분명하다며 죄를 물어야 한다고 주장했다. 이에 경제는 원앙을 파직시키는 동시에 평민으로 강등시켰고, 이로 인해 원앙은 조착에게 깊은 원한을 품고 있었다. 원앙이 두영에게 말했다.

"7국의 반란은 오나라로부터 시작된 것이고, 오나라가 반역을 도모하게 된 것은 사실 조착에 의해 촉발된 일이오. 황상이 내 말을 믿어주기만 한다면 내게 천하를 안정시킬 묘책이 있소."

두영은 조착과 관계가 좋지 않았기 때문에 같은 군주를 섬기고 있기는 하지만 서로 대화를 나누거나 왕래하는 일이 드물었다. 원앙의 말에 두영은 그를 대신하여 상소를 올려줄 것을 약속했다.

경제는 원앙에게 반란을 평정할 묘책이 있다는 말을 듣고는 서둘러 그를 만났다. 조착도 황제에게 군량 조달에 관한 일을 보고하기 위해 그 자리에 함께 있었다. 경제가 원앙을 보자마자 물었다.

"그대는 반란군을 평정할 묘책을 갖고 있는가?"

원앙이 진지하지 못한 자세로 되는대로 대답하는 척했다.

"폐하께서는 안심하십시오. 크게 염려하실 필요 없습니다."

"오왕이 산에서 구리 광석을 캐 돈을 만들고 바닷물을 끓여 소금을 얻으며 천하의 호걸들을 불러 모은 것이 모반의 계책에 만전을 기하기 위한 것이 아니라면 어찌 쉽사리 병사를 일으킬 수 있었겠는가? 상황이 이러한데 그대는 어찌 걱정할 필요가 없다고 말하는 것인가?"

경제의 마음을 꿰뚫고 있는 원앙은 더욱 그를 자극하며 말했다.

"오나라에는 돈과 소금이 있을 뿐이지 호걸은 없습니다. 오나라에 모인 인재들이란 모두 죄를 짓고 도망쳐간 건달의 무리에 불과하지요. 오합지졸이 소란을 피우는 것이니 크게 염려하실 필요 없습니다."

"그대는 지금 과인을 상대로 이런 쓸모없는 말이나 나누자고 찾아온 것인가?"

그제야 원앙은 비로소 진지한 태도를 보이기 시작했다.

"신에게 반란을 평정할 계책이 하나 있습니다. 그러나 폐하를 제외하고는 어느 누구도 들어서는 안 되는 지략입니다."

경제가 그제야 정신을 차리고 황급히 주위의 사람들을 물러가게 했지만, 조착은 여전히 그 자리에 남아 있었다. 원앙은 조착의 면전에서 자신의 계책을 얘기했다가는 조착이 반드시 변론에 나설 것이고, 그렇게 되면 경제가 결정을 내리지 못하리란 점을 잘 알고 있었다. 그랬다가는 조착을 죽이지 못할 뿐 아니라 오히려 자신이 조착에게 죽임을 당할 것이 분명했다.

원앙은 단계적으로 경제의 마음을 움직이기 시작했다. 이제 황제 이외에 그 자리에 남아 있는 사람은 단 한 사람뿐이었다. 원앙이 말했다.

"저의 계책은 폐하 이외에는 누구도 들어서는 안 됩니다!"

말을 마친 원앙은 마음이 불안해지기 시작했다. 경제가 조착을 내보내지 않고 조착이 있는 자리에서 계책을 말하라고 강요한다면 자신은 죽은 목숨이나 다름없었기 때문이다.

"그대도 잠시 나가 있도록 하시오!"

천재일우의 기회를 얻은 원앙이 재빨리 경제에게 말했다.

"폐하께서는 반란군이 내세운 명분이 무엇인지 아십니까? 조착을 죽여 군주의 신변을 깨끗이 하자는 것입니다. 7국이 서로 주고받는 서신의 내용 또한 고조 황제의 자제분들이 각기 땅을 나누어 다스리면서 서로 의지하고 있는데, 뜻하지 않게 조착이 나타나 형제 사이를 이간질하고 사단을 일으키고 있다는 불만에 지나지 않습니다. 그러니 폐하께서 조착을 죽이시고 7국을 사면한 다음 옛 영토를 돌려주시기만 하면 그들은 분명 군사를 물려 돌아갈 것입니다. 결국 천하의 안정과 평안은 오로지 폐하 한 분께 달려 있는 것이지요."

말을 마친 원앙은 경제를 뚫어지게 쳐다보면서 더 이상 입을 열지 않았다.

나이가 어리고 식견이 부족한 경제는 시비를 분명하게 판단할 수 있는 능력이 없었다. 비록 7국과 결탁하지는 않았지만 조착 또한 나름대로 속셈이 있었던 것이 분명하다는 생각도 들었다. 경제가 이내 원앙에게 말했다.

"7국의 군대를 물리고 반란을 잠재울 수만 있다면 어찌 한 사람을 아껴 천하의 안정을 해치는 누를 범하겠는가!"

원앙은 경제의 말을 듣고 몹시 기뻤다. 그러나 경륜이 많고 노련한 그는 나중에라도 경제가 말을 바꾸는 일이 없도록 하기 위해 확실하게 쐐기를 박아둠으로써 경제가 책임을 회피하지 못하게 했다. 원앙이 정중하게 말했다.

"사안이 매우 중대하니 폐하께서는 세 번 생각하신 뒤에 행동에 옮기시기 바랍니다."

경제는 원앙을 다시 만나지 않기로 하고 그를 당장 태상太常에 봉해 비밀리에 오나라로 가서 강화를 맺게 했다.

조착은 원앙이 물러나기만을 초조하게 기다리면서 자신이 너무 방심했다는 사실을 깨달았다. 조착은 원앙이 계략이 뛰어난 인물이라는 것을 잘 알고 있었다. 게다가 자신을 물러나게 해놓고 내놓은 계략인 만큼 자신과 관련된 주장이 분명했다. 그러나 조조는 여전히 경제를 철석같이 믿고 있었다. 다시 경제를 알현한 그는 원앙과 나눈 밀담에 대해서는 한 마디도 묻지 않고 군사 보고만 계속할 뿐이었다.

원앙의 간언에 이미 마음이 움직인 경제는 승상 도청과 정위廷尉 장구張歐 등에게 조착을 잡아들여 그 죄상을 밝히고 요참腰斬에 처하라는 밀명密命을 내려놓은 상태였다.

깊은 밤 조착은 누군가 문을 두드리는 소리를 들었다. 즉시 입궐하라는 황제의 조서를 전하러 온 것이었다. 조착은 영문을 몰라 어리둥절했다. 조서를 전하러 온 사람도 어찌 된 일인지 이름만 부를 뿐 자신에게 정식 호칭을 사용하지 않았다. 조착은 황급히 조복을 갖춰 입고 중위中尉의 가마에 올랐다. 길을 지나면서 조착은 문득 지금 가는 길이 황궁으로 가는 것이 아닐지도 모른다는 느낌이 들었다. 가마의 휘장을 걷고 밖을 내다보니 과연 지나는 곳이 모두 번잡한 저잣거리였다. 의아한 생각에 마음이 불안해지는 순간, 때마침 가마가 멈춰 섰다. 중위가 죄인 조착은 가마에서 내려 어명을 받들라고 큰 소리로 소리쳤다. 조착이 가마에서 내려보니 자신이 서 있는 곳은 죄인들에게 사형을 집행하는 동시東市였다. 그제야 조착은 뭔가 일이 크게 잘못됐음을 깨달았다. 중위가 황제의 조서를 들고서 조착을 요참의 형에 처한다는 부분을 읽어 내려갈 때쯤 조착의 허리는 이미 두 동강이 나 있었다.

경제는 조착의 죄상을 낱낱이 공개하면서 그의 모친과 아내, 아들과 조카 등 일가족을 모조리 장안으로 압송하게 했다. 조착의 부친만이 보름 전에 독약을 마시고 자결했기 때문에 산 채로 잡아올 수 없었다. 경제는 이미 죽은 자는 어쩔 수 없지만 남은 사람들은 모두 참수형에 처하게 했다.

경제는 조착의 가족이 모두 죽었고 원앙이 강화를 맺기 위해 오나라로 갔으니, 이제는 반란군이 군대를 철수하여 돌아갈 것이라고 기대하고 있었다. 그러나 오랫동안 기다려도 아무런 소식이 없었다. 하루는 주아부의 부하인 교위校尉 등공鄧公이 전방에서 황제를 알현하기 위해 달려왔다. 경제가 황급히 물었다.

"조착이 죽었으니 오나라와 초나라가 군대를 철수했겠지?"

"오왕은 이미 수십 년 동안 은밀히 반란의 음모를 꾸며왔습니다. 조착을 죽인다는 것은 구실에 불과하고 실은 천하를 얻고자 하는 것이었습니다. 일개 신하 때문에 반란을 일으킨다는 것이 어디 이치에 맞기나 하겠습니까? 지금 폐하께서는 그들에게 속아 조착을 죽이셨으니, 천하의 인사들이 모두 입을 다물고 감히 간언을 올리지 않을까 두렵습니다. 조착이 제후국들을 통제하려고 한 것은 뿌리를 강하게 하고 가지를 약하게 하여 한조를 견고히 지키기 위한 계책이었습니다. 바야흐로 그 계획이 실행되려는 순간에 오히려 일족이 몰살되었으니 낭패가 아닐 수 없습니다."

경제는 등공의 설명에 고개를 숙인 채 한참 동안 입을 열지 못하고 가만히 앉아 있었다.

조착의 죽음은 분명 억울한 것이었다. 그는 정치와 군사 그리고 권력의 완전한 희생양이었던 것이다. 그러나 그의 비극은 자신의 성격이 만들어낸 불행이기도 했다. 그런 성품을 고치지 않는 한, 그때 죽지 않았더라도 언젠가는 다른 사람의 손에 죽어 한나라 조정에 오래 발붙이지 못했을 것이다.

또 하나 짚고 넘어가야 할 사실은 조착이 제창한 제후국들의 세력을 약화시키는 방책은 진정한 성공을 거두는 것이 불가능했다는 점이다. 반란군이 평정된 이후에도 제후국의 세력 문제는 여전히 존재했고, 나중에 경제의 아들 무제 때에 와서 절묘하게 해결되었다. 주부언主父偃이 무제에게 말했다.

"고대 제후의 토지가 100리를 넘지 않은 것은 군주가 그들을 쉽게 다스리기 위해서였습니다. 그러나 오늘날의 제후들은 수십 개의 성읍을 갖고 있어 그 영토가 사방 1,000리가 넘는 자도 있습니다. 이런 상태가 지속된다면 천하의 형세가 평온할 때는 사치하고 교만해져 음탕한 일을 도모하기 쉽고, 천하의 형세가 급박할 때는 자신들의 강대한 세력을 믿고 서로 연합하여 반란을 일으키기 쉽습니다. 지금 당장 법령에 따라 강제로 그들의 토지를 회수하여 세력을 약화시키려 한다면 그들은 틀림없이 반란을 일으키게 될 것입니다. 따라서 제후국들의 세력을 통제하기 위해서는 확실하고 효과적인 방법을 써야 할 것입니다. 지금 제후들 가운데는 자제가 10여 명에 이르는 자도 있습니다. 그러나 적자인 장자만이 대대손손 왕위를 계승할 수 있을 뿐, 나머지는 제후의 혈육이라 할지라도 한 치의 땅도 나눠 갖지 못하지요. 폐하께서는 제후들에게 명을 내리시어 그들의 토지를 여러 자제들에게 골고루 나누어주고 이들도 제후에 봉해 널리 은덕을 펼치시기 바랍니다. 이로써 황제 폐하께서는 은덕을 베푸시면서 실제로는 제후들의 국토를 분할하게 되니, 그들의 봉지를 줄이지 않고도 제후국의 세력을 크게 약화시킬 수 있지요. 이것이 제후국에 대한 통제를 원활히 할 수 있는 가장 바람직한 비책입니다."

무제는 이 말을 듣고 크게 기뻐하며 즉시 '추은령推恩令'을 내렸다. '추은령'의 요지는 여러 제후들로 하여금 자신의 봉토를 장자에게만 나눠줄 것이 아니라 다른 직계 자손들에게도 골고루 나눠주게 함으로써 친족 전체가 황제의 은덕을 느끼게 한다는 것이다. '추은령'이 발포된 이후 제후국들의 토지는 자손들의 권력과 이해 다툼으로 사분오열되어 다시는 통일될 수 없었고, 제후국들의 세력은 자연히 약화되었다. 제후들은 뒤늦게 추은령이 중앙 정권이 자신들의 세력을 약화시키기 위해 고안해낸 방책이었음을 깨달았지만, 자손들이 이미 자기 몫을 챙기기 위해 혈안이 되어 있는 상태라 이러한 법령에 저항할 방법이 없었다. 주부언의 주장은 실로 고명한 책략이었다.

견고한 건축물은 오히려 내부에서부터 무너지기 쉬운 법이다. 이러한 이치를 간파하여 '추은령'을 간언한 주부언은 조착보다 훨씬 뛰어난 책사였음에 틀림이 없다.

4장 | 근본이 되는 법도를 세워라

17 | 호부를 훔쳐 나라를 구하다

　위魏나라 공자인 무기無忌는 소왕昭王의 아들이자 안리왕安釐王의 배다른 동생이었다. 소왕이 세상을 떠나자 안리왕이 왕으로 즉위하여 그를 공자로 봉하고 작호를 신릉군이라 했다. 신릉군은 인후한 성품으로 모든 사람을 예로써 대했고, 사인士人이라면 신분의 고하와 현능賢能함을 따지지 않았으며, 자신의 문하들이 고귀하고 박학다식하다 해서 다른 사인들을 경시하지도 않았다. 사인들을 극진히 공경하는 신릉군의 미명美名은 천하에 널리 알려져 사인들이 앞다투어 그의 문하로 들어왔다. 그러다 보니 그의 문객이 3,000명에 달할 때도 있었다. 당시 각 제후국들도 신릉군의 현능함을 전해 듣고는 여러 해 동안 감히 위나라를 침범하려는 야욕을 품지 못했다.

　위나라에는 후영이라는 은사가 하나 있었다. 나이는 일흔이 넘은 데다 집안이 찢어지게 가난하고 지위도 미천하여 도성인 대량의 동문에서 문지기로 일하고 있었다. 신릉군은 그가 매우 현능한데도 집안이 빈천하다는 소문을 듣고 넉넉한 재물을 준비하여 찾아갔다. 후영은 선물을 받지 않겠다고 극구 사양하면서 신릉군에게 말했다.

"소인은 평생 몸을 닦고 성정을 다스리면서 청빈하면서도 엄숙하게 삶을 지켜왔습니다. 집안이 빈한하고 지위가 미천하다는 이유로 공자께서 내리시는 재물을 받는다면 생명과 절개를 망가뜨리는 일이 될 것입니다."

집으로 돌아온 신릉군은 줄곧 후영에 대한 존경과 애모의 정을 감추지 못하다가 그를 자신의 문객으로 들이기로 마음먹었다. 그는 이런 인물을 청해 들이려면 보통 예절로는 안 된다는 점을 잘 알고 있었다.

하루는 신릉군이 성대한 연회를 마련하여 손님들을 불러 모았다. 빈객賓客들이 모두 자리를 잡고 앉자 신릉군이 빈객들을 향해 말했다.

"잠시만 기다려주십시오. 제가 직접 모셔다가 여러분께 소개해드릴 분이 있습니다."

신릉군은 빈객들에게 인사를 하고 서둘러 수레에 올라 후영을 맞으러 동문으로 달려갔다. 수레의 왼쪽 자리는 비어 있었다. 당시에는 존귀한 사람이 수레 왼쪽에 앉는 것이 관례였다. 후영은 신릉군이 손수 수레를 몰고 오는 것을 보고는 그 의도를 알아차리고, 겸양하지도 않고 감사의 답례를 하지도 않은 채 낡은 의관을 정제하고 있다가 조용하고 의젓한 태도로 수레에 올랐다. 왼쪽 상석에 앉은 그의 모습은 대단히 기품이 있고 단아한 것이 여느 귀인들과 다를 바 없었다. 사실 그가 겸양하지 않은 것은 이런 기회를 이용하여 신릉군의 진정한 모습이 어떤지 살펴보려 했던 것이다. 신릉군은 화를 내지도 않고 자신이 오히려 겸양하면서 직접 수레의 말고삐를 잡고 달리기 시작했다.

잠시 후 수레가 시끌벅적한 저잣거리를 지나게 되자 후영이 신릉군에게 말했다.

"실례지만 공의 수레를 좀 써도 될지 모르겠군요. 앞으로 조금만 더 가면 도축장이 나오는데 거기서 잠시 멈춰주십시오. 친구를 한 사람 만나기로 했답니다."

신릉군은 이 말을 듣고 화를 내기는커녕 당장 수레를 돌려 저자 안으로 들어갔다. 연도의 관원들과 백성들은 위나라의 귀공자가 도성의 대문을 지키는 일개 문지기 노인을 위해 수레를 몰고 있는 것을 보고는 신릉군의 고상한 인품과 아랫사람을 귀히 여길 줄 아는 겸손한 태도에 감탄을 금치 못했다.

도축장에 이르자 후영은 수레에서 내려 돼지 잡는 백정인 주해朱亥를 찾더니, 일부러 대화를 질질 끌며 시간을 많이 지체했다. 후영은 수시로 곁눈질을 하면서 신릉군의 태도를 살폈으나, 그는 수레 위에 아주 온화한 태도로 앉아 있었고 조금도 화가 난 기색이 없었다. 이때 위나라의 장상과 왕족, 그리고 빈객들은 대청에 앉아 한참 동안 신릉군이 돌아와 연회가 시작되기만을 기다리고 있었다. 신릉군의 가솔과 시종들도 신릉군이 어서 돌아오기를 학수고대하고 있었다. 신릉군을 따라 후영을 맞으러 나온 시종들도 똑같이 초조해하면서 속으로 분수를 모르는 후영의 행동거지에 욕설과 저주를 퍼부었다. 그러나 신릉군의 겸손한 태도에 겉으로는 감히 아무 말도 하지 못했다. 후영은 신릉군의 온화하고 겸손한 태도가 시종 변하지 않는 것을 보고는 그제야 주해와 작별하고 수레에 올랐다. 신릉군은 극진한 예의와 공손한 태도로 그를 집으로 안내하여 일일이 빈객들에게 소개했다. 그런 다음 후영을 가장 상석에 앉혔다.

빈객들은 신릉군이 손수 수레를 몰고 나가 모셔온 손님이 고작 성문을 지키는 늙은이였다는 사실을 알고는 모두들 놀라움을 금치 못했다. 주흥이 한창 무르익기 시작할 때쯤 신릉군은 갑자기 자리에서 일어나 후영에게로 가더니 술을 따라주며 복을 빌었다. 후영은 전혀 놀라거나 황송해하지 않고 태연자약한 표정으로 자리에서 일어나 신릉군에게 똑같은 방법으로 답례하면서 여러 빈객들을 향해 큰 소리로 말했다.

"오늘 저는 공자公子를 위해 최선을 다했습니다. 저는 신분이 미천하여 성문을 지키는 일개 수문장에 불과합니다. 그러나 공자께서는 이런 저에게 몸을 낮추시고 친히 수레를 몰아 여러 회중들 앞에서 저를 영접하셨지요. 원래 저는 일찌감치 초대에 응했어야 했는데 일부러 공자를 대동한 채 제 친구를 만나러 갔고, 일부러 공자의 수레가 저잣거리를 지나게 했으며, 도축장에 한참 동안 멈춰 서 있게 했습니다. 이는 공자의 태도를 관찰하기 위한 것이었지요. 그러나 공자께서는 얼굴색 하나 바뀌지 않으셨고 오히려 더욱 공손하고 겸손한 모습을 보여주셨습니다. 연도의 사람들과 도축장에 있던 사람들은 하나같이 저를 소인배라고 비난하면서 공자의 인품과 덕행을 칭찬해 마지않았고, 공자가 진정으로 사인들을 공경할 줄 아는 분이라고 칭송했습니다. 제가 의도한 바는 이처럼 공자의 이름을 높이는 것이었습니다."

후영의 말을 듣고서 그 자리에 있던 빈객들은 그에게 탄복하는 동시에 신릉군의 고상한 인품에 칭송과 감탄을 연발했다.

목숨을 내놓아 은혜를 갚다

기원전 260년, 진秦나라 장군 백기白起가 조나라 군대를 크게 물리치고 상당 지역을 점령한 후에 투항한 조나라 병사 40만을 산 채로 매장했다. 백기는 여세를 몰아 일거에 조나라를 멸망시키려 했으나, 승상 범저范雎가 그의 군공이 너무 커지는 것을 우려하여 군대를 철수시켜버렸다. 2년이 지나자 진왕은 조를 멸망시키지 못했던 것을 크게 후회하면서 백기에게 또다시 조를 공격하게 했다. 그러나 백기는 2년 전 자신의 군대를 강제로 철수시킨 것에 대해 크게 불만을 품고 여러 차례 소란을 피우다가 진왕으로부터 자결하라는 명령과 함께 검을 하사받았다.

진왕은 다시 왕릉王陵에게 명해 10만의 대군을 이끌고 가서 조나라 도성인 한단邯鄲을 포위 공격하게 하고, 나중에 다시 정안평鄭安平에게 5만의 정예 병력을 이끌고 가서 이를 지원하게 하는 동시에 전투 경험이 많은 장군을 보내 왕릉을 대신하여 조나라를 삼키게 했다.

조의 효성왕孝成王은 연달아 위魏나라에 사자를 보내 지원 병력을 보내줄 것을 요청했다. 안리왕安釐王은 하는 수 없이 대장 진비晉鄙에게 10만의 군대를 주어 조나라를 지원하게 했다. 이때 진왕은 직접 전선에 나와 전투를 지휘하다가 위나라가 조나라를 지원하기 위해 출병했다는 소식을 듣고는 즉시 사자를 파견하여 위왕을 위협했다.

"어느 나라든지 군대를 파견하여 조나라를 구하려 한다면, 진군이 먼저 조나라를 멸한 후에 그 나라를 공격하여 멸망시킬 것이다."

이에 위왕은 크게 겁을 먹고 진비에게 병력을 변방에 주둔시킨 채 형세를 관망하면서 공격을 보류하라고 명령했다.

위군이 공격을 미루고 있는 것을 보고는 조나라의 평원군平原君은 진비에게 편지를 써서 하루빨리 진군하게 해달라고 부탁했다. 그러나 진비는 이렇게 대답했다.

"위왕께서 이곳에 주둔하되 따로 지시가 있을 때까지 병력을 움직이지 말라는 명령을 내렸기 때문에 진군이 불가능하오. 진군하려면 반드시 위왕의 명령이 있어야 하오."

평원군은 위왕을 설득할 방법을 찾지 못하자 위의 공자인 신릉군 무기에게 편지를 써서 말했다.

"지금 조나라의 한단이 누란지세累卵之勢[39]에 처해 있는데도 귀국의 대군은 계속 진군을 미루고 있습니다. 조나라가 멸망하고 귀국이 살아남는 것이 정녕 바람직한 일이겠습니까? 조나라를 위해 방법을 찾아주실 수 없다면 공자의 누이를 위해서라도 조나라를 구할 방책을 마련해주시기 바랍니다."

신릉군은 이전에 조나라에서 도망쳐 자신을 찾아온 위제魏齊를 받아들이지 않아 그를 자살하게 만든 일이 있었던 이후로 줄곧 평원군에 대해 미안한 마음을 갖고 있었다. 그런데 이번에 구원 요청과 책망의 내용이 함께 담긴 서한을 받게 되자 더욱 몸 둘 바를 몰랐다. 그는 마음이 다급했지만 위왕을 설득하여 진군을 재촉할 만한 방법이 없었다. 결국 화가 난 그는 자신의 문객 1,000명을 데리고 진군의 진영을 찾아가 목숨을 다해 싸우기로 마음먹었다.

그가 1,000명의 문객들을 데리고 동쪽 성문을 나서는 것은 진군에

---

[39] 달걀을 쌓아놓은 것처럼 위태로운 상태.

맞서 목숨을 다하겠다는 결단이었음에도 불구하고 후영의 태도는 냉담하기만 했다. 후영은 끝내 아무 말도 하지 않았다. 신릉군은 길을 가면서 문득 고개를 돌려보았다. 혹시 후영의 태도가 변하지 않았을까 하는 기대에서였다. 그러나 후영은 그 자리에 그대로 선 채 미동도 하지 않았다. 문객들은 이구동성으로 그렇게 쓸모없는 늙은이한테는 더 이상 기대도 갖지 말고 신경도 쓰지 말라고 권했다.

이미 몇 리 길을 달린 신릉군은 갈수록 괴로운 마음을 달랠 수 없었다. 억울하고 분한 마음을 이기지 못한 그는 결국 문객들을 중도에 멈춰 기다리게 해놓고 자신은 다시 돌아가 후영을 찾았다. 후영은 그가 다시 돌아온 것을 보고는 웃으며 말했다.

"공자께서 돌아오실 줄 알고 있었습니다. 제가 작별을 고하는 인사 한 마디도 올리지 않았는데 저를 원망하지 않으십니까?"

"그렇소이다. 제가 틀림없이 선생께 뭔가 잘못한 것이 있는 것 같은데, 제 좁은 소견으로는 도저히 알 수가 없어 그걸 여쭤보려 다시 돌아온 것입니다."

"이렇게 중요한 시기에 공자를 위해 계책을 내놓을 만한 인물이 하나도 없단 말씀입니까?"

"저도 그것이 쉽지 않은 일임을 잘 알고 있습니다. 제 목숨을 바치면 그만이겠지요. 그것 말고 또 무슨 방법이 있겠습니까? 저로서는 지금까지 할 일을 다했을 뿐입니다."

"방법이 없는 것도 아닙니다. 위왕이 가장 총애하는 후비가 여희如姬입니다. 당초 여희의 부친이 살해당했을 때 그녀는 3년 동안 원수를 찾아다녔지만 끝내 찾지 못했지요. 나중에 그녀는 공자의 면전에서 통곡하면서 원수를 찾아 복수할 수 있게 해달라고 간청한 바 있었습니다. 공자께서는 즉시 각지로 문객들을 보냈고 얼마 후 여희의 원수를 찾아내 그 목을 여희에게 바쳤지요. 이런 일이 있지 않았던가요?"

"그런 일이 있긴 했지요. 그러나 그 일이 이제 와서 무슨 소용이 되겠습니까?"

"여희는 그 일로 인해 공자께 크게 감동했고 공자를 위해서라면 목숨도 아끼지 않겠다는 것이 그녀의 결심이었습니다. 만일 여희가 위왕의 호부虎符를 훔쳐낼 수만 있다면, 공자께서 호부를 이용하여 진비의 대군을 움직일 수 있지 않겠습니까?"

여기까지 들은 신릉군의 얼굴에 희색이 돌기 시작했다. 그는 곧장 여희를 찾아갔다.

호부란 고대 중국에서 병력을 움직일 때 쓰던 일종의 신표로서, 구리나 철로 호랑이 형상을 주조한 다음 이를 두 부분으로 나누어 반쪽은 장수가 지니고 있고 다른 반쪽은 군주가 지니고 있었다. 중대한 군사 이동 시에는 반드시 호부의 두 부분을 맞춰 정확히 일치해야만 거짓 명령이 아니고 확실한 군령임을 확인할 수 있었다.

신릉군이 여희를 찾아가 자초지종을 설명하자 여희는 조금도 주저하지 않고 신릉군의 부탁을 받아들였다. 그날 밤 여희는 위왕의 시중을 들면서 일부러 술을 많이 먹여 취하게 한 다음, 위왕이 잠든 틈을 타서 몰래 호부를 훔쳐내 신릉군에게 건네주었다. 신릉군이 호부를 들고 후영을 찾아가자 후영이 말했다.

"호부만 가지고는 일이 제대로 이루어질 수 없을 것 같군요. 이런 대규모 군사 행동에 위왕의 친필 서신이 없다면 진비가 의심을 품게 될 것이 분명합니다. 게다가 공자께서는 의장대나 군대가 없지 않습니까? 제 친구 주해는 천하무적의 용사로서 옷소매 안에 40근이 넘는 철추를 넣고 다니지요. 진비가 위왕의 친필 서한을 요구하면 주해가 그를 철추로 내려쳐서 살해하게 하는 겁니다. 그런 다음 호부를 내밀고 전군에게 진군 명령을 내리는 것이지요. 이렇게 하면 완벽한 계책이 될 것입니다."

후영의 계책을 듣고 난 신릉군은 그 자리에서 울음을 터뜨렸다. 우영이 의아해하며 물었다.

"설마 공자께서 죽음을 맞게 되실까 두려우신 건 아니겠지요?"

"내가 어찌 죽음을 두려워하겠습니까? 단지 진비가 호부를 보고서도 출병에 동의하지 않으면 그토록 군공이 혁혁한 노장을 죽여야 하니, 그것이 가슴 아파서 그러는 것이지요."

"사람 하나를 죽여서 조나라를 구하고 위나라를 안전하게 할 수만 있다면 그것도 대의를 좇는 일이 아니겠습니까! 사소한 일에 연연하다가는 큰일을 그르치기 십상입니다. 공자께서 출병하시는 날, 저는 북쪽을 향해 자결함으로써 공자의 죗값을 대신할 것입니다."

신릉군은 다시 주해를 찾아갔다. 주해가 말했다.

"소인이 공자께 단 한 번도 답례 인사를 드리지 않은 것은 예의를 몰라서가 아니라 사실은 형식적이고 세속적인 예의를 싫어했기 때문입니다. 나라가 위기에 처한 지금이야말로 소인이 공자께 보답할 수 있는 때이겠지요."

이렇게 한마디 던지고 나서 그는 곧장 철추를 소매에 넣고 신릉군을 따라나섰다. 업하에 다다른 신릉군은 진비를 보자마자 호부를 내밀면서 말했다.

"위왕께서는 장군이 오랫동안 야전에서 병사들을 관리하면서 노고가 많다고 하시면서 제게 병권을 대신 접수하라 하셨소."

진비는 호부를 이리저리 살펴보고 나서 진짜 호부임을 확인했지만 갑작스러운 명령이라 도무지 이해가 되지 않았다. 진비가 핑계를 대며 말했다.

"군중의 업무는 매우 복잡하기 때문에 수일이 지나야 제대로 정리해서 공께 인계할 수 있을 것 같소이다."

"조나라의 위기가 풍전등화와 같은데 어찌 시일을 지체할 수 있단 말이오?"

"솔직히 말씀드리자면 이처럼 중대한 일은 반드시 대왕의 친필 교시가 있어야만 결정할 수 있소이다. 지금 당장 군권을 공께 넘기지 못함을 용서하십시오."

옆에서 두 사람의 대화를 듣고 있던 주해는 더 이상 방법이 없다고 판단하고는 큰 소리로 호통을 쳤다.

"군명을 듣지 않겠다면 이는 반역죄에 해당하는 일이오!"

진비가 놀라서 물었다.

"이자는 누구요?"

"내가 그 유명한 대철추大鐵錐이다."

대답과 동시에 주해는 소매 안에서 철추를 꺼내 진비를 그 자리에서 죽여버렸고, 진비를 죽이고 병권을 장악한 신릉군은 호부를 내밀며 전군을 향해 호령했다. 장수들은 진비가 이미 죽고 신릉군이 호부를 지니고 있음을 확인하고는 마음 놓고 그의 지휘에 따르기 시작했다. 신릉군은 곧장 대오를 정비하고 명령을 내렸다. 편제를 다시 정비하고 집중 훈련을 마친 위군은 곧장 진군을 향해 공격을 개시했다.

위군의 갑작스러운 공격을 예상하지 못했던 진군은 당황한 나머지 대오가 흐트러지고 사기가 떨어진 데다, 평원군이 조군을 이끌고 성 밖으로 달려 나와 안팎으로 협공을 받게 되자 전의를 상실하고 크게 패해 절반 이상의 사상자를 내고 패주했다. 원래 위나라 사람이었던 정안평은 2만의 병력을 이끌고 위나라에 투항했다.

후영은 약속대로 신릉군이 출병하는 날을 기다려 '북쪽을 향해 스스로 목을 베어' 자결함으로써 신릉군에게 은혜를 갚았다.

이로써 신릉군은 제후들 사이에 대단한 명망을 얻게 되었지만, 위나라 군왕에게 대죄를 범한 몸이라 위나라로 가지 못하고 계속 조나라에만 머물러야 했다.

위나라로 돌아가 나라를 구하다

신릉군은 조나라에 모공毛公과 설공薛公이라는 아주 현명한 은사 둘이 있다는 소문을 듣고 이들을 만나보기 위해 여러 차례 사람을 보내 청했지만 매번 거절당하고 말았다. 신릉군이 여러 차례 직접 노름판과 양조장으로 두 사람을 찾아갔지만 이들은 매번 몸을 숨기고 그를 만나주지 않았다. 마침내 신릉군은 사람들을 시켜 두 사람의 거처를 알아낸 다음 비밀리에 두 사람을 찾아갔다. 신릉군의 고상한 인품과 평민들과 사귀기를 꺼리지 않는 넉넉한 도량에 감동한 이들은 마침내 그와 교우하기로 마음먹었다. 평원군은 이런 소문을 듣고 그래서는 안 되겠다는 생각에 자신의 부인에게 말했다.

"아주 오래전부터 영제令弟께서는 뜻이 깊고 넓으며 수신이 정결하여 천하에 둘도 없는 미명을 갖고 있다고 들었는데, 요즘 노름판과 양조장에 드나들며 천민들과 사귀기를 즐긴다는 소문이 있소. 이것이 헛소문이 아니라면 황당한 일이 아닐 수 없구려."

평원군의 부인이 이 이야기를 신릉군에게 전하자 신릉군이 말했다.

"애당초 저는 평원군이 아주 현명하다고 들었습니다. 그래서 불리한 것을 뻔히 알면서도 조를 구함으로써 평원군의 소원을 들어준 것입니다. 듣건대 지금 평원군은 사인들을 대하면서 헛된 명성에만 얽매이다 보니 현사들을 소홀히 하고 있다고 합니다. 저는 위의 도성인 대량에 있을 때부터 모공과 설공이 대단한 현사라고 들었습니다. 그런데도 평원군은 지금 제가 그분들과 사귀는 것을 신분을 망각한 일이라 여기고 있습니다. 나는 이런 사람들이야말로 교우할 가치가 없는 인물이라 생각합니다."

말을 마친 신릉군은 짐을 꾸려 조나라를 떠나려 했다. 부인이 이 말을 평원군에게 그대로 전하자 그는 몹시 부끄러워하면서 곧장 신릉군을 찾아와 자신의 잘못을 인정하고 그를 만류했다. 신릉군은 평원군이 잘못을 뉘우치고 있음을 확인하고서야 조나라를 떠나려던 생각을 바꾸었다. 이 일이 점차 사람들에게 알려지면서 평원군의 문객들 가운데 절반이 그의 곁을 떠나 신릉군에게 몸을 기탁했고, 각국의 사인들도 신릉군에게로 모여들었다. 이로써 신릉군의 위신과 명망은 갈수록 높아졌다.

진나라는 신릉군이 조나라에 머물고 있다는 소문을 듣고 자주 출병하여 위나라를 공격했다. 위나라 군사들은 진나라 군대를 맞아 매번

고전을 면치 못하면서 조금씩 땅을 잃어갔다. 위왕은 초조함을 감추지 못하다가 문득 신릉군이 위나라에 있을 때 진나라의 군대가 감히 위나라를 공격하지 못했던 것을 생각해내고는 사자를 보내 신릉군에게 위나라로 돌아올 것을 간청했다. 신릉군은 자신이 호부를 훔쳐냈던 일에 대해 위왕이 여전히 불만을 품고 있지 않을까 두려워 감히 돌아가지 못하고 자신의 문객들에게 말했다.

"내게 위나라로 돌아갈 것을 간언하는 자는 누구든지 참수에 처할 것이다."

그리하여 신릉군의 문객들 가운데는 위나라로 돌아갈 것을 주장하는 사람이 하나도 없었다.

모공과 설공이 이 사실을 전해듣고는 신릉군을 찾아와 말했다.

"공자께서 조나라 사람들로부터 최고의 존경을 누리면서 천하에 이름을 드높이게 된 원인이 무엇입니까? 위나라가 존재했기 때문이 아닌가요? 지금 진이 여러 차례 위를 공격하여 위가 풍전등화의 위기에 처해 있는데도 공자께서는 이를 모른 척하고 계십니다. 진군이 위의 도성을 점령하여 선왕의 종묘를 훼손한다면 위나라의 왕족인 공자께서는 무슨 면목으로 각국의 제후들을 대할 것이며 무슨 낯으로 천하를 대하시겠습니까? 공자께서 마지막으로 돌아가실 곳이 어딘지 생각해 보십시오."

두 사람의 말이 끝나기도 전에 신릉군은 자신의 잘못된 생각을 크게 뉘우치면서 당장 위나라를 구하러 갈 것을 명령했다.

이리하여 다시 만난 위왕과 신릉군은 한참 동안 서로를 끌어안고 눈물을 흘렸다. 위왕은 신릉군에게 사면을 약속하고, 진비를 철추로 살해하고 병권을 빼앗은 일에 대해 더 이상 추궁하지 않기로 다짐했다. 아울러 신릉군을 상장군으로 임명하여 진군을 공격하게 했다.

안리왕 30년, 신릉군은 각국에 사신을 보내 연합 전선으로 진의 공격에 대응하기로 했다. 연燕, 한韓, 초楚, 제濟 등 네 제후국은 위를 구하고 진에 대항하기 위해 군대를 보냈다. 그의 지략 덕분에 나라를 구한 바 있는 조왕도 즉시 파병하여 신릉군을 지원할 것을 약속했다. 이리하여 신릉군은 연, 한, 초, 제, 조 다섯 나라의 군대를 이끌고 진나라 군대와 교전을 벌이면서 진의 여러 장수들 사이에 연락을 단절시킴으로써 하외河外 지역에서 진병을 대패하고 몽오를 물리쳤다. 연합군은 승세를 몰아 적을 추격하여 함곡관函谷關까지 쫓아갔고, 그곳에 다섯 좌의 대규모 군영을 축조하여 위풍당당하게 진나라 군대에 도전했다. 이에 진군은 성문을 굳게 닫아 걸고 싸움에 응하지 못했다. 이때 신릉군의 위세와 명망은 하늘을 찔렀고 각국에서 몰려온 문객들이 앞다투어 그에게 병법을 바쳤다. 신릉군은 평소의 전투 경험을 기록한 내용을 정리하여 『위공자병법魏公子兵法』이라는 병서를 남겼다.

18 법은 일이 벌어진 뒤에 행하는 것이다

중국에서 법률이 발달하지 않았다는 주장은 잘못된 편견이다. 중국의 법전은 그 양이 대단히 방대할 뿐 아니라 각 시대의 법률이 각기 독특한 특징을 지니고 있다. 이러한 특징은 형량의 경중뿐만 아니라 형을 판단하는 방법에 있어서 더욱 두드러진다. 한漢대에 성행했던 '경의결옥經義決獄'과 '원심정죄原心定罪'가 그 대표적인 예이다.

경의결옥이란 예로써 법을 정하고 예의로 법률을 대신하는 것이다. 즉, 『춘추春秋』를 비롯한 기타 주요 경전에 실린 관련 기록과 서술, 심지어 말 한마디에 의거하여 공소된 사건을 처리하는 것이다. 이러한 상황은 동중서董仲舒로부터 비롯되었다고 한다.

당시에 해결할 방법이 없는 사건이 하나 발생하자 지방 관리가 동중서를 찾아와 해결을 부탁했다. 사건의 정황은 이러했다.

갑甲에게는 아들이 없었다. 어느 날 길가에 아기가 버려져 있는 것을 발견하고는 데려다 양자로 삼았다. 그가 바로 을乙이다. 나중에 을은 살인을 저지르고 나서 이 사실을 갑에게 알렸다. 갑은 관아에 고발하지 않았을 뿐만 아니라 을을 몰래 숨겨주었다. 당시의 법률에 따르면 갑은 당연히 범인 은닉죄로 사형에 처해져야 했다. 이때 누군가 이러한 판결에 대해 이의를 제기했다. 과연 갑에게 죄가 있는 것인가?

동중서가 말했다.

"갑에게는 아들이 없어 을을 양자로 삼았다. 친자는 아니지만 갑의 자식인 것만은 분명하다. 『시경』에서 말하길 '나방은 자신의 자식을 낳고도 기르지 않고 오히려 나나니벌의 유충을 자신의 자식으로 삼아 기른다. 그러나 이것도 분명한 자식이라고 할 수 있다'라고 했다. 한편 『춘추』의 대의에 따르면 부친이 아들을 위해 그 죄를 숨겨주는 것도 당연한 일이다. (『논어論語』에도 '아들이 아버지를 숨겨주는 것은 그 안에 정직함이 있는 행위이다'라고 기록되어 있다.) 갑은 을을 위해 그 죄를 덮어준 것이다."

황제는 동중서의 설명을 듣고 갑에게는 죄가 없다는 판결을 내렸다.

남편이 죽고 재가한 여인에 관한 사건도 있었다. 이 사건은 사태의 인식뿐만 아니라 문제를 해결하는 시각과 방식에까지 영향을 미쳤다는 점에서 더욱 중요한 의미를 갖는다.

갑의 남편이 고기를 잡으러 배를 타고 바다에 나갔다가 폭풍을 만나 죽었다. 안타깝게도 시신을 찾지 못해 넉 달 동안 장례를 치르지 못했다. 나중에 갑의 어머니인 병은 갑을 다른 집에 시집보냈다는 이유로 관아에 고발당하게 되었다. 당시의 법률에 따르면 남편이 죽어 아직 장례를 치르지 않은 상태에서는 재가를 할 수 없었음에도 불구하고 다른 사람의 아내가 되었으니 마땅히 그 죄를 물어 기시棄市[40]에 처해야 했다.

이에 동중서는 『춘추』의 기록에 의거하여 이 문제를 해석했다.

"『춘추』에 이런 기록이 있다. '한 부인이 제齊나라에 시집을 갔지만 자식도 없는 상태에서 남편이 죽었으니 충분히 재가할 수 있다.' 더구나 이 사건은 부인이 자진해서 새 남편을 찾은 것도 아니고 단지 어머니의 말에 따랐을 뿐이다. 어머니가 딸을 재가시킨 것은 음탕한 마음의 소치가 아니었고 딸 역시 정욕을 이기지 못해 스스로 남의 아내가 되려고 했던 것도 아니기 때문에 이를 처벌하는 것은 온당치 않다."

이처럼 경서의 기록이 법전과 같은 효력을 지니는 '경의결옥'의 형사 제도가 있었던 반면, 범죄의 의도에 따라 사건을 처리하는 '원심정죄'의 방법도 있었다. 원심정죄라는 것은 범죄 행위의 동기에 따라 죄의 경중을 가늠하여 처벌하는 것이다.

부자 관계에서 생긴 문제를 다룬 원심정죄의 전형적인 예를 하나 살펴보자.

갑의 아버지인 을은 병과 말다툼을 벌이다가 몸싸움으로 발전하게 되었다. 이때 병이 몸에 지니고 있던 칼로 을을 찌르려 하자 갑이 아버지를 구하기 위해 몽둥이로 병을 내려친다는 것이 잘못해서 오히려 아버지인 을을 다치게 했다. 지나가다 이를 본 사람이 갑을 관아에 고발하면서 자기 아버지를 때린 패륜아니 마땅히 참수형에 처해야 한다고

---

[40] 죄인을 죽여 시신을 저잣거리에 내다버리는 형벌.

주장했다. 이에 대해 동중서가 말했다.

"『춘추』에 이런 기록이 있다. '허지許止의 부친이 중병에 들어 허지가 약을 달여드렸는데 부친은 그 약을 먹은 뒤에 곧 죽고 말았다. 당시 재판을 담당한 군자는 허지를 조사한 결과, 선의에 따른 행동이었다고 판단하고는 그의 죄를 사면해주었다.' 이 사건도 왕조의 법률이 규정하고 있는 존속 상해라고 볼 수 없으니 처벌해서는 안 될 것이다."

위의 사건들은 하나같이 구체적인 내용과 구체적인 처리 방법을 나타내고 있지만, 외면상으로는 민사 사건이면서 실제로는 정치적 문제에 가까운 사건들도 있었다. 한대에는 이러한 사건들도 『춘추』에 의거하여 판결이 나곤 했다.

한 소제昭帝 5년(기원전 82년), 한 남자가 누런 송아지가 끄는 마차를 타고 미앙궁未央宮의 북궐에 이르러 자신을 위衛 태자 유거劉據라고 사칭했다. 공거령公車令이 황급히 보고를 올리자 대장군 곽광霍光은 놀라움을 금치 못했다. 유거는 이미 정화征和 2년(기원전 91년)에 무고巫蠱[41] 사건에 연루되어 스스로 목을 매고 죽었는데, 어떻게 죽은 자가 다시 살아 돌아올 수 있단 말인가?

전령과 대신들은 보고의 진위를 가리기 위해 서둘러 북궐로 향했지만, 중대한 사안이라 모두들 선뜻 결론을 내리지 못하고 궁으로 돌아와 다시 명을 기다리는 수밖에 없었다. 이때 경조윤京兆尹 준불의雋不疑가 소식을 듣고 달려와 자신을 수행하는 관리에게 명을 내렸다.

"그 미친놈이 어디 있느냐? 감히 태자를 사칭하다니! 당장 내 앞으

---

41 무술巫術, 즉 무당의 방술로 남을 저주하는 행위.

로 끌고 오너라!"

마침 그 자리에 평소 준불의와 잘 알고 지내던 관원이 하나 있었다. 그가 이런 상황을 보고는 준불의의 행동이 혹시나 화를 부르지 않을까 우려하여 준불의의 곁으로 다가가 말했다.

"아직 진위도 가려지지 않았으니 결박을 풀어주는 것이 좋지 않겠나?"

"설령 진짜 태자라고 해도 두려울 것 없네. 춘추전국시대에 위나라 공자 괴외蒯聵는 영공靈公에게 죄를 얻어 진晉나라로 도망쳤지. 나중에 영공이 죽고 괴외의 아들 추輒가 왕위를 계승하자 괴외는 다시 위나라로 돌아왔고 추 또한 그를 돌려보내지 않았네. 『춘추』의 기록도 이와 다르지 않지. 그때 아들은 군주가 되었지만 자신의 아버지를 거들떠보지도 않았네. 하물며 지금의 상황은 어떤가? 태자는 선제께 죄를 짓고 타향으로 도망쳤으니 그 죄는 참형에 처해야 마땅할 걸세. 그런데 어찌 이제 다시 나타나 분란을 일으킬 수 있단 말인가? 게다가 태자는 이미 죽었는데, 어떻게 이자가 태자일 수 있겠나?"

이윽고 준불의는 절차에 따라 이 의문의 사내를 유사심판有司審判에 넘겼다. 정위가 며칠에 걸쳐 심리한 결과 사건의 경위가 분명하게 밝혀졌다. 이 남자는 원래 양하陽夏 사람으로 강호를 떠돌며 점을 치며 살아가는 방수方遂라는 사내였다.

어느 날 이미 고인이 된 유거의 가솔이 방수에게 점괘를 물으러 찾아왔다가, 그의 용모가 죽은 태자와 매우 흡사한 것을 보고는 깜짝 놀랐다. 방수는 사연을 듣고 나서 태자를 사칭해 부귀영화를 누리려 시도했다가, 뜻밖에 준불의를 만나 뜻을 이루기는커녕 옥에 갇히는 신세가 되고 만 것이다. 방수는 처음에는 완강하게 버티며 죄를 인정하지 않다가, 증인이 나타나자 결국 사실대로 자백하고 말았다.

이런 판례는 다른 경우에서도 쉽게 찾아볼 수 있다. 동한東漢 명제明帝 시기에 살았던 곽홍郭弘은 영천潁川 양적 사람으로, 법률에 능해 태수 구순寇恂의 천거로 갖가지 범죄를 심의하여 판결을 내리는 결조연에 임명되었다. 그가 결조연으로 있던 30년 동안 그의 판결에 불복하는 사람은 하나도 없었다. 그의 아들 곽궁郭躬도 어릴 때부터 부친의 가업을 이어받아 법률에 정통했고, 어질다는 명성을 날리며 각종 사건의 판결에서 고명한 판단을 수없이 내놓았다. 영평永平 연간에는 부름을 받고 궁궐에 들어가 황제의 곁에서 법률 고문 역할을 하기도 했다.

한번은 조정에 어려운 사건이 접수되었다. 두 형제가 함께 사람을 죽였는데, 누가 주범인지 명확하게 가릴 수가 없다는 것이었다. 결국 명제는 어른인 형이 동생을 잘 가르치지 못하고 결국 살인까지 저지르게 했으니 형을 중죄에 처하고 동생에게는 참형을 면해주라는 판결을 내렸다. 그런데 뜻하지 않게 중상시中常侍 손장孫章이 조서의 내용을 잘못 전달하는 바람에 결국 둘 다 중죄로 처형되고 말았다. 이에 상서尙書는 손장이 성지를 거짓으로 전달하였으니, 법률에 따라 요참腰斬에 처해야 한다고 주장했다.

명제가 한순간의 실수로 요참을 당한다는 것이 너무 가혹하다고 여기고 곽궁을 불러 의견을 물었다. 곽궁이 말했다.

"손장의 죄는 벌금형에 처하면 족합니다."

"손장은 조서를 잘못 전달하여 사람을 죽였소. 그런데 어찌 벌금형에 그칠 수가 있단 말이오? 처벌이 너무 가벼운 것 아니오?"

"손장이 성지를 잘못 전달하긴 했지만 고의가 아닌 것이 분명합니다. 그의 본심을 추궁해보니 실수로 그리된 것이었습니다. 그러니 거짓으로 성지를 전달한 것과는 분명히 다르지요. 따라서 이 사건은 법률에 따라 벌금형에 처하는 것이 마땅합니다."

"손장이 실수로 그랬다는 것을 어떻게 알 수 있소? 듣자하니 그는 죽은 두 형제와 같은 마을 사람으로, 이전에도 다툼이 있었다고 하오. 나는 그가 앙심을 품고 일부러 성지를 거짓으로 전달하여 그들을 죽인 것이 아닌지 의심스럽소."

"『시경』에서 말하길 '주周의 도는 숫돌과 같고, 그 곧음이 화살과 같았다周道如砥, 其直如矢'라고 했습니다. 이는 주대에는 공물과 부역이 균등하고 법률과 상벌의 적용에 치우침이 없었다는 의미이지요. 또한 공자께서는 '군자는 남을 거스르는 일과 속이는 일을 하지 않는다君子不逆詐'라고 말씀하셨습니다. 이는 자신의 의지로 미리 다른 사람의 생각을 추측하지 말라는 뜻이지요. 따라서 사건을 판결할 때는 절대로 자신의 생각에 따라 주관적으로 사실을 왜곡해서는 안 될 것입니다."

명제는 그의 의견을 그대로 받아들였다.

여기서 경서의 함의가 이미 사건의 해결 방법에 그치지 않고 법률 관념과 사상 인식의 문제에까지 적용되고 있음을 알 수 있다. 이처럼 한대에는 경의결옥의 응용 범위가 결코 형사 사건에만 그치지 않고 모든 일에 광범위하게 적용되었던 것이다.

예의에 따라 법을 집행하다

경의결옥의 또 다른 표현 방식은 '예의가 법을 좌우하는 것禮入於法'이다. 『사고전서집요四庫全書輯要』의 「당률소의해운唐律疏義解云」

에는 "당률은 항상 예에 따랐기 때문에 고금의 태평성대를 구가할 수 있었다"라는 기록이 있다. 사실 '예의가 법을 좌우하는 것'은 각 조대마다 표현 방식이 달랐을 뿐 중국 역사에서 아주 오래전부터 존재해왔는데, 그 연원은 한대에서 찾아볼 수 있다. 『후한서後漢書』에는 이런 이야기가 기록되어 있다.

탁무卓茂는 남양南陽 완현宛縣 사람으로, 서한西漢 원제元帝 시기에 장안으로 와서 수학하면서 『시경』과 『주례周禮』 등 경서를 비롯하여 역법과 산술에 정진했으며 유학에 정통했다. 그는 천성이 어질고 겸손하여 모든 사람들에게 존경과 흠모의 대상이 되었다. 나중에는 산동山東 밀현密縣의 현령으로 임관되어 백성들을 친자식처럼 사랑하고 선정을 베풀어 백성을 교화하였으며 매사에 솔선수범하여 아랫사람들로부터 칭송을 받았다.

한번은 어떤 사람이 탁무를 찾아와 마을의 정장亭長이 쌀과 고기를 뇌물로 받았다면서 그를 고발했다. 탁무는 이 사건을 엄벌로 다스릴 필요는 없다고 판단하고, 사건이 확대되는 것을 막기 위해 황급히 주위 사람들을 물러가게 한 다음 그 사람에게 낮은 목소리로 물었다.

"정장이 어떻게 쌀과 고기를 받게 되었는가? 정장이 그대에게 강요한 것인가, 아니면 그대가 정장에게 쌀과 고기를 주며 도움을 청하자 그가 순순히 받은 것인가? 그것도 아니라면 혹시 그대가 정장을 우러러 아무런 대가 없이 쌀과 고기를 준 것인가?"

"제가 자발적으로 그에게 준 것입니다."

"그대가 자진해서 쌀과 고기를 주고 이제 와서 그를 고소하는 이유는 무엇인가?"

"현명한 관리는 백성들이 두려워할 필요도 없고, 아무 이유 없이 바친 물건을 취하지 말아야 한다고 들었습니다. 그런데 저는 관리인 그가 두려워 쌀과 고기를 바친 것이고 정장이 이를 그대로 받았으니, 이는 옳은 행동이라고 볼 수 없지요. 그래서 고소하게 된 것입니다."

"지금 그대가 취하고 있는 행동은 의도적으로 정장의 명성에 흠집을 내려는 것이다. 사람이 짐승과 다른 것은 인애仁愛의 마음이 있어 서로를 존중하고 공경할 줄 알기 때문이다. 동네 어른에게 쌀과 고기를 선물한 것이 어찌 관리와 백성의 일이라고 할 수 있겠는가? 이는 인지상정일 뿐이다. 물론 관원으로서 자신의 권세를 이용하여 백성에게 재물을 강요하는 것은 벌을 받아 마땅한 일이지만, 사람은 서로 어울려 살아가는 법이라 예로써 교우해야 할 것이다. 예의가 사라진다면 사회의 안정과 질서는 유지되지 못하기 때문이다. 정장은 평소에 선으로 아랫사람들을 대했기 때문에 명절 때가 되면 그에게 작은 선물로 고마운 마음을 표하고자 하는 사람들이 줄을 잇는다. 이것이 예의인 것이다."

"현령 어른 말씀대로라면 어째서 관원이 재물을 받는 것을 법률로 금지하는 것입니까?"

"무릇 율律이란 법에 의해 세워지는 것이고 예는 인정에 따르는 것이다. 먼저 예가 있은 다음에 법이 세워지는 것이지. 법으로만 세상을 다스려야 한다면 천하는 크게 혼란스러워지고 인간의 가치는 짐승만 못하게 될 것이다. 지금 나는 예로써 그대를 일깨우는 것이니 원망하거나 미워하지 말기 바란다. 내가 법령으로 그대를 다스리려 했다면 그대는 정말로 받아들이기 어려웠을 것이다. 돌아가서 잘 생각해보도록 하여라!"

　재미있는 것은 '경의결옥'으로 민사 및 형사 사건만 해결하는 것이 아니라 해몽도 가능했다는 사실이다. 이는 경의가 당시 사람들의 의식 속에 얼마나 깊이 뿌리내리고 있었는지를 보여주는 단적인 예라 할 수 있을 것이다.

　옛날에 한 선비가 과거 시험을 보기 위해 길을 떠날 준비를 하고 있었다. 어느 날 그는 잠을 자다가 자신이 가장 먼저 고사장 안으로 들어서는 꿈을 꾸게 되었다. 꿈에서 깬 그가 흥분을 감추지 못하며 아내에게 자신의 꿈 이야기를 들려주었다.

　"이번 과거에는 틀림없이 합격할 것이오. 이 꿈은 내가 장원 급제할 것임을 알리는 징조가 분명하오."

　"그렇지 않아요. 당신은 『논어論語』에서 '먼저 들어간 사람이 11등을 한다先進第十一'라고 한 것도 잊었어요?"

　나중에 이 선비는 정말로 과거에 합격했다. 그런데 장원 급제가 아니라 아내의 말대로 11등이었다.

　예의가 개입되는 법은 온정이 넘치는 따스한 규범일 수도 있다. 정확하고 공평하며 정의의 온정이 넘치는 법률은, 얼음처럼 차갑고 냉혹하며 융통성 없는 법률보다 훨씬 쉽게 받아들여질 수 있다. 심지어 이상적이라고 느껴질 때도 있을 것이다. 그러나 예의가 법률에 개입하는 온정은 실제로는 불평등한 사회의 산물임에 틀림이 없다. 예의가 법률에 영향을 미칠 경우 가장 치명적인 결점은 법률 해석에 있어서 불평등을 야기할 수밖에 없다는 것이고, 이러한 법률의 불평등은 실제로 법률을 무효화하는 것과 같다.

이와 관련하여 한대의 대사학자 사마천은 "예의란 일이 벌어지기 전에 금하는 것이고, 법은 일이 벌어진 뒤에 행하는 것이다"라고 지적한 바 있다. 이는 중국의 대표적인 전통적인 법 관념으로서, 예의는 죄악이 발생하기 전에 금지하는 것이고 법률은 죄악이 발생한 후에 처벌을 가하는 것이다. 그러나 이 두 가지 원리의 적용에 있어서 방법과 경중에 큰 차이가 있었다. 그래서 고대 중국의 법률은 예의의 부산물로 여겨지거나 도덕과 혼동되기 일쑤였고, 이로 인해 법률 체계가 독자적으로 발전하기가 어려웠다.

19 죽음을 두려워하지 않고 법을 집행하다

　장석지張釋之는 한대漢代 초기에 살았던 인물로, 혁혁한 공적을 세우지는 못했지만 공정한 법 집행과 권력을 두려워하지 않는 강직함으로 후세에까지 아름다운 이름을 전하게 되었다.

　장석지는 자가 계季로, 보양甫陽 도양 사람이다. 문제文帝 때 가산을 털어 국가에 양식과 재물을 헌납한 공으로 낭郎의 관직에 임명되었지만 10년 동안 벼슬이 오르지 못했다. 중랑中郞 장원앙이 그의 현능함을 알고 추천하여 외부인의 조정 출입과 전송을 전문으로 담당하는 알자謁者로 일하게 되었다. 나중에 그는 문제에게 한나라를 부흥시킬 수 있는 방책을 올렸고, 문제가 이를 매우 일리 있는 견해라 여기며 흔쾌히 받아들여 이를 계기로 알자에서 공거령公車令로 승급할 수 있었다.

　문제 3년(기원전 177년)에 장석지는 정위에 임명되었다. 그는 평민들의 민사 및 형사 사건뿐만 아니라 황제와 관련된 사안에 있어서도 항상 정확하고 공평하게 형량을 판결했다.

한번은 문제가 순행을 나갔다가 가마를 타고 장안 북쪽의 중위교中渭橋에 이르렀을 때, 누군가 갑자기 다리 밑에서 불쑥 나타났다가 사라지는 바람에 말이 놀라 미친 듯이 날뛰기 시작했다. 마부와 시종이 간신히 놀란 말을 진정시켰지만, 분이 풀리지 않은 문제가 호통을 치면서 당장 다리 아래에 있던 사내를 붙잡아 정위에게 보내 엄벌에 처하라고 명령했다.

사건을 맡은 장석지는 즉시 관아에 나가 심리를 시작했다. 장석지가 물었다.

"그대는 누구이며, 무슨 이유로 감히 말을 놀라게 했는가?"

"저는 장안현 사람입니다. 중위교를 지나다가 갑자기 멀리서 왕의 가마가 오는 것을 보게 되었지요. 당황한 저는 급히 피할 곳이 없어 다리 밑으로 몸을 숨기는 수밖에 없었습니다. 그러다가 시간이 한참 지나 가마가 이미 지나갔을 줄 알고 다리 밑에서 나왔지요. 그런데 뜻밖에도 아직 지나가지 않고 서 있기에 황급히 다시 피한 것뿐입니다. 말을 놀라게 할 생각은 추호도 없었습니다."

사건의 전말이 명확해지자 장석지는 사내를 잠시 옥에 가두어 놓고 직접 문제를 알현하여 아뢰었다.

"이미 사건에 대한 심의를 마쳤습니다. 심리해본 결과, 그자가 말을 놀라게 한 것은 순전히 실수에 의한 것이었습니다. 이에 법률에 따라 벌금형에 처하고자 합니다."

"그자는 짐의 말을 놀라게 했소. 짐의 말이 온순했기에 다행이지,

다른 말이었다면 짐이 크게 다쳤을지도 모를 일이오. 그 죄가 참형에 처해 마땅한데, 그대는 어째서 벌금형에 처하는 것이 타당하다고 여기는 것이오?"

"법률은 천자와 백성이 모두 다 지키고 따라야 하는 것입니다. 지금 폐하의 말대로 그 사람을 참형에 처한다면 백성들이 어찌 법을 믿고 따를 수 있겠습니까? 게다가 폐하께서 이 사람을 죽을죄로 다스리고자 하셨다면, 어찌하여 붙잡은 즉시 죽이지 않으시고 정위에게 맡기셨습니까? 정위라는 직책은 공정함이 생명입니다. 조금이라도 한쪽으로 기울거나 경중을 정확히 가늠하지 못한다면 백성들이 처신할 바를 모르게 될 것입니다. 폐하께서는 깊이 헤아려주시기 바랍니다."

"정위의 말에도 일리가 있소. 그대 뜻대로 처리하도록 하시오."

장석지는 황제와 관련하여 또 다른 사건을 처리한 바 있다. 이는 중국 역사에 있어서 대단히 유명한 사건이었다.

문제 3년(기원전 177년), 누군가 고제高帝의 분묘 앞에 있는 옥가락지를 훔쳐가는 사건이 발생했다. 전대미문의 사건을 전해 들은 문제는 분노를 금치 못하면서도 난처하기 그지없었다. 며칠 후에 옥가락지를 훔친 도적이 체포되자, 문제는 범인을 장석지에게 보내 심리하게 했다. 조사와 심문을 마친 장석지는 조상의 복식이나 기물을 훔친 자는 기시의 형벌에 처한다는 한율漢律의 조항에 따라 범인을 사형에 처하고 시신을 저잣거리에 내다버렸다. 사건의 처리를 마무리한 장석지가 문제에게 상황을 보고하자 문제가 갑자기 격분하며 장석지에게 말했다.

"그자는 선제의 물건을 훔쳤으니 그 죄가 극악하기 그지없소. 과인이 이 사건을 정위에게 맡긴 것은 그 일가를 죽여 엄히 다스리라는 뜻이었소. 그렇지 않고서야 어찌 과인이 종묘를 받들 수 있겠소?"

장석지는 문제가 화내는 것을 보고 황급히 관모를 벗고 절하며 말했다.

"신은 법률에 따라 이렇게 판결을 내릴 수밖에 없었습니다. 지금 옥환을 훔친 자의 일족을 죽인다면, 또 누군가가 멋대로 장릉長陵의 흙을 한 움큼 가져갔을 경우에는 어떻게 그 죄를 다스리시겠습니까?"

장석지의 물음에 문제는 순간 말문이 막혀 입을 열지 못하고 마음속으로 생각을 더듬어볼 뿐이었다.

'장릉의 흙은 옥가락지 안에 있는 것이니 이 또한 종법의 문물에 속한다 할 수 있다. 장릉의 흙을 훔친 자도 옥가락지를 훔친 자의 가족과 마찬가지로 엄중하게 죄를 물어야 하고, 그럴 경우 형의 경중을 따질 수 없게 된다. 이런 식으로 형량을 가늠한다면 일부 죄목에서 과중함을 피할 수 없을 것이다.'

문제는 장석지를 잠시 물러가 있게 한 뒤에 직접 후궁으로 가서 태후에게 이 일을 상의했다. 태후는 문제의 말을 듣고 나서 장석지의 말이 일리가 있고 그 판결이 충분히 타당하다고 여기고는 문제에게 장석지의 판결에 따를 것을 권했다.

장석지가 정위에 임명된 뒤로는 세상에 억울한 일을 당하는 사람이 없었다는 미담이 후대에 널리 전해지고 있을 정도이다. 장석지는 이처럼 10년씩 정위의 자리를 지키면서 대단한 명성을 누렸지만, 신분과 계급의 한계를 벗어나지 못해 겪게 되는 무력감을 피할 수는 없었다.

강한 목을 가진 동선

 장석지 같은 사람이 법률에 의거하여 최대한의 공정성을 발휘하면서 죄인의 형벌을 가볍게 해준 사례가 있는가 하면, 동선董宣 같은 사람이 권력을 두려워하지 않고 단호하게 죄인을 처벌한 사건도 있었다.

 동한東漢 초년, 광무제 유수의 누나 호양湖陽 공주가 남편을 잃고 수절하게 되자 유수는 그녀를 불쌍히 여겨 많은 재물을 하사하고 특별히 관용을 베풀었다. 이에 호양 공주는 많은 하인을 거느리고 제멋대로 행동하면서 법을 어기는 일이 비일비재했다. 한번은 호양 공주의 하인 하나가 대낮에 사람을 죽이고 나서 호양 공주의 집으로 몸을 숨기는 일이 발생했다. 지방관은 감히 그녀의 집을 침범하지 못해 범인을 체포하지 못했고, 결국 사건은 미해결로 남게 되었다.

 이에 천성이 정직하고 공평하기로 유명한 낙양령洛陽令 동선은 공주의 집에 들어가 범인을 수색할 수 없게 되자, 호양 공주의 집 대문 앞에 지켜 서서 사람을 죽인 하인이 밖으로 나올 때까지 기다렸다.

 며칠이 지나자 과연 그 하인이 호양 공주의 가마를 메고 공주와 함께 놀러 나오는 모습을 발견하게 되었다. 동선은 재빨리 앞으로 나가 공주의 가마를 막아 세우고 살인을 저지른 흉악범을 넘겨줄 것을 요구했다. 호양 공주가 동선을 엄하게 꾸짖었지만 동선은 조금도 두려워하지 않았다. 그는 허리에 차고 있던 검을 뽑아들고서 공주에게 범인을 인도하지 않으면 법에 따라 함께 처벌을 받게 될 것이라고 분명하게 말하며 하인을 꾸짖었다. 하인은 어쩔 수 없이 사죄하며 용서를 빌더니, 동선의 주의가 소홀한 틈을 타 다시 도망쳤다. 도망치는 죄인을 끝까지 추격한 동선은 하인을 다시 붙잡아 그 자리에서 목을 베어 죽인 다음, 공주에게 사죄하며 양해를 구했다.

공주는 하인이 이미 죽었으니 논쟁을 벌여봤자 아무 소용이 없겠다고 판단하고 궁궐로 들어와서 유수에게 울면서 하소연했다.

유수가 즉시 동선을 입궁시키고 공주를 놀라게 한 죄를 묻고는, 좌우의 형 집행관들을 시켜 나무 몽둥이로 동선을 치라고 명령했다. 동선이 유수에게 고개를 숙이며 말했다.

"폐하께서 성덕으로 한조를 이만큼 중흥시키셨는데, 호양 공주로 하여금 하인이 사람을 죽인 일을 용서하게 하신다면 앞으로 폐하께서는 어떻게 천하를 다스리실 수 있겠습니까? 저를 몽둥이로 치실 필요 없이 제 스스로 목숨을 끊겠습니다."

말을 마친 동선은 스스로 머리를 기둥에 부딪쳐 온몸에 피가 낭자했다. 동선의 항변에 일리가 있다고 판단한 유수는 재빨리 동선의 몸을 일으켜 세우고 더 이상 머리를 기둥에 부딪치지 못하게 한 다음 공주를 향해 고개 숙여 사죄하게 했다.

그러나 자신에겐 아무런 죄가 없다고 생각한 동선은 끝내 사과하지 않았다. 이에 유수가 소황문을 시켜 동선의 머리를 붙잡고 억지로 내리누르게 했다. 동선은 두 손으로 바닥을 짚고 버티면서 끝내 사죄하지 않자 호양 공주가 이런 모습을 보고서 유수에게 말했다.

"과거에 폐하께서 평민이셨을 때 집안에 죄인을 숨겨주시니 관원들이 감히 들어와 잡아가지 못했습니다. 지금 폐하께선 천자가 되셨는데 어찌 한낱 낙양령 하나 마음대로 다루지 못하시는 겁니까?"

"천자와 평민은 다르지요."

유수는 동선이 끝내 명에 따르지 않으니 어쩔 도리가 없다고 여기고 동선에게 말했다.

"네 목은 정말 대단하구나! 그렇게 강한 목을 가졌으니 그만 물러가도록 해라!"

결국 동선은 유수에게 지지 않았고 이때부터 '강항령强項令'이라는 미명이 널리 퍼지면서 유수도 덩달아 어진 황제로서의 명성을 얻게 되었다.

장석지는 공정하게 법을 집행했을 뿐 아니라 사건의 심리에 있어서도 매우 신중했다. 기원전 180년, 여후가 죽자 여씨 성을 가진 왕들이 모두 죽임을 당했다. 문제가 즉위하자 주발은 여후의 가족을 죽이는 과정에서 많은 공을 세워 승상의 자리에 올랐다. 그러다가 기원전 177년 마침내 그는 모함을 받아 상국의 자리에서 물러나야 했다.

주발은 강현降縣으로 돌아온 뒤에도 항상 경계심을 버리지 못하고 매번 하동河東 수위守尉가 강현을 순시하러 올 때마다 자신에게 무슨 해가 돌아오지 않을까 노심초사했다. 그래서 매번 수위가 찾아올 때마다 갑옷을 입고 나가 맞이했고, 하인들로 하여금 무기를 들고 자신을 호위하면서 불의의 상황에 대비하게 했다. 매번 이런 모습이다 보니 수위들이 의아해하지 않을 수 없었고, 그 가운데 한 명이 혹시 주발이 역모의 뜻을 품고 있는 것이 아닐까 의심하여 그를 고발하는 상소를 올리게 되었다. 문제는 원래부터 주발을 경계하고 있던 터에 이런 상소문이 올라오자 자세히 조사도 해보지 않고 그대로 믿어버렸다. 문제는 즉시 정위에게 명을 내려 주발을 도성으로 불러들여 하옥하고 심문을 기다리게 했다.

주발은 전혀 모반의 뜻을 품지 않았는데 억울하게 옥에 갇히자 마음속에 끓어오르는 분노를 금할 수 없었다. 게다가 뜻하지도 않게 옥리까지 나서서 자신을 핍박하며 재물을 요구하는 것이었다. 처음에는 그도 재물을 내주려 하지 않았지만 옥리의 끊임없는 학대를 견뎌야 하고 거친 밥을 먹으며 그들의 차가운 조소와 신랄한 풍자를 듣다 보니 더 이상 참을 수가 없었다. 결국 그는 옥리들에게 천금을 뇌물로 나눠주었다. 재물을 얻은 옥리들은 즉시 얼굴을 바꾸고 항상 세심하게 보살펴주었다.

정위 장석지가 어명을 받아 이 사건을 심리하게 되었다. 장석지는 그가 억울하게 투옥되었다는 사실을 잘 알고 있었지만, 그의 누명을 씻어줄 만한 적당한 근거를 찾을 수 없어 잠시 사건의 판결을 미루고 시간을 끄는 방법을 택했다. 주발에게 뇌물을 받은 옥리들은 그가 변론을 잘하지 못하는 것을 보고 주발에게 주는 공문서 뒷면에 글을 적어 주발을 깨우쳐주었다. 주발이 공문서를 자세히 살펴보니 뒷면에 공주를 증인으로 삼으라는 문구가 적혀 있었다.

주발에게는 묘수가 있었다. 그의 큰아들 승지勝之의 아내가 문제의 딸이었던 것이다. 이번에 주발이 모함을 받고 도성으로 압송되는 것을 보고 승지와 공주도 뜻하지 않은 일이 발생할까 두려워 뒤따라 주발을 구할 방법을 찾고 있었다. 아들 내외가 감옥에 찾아오자 주발은 공주에게 태후에게 도움을 청해줄 것을 부탁했다.

공주는 문제의 딸이자 태후의 손녀로, 자신도 시아버지를 구할 방법을 생각하던 차였으므로 곧장 문제와 태후에게 주발의 결백을 호소했다. 이때 태후의 동생 박소薄昭도 주발을 두둔하면서 억울함을 호소했다. 태후는 곧장 문제를 불러 자신의 생각을 얘기하기로 마음먹었다.

문제는 태후가 주발의 일로 자신을 부르는 것이라 짐작하고 있었지만 알현하지 않을 수 없었다. 문제를 보자마자 태후는 머릿수건을 내던지며 격분하여 말했다.

"강후가 천자의 옥새를 쥐고 북군을 통솔할 때 반란을 일으켰다면 폐하가 그를 진압할 수 있었겠습니까? 그때는 반란을 일으키지 않다가 지금 작은 현에 머물면서 반란을 일으키려 한다는 것이 이치에 맞는 얘깁니까? 폐하는 대체 누구의 참언을 듣고 공신을 해치려 하는 겝니까?"

태후의 말을 듣고 문제는 문득 크게 깨닫는 바가 있었다. 게다가 태후가 호통을 치니 서둘러 대답하지 않을 수 없었다.

"소자도 그렇게 생각했습니다. 그러나 누군가 상소를 올린 터라 그를 심문하지 않을 수 없었던 겁니다. 정위에게 확실한 정황을 확인하게 한 후에 곧장 그를 석방하도록 하겠습니다."

말을 마친 문제는 태후에게 작별 인사를 고하고 곧장 장석지를 불렀다. 장석지는 여러 차례 주발을 심문했으나 그가 반란을 꾀하려 했다는 증거는 찾을 수가 없었다. 장석지는 문제에게 이 일을 직언하면서 주발을 변호하고, 아울러 주발에게 진술서를 작성하여 문제에게 올리게 했다. 문제는 아무리 조사해도 모반의 증거가 없는 것을 확인하고는 곧장 명을 내려 주발을 석방시켰다.

목숨을 걸고 법을 집행하다

당조唐朝의 서유공徐有功도 몇 안 되는 '목이 센' 옥리 가운데 하나였다. 무측천武則天이 집정하고 있을 당시에는 반대 세력을 탄압하고 자신의 권력을 공고히 하기 위해, 혹독한 관리들을 대거 기용하고 가혹한 형벌과 엄한 법을 시행한 결과 억울한 사건이 도처에 넘쳐났다. 그러나 이런 상황에서도 서유공의 태도는 달랐다.

서유공은 일찍이 명경明經과에 합격하여 여러 차례 포주蒲州의 사법관으로 임명되었다. 그는 줄곧 관대하고 인자한 정치를 폈고, 한 번도 장형으로 사람을 심문한 적이 없었다. 관리와 백성들이 모두 그의 은덕에 감사했고, 그가 포주 지역의 관리로 온 것이 백성들의 복이라고 여기며 모든 사람들이 마음을 다하고 힘을 쓴 덕분에 서유공의 임기가 끝날 때까지 단 한 명도 사형 판결을 받은 사람이 없었다.

재초載初 원년(689년), 서유공이 형승刑丞으로 승급되었을 때 혹리酷吏인 주흥周興과 내준신來俊臣, 구신적丘神績, 왕홍의王弘義 등이 죄명을 억지로 날조하여 무고한 사람들을 모함해 극형에 처하려 했다. 조정의 문무백관이 모두 두려움에 떨면서 감히 앞으로 나서서 바른 말을 하는 사람이 없었다. 그러나 서유공만은 혼자서 공평하고 관대한 마음을 유지했다. 무측천이 직접 명을 내려 사건에 관련된 사람들을 대리시에 넘겨 조사한 후에 형을 내리도록 했다. 서유공은 사건의 전말을 정확히 조사한 후에 죄가 없는 대부분의 사람들을 석방시켜줌으로써 수백 명의 무고한 목숨을 구했다.

얼마 후 봉각시랑鳳閣侍郎 임지고任知古와 동관상서冬官尙書 배행본裵行本 등 일곱 명의 조정 대신들이 혹리에 의해 억울한 누명을 뒤집어쓰고 무고하게 사형 판결을 받게 되었다. 무측천이 조정 대신들에게 말했다.

"나는 지금 은혜로 살육을 다스리고자 한다. 관직을 받아들이면 그대들에게 기회를 주도록 하겠다."

내준신과 장지묵張知默 등의 혹리들이 일곱 명의 대신을 참형에 처할 것을 상소했으나 무측천은 허락하지 않았다. 내준신이 배행본의 죄행을 다시 상소하자 서유공이 이를 반박했다.

"내준신은 재생의 기회를 내린 군주의 밝은 뜻을 거역하고 성은의 의미를 손상시켰습니다. 신하된 자는 마땅히 악을 미워하고 군주를 잘 섬겨야 할 것입니다."

서유공의 노력으로 배행본은 결국 참형을 면할 수 있었다.

서유공은 조정에서 사건의 정황을 보고하면서 항상 시비와 곡직을 정확히 따졌고, 이에 대해 무측천은 엄숙한 표정으로 문책했다. 좌우의 조정 대신들이 모두 벌벌 떠는 와중에서도 서유공은 태연한 기색으로 자신의 의지를 굽히거나 기가 꺾이지 않았고 오히려 더욱 강직하고 간절한 태도로 변론에 임했다. 얼마 후 서유공은 추관원외랑秋官員外郎에 임명되었다가 또 얼마 후에는 다시 추관낭중秋官郎中으로 승급되었다.

당시 조정에서는 다른 사람을 밀고하기만 하면 관직이 올라가고 무측천의 신임을 얻게 되는 이상한 기풍이 만연했다. 이에 주흥周興은 이런 기회를 이용하여 서유공을 탄핵했다.

"양한兩漢의 전례를 보건대 신하에게 붙어 군주를 속이는 자는 참수형에 처했고 군주의 면전에서 군주를 속이는 자 또한 참수형에 처했습니다. 또한 『예기禮記』에서는 법령과 제도를 무너뜨리는 망언을 하는 자도 참형에 처해야 한다고 규정하고 있습니다. 서유공은 의도적으로 모반을 꾀한 죄인들의 죄를 덮어주었으니 이는 도저히 용서받을 수 없는 죄입니다. 어서 그를 옥에 가두고 죄를 물어 처형하시는 것이 마땅할 듯합니다."

무측천은 서유공을 옥에 가두고 죄를 묻겠다는 약속은 하지 않았지만, 서유공은 결국 이 일로 인해 파직당하고 말았다.

시간이 흐르면서 주흥과 내준신 등이 갈수록 용납할 수 없는 행동을 일삼자, 무측천은 다시 서유공을 기용하여 그에게 좌대시어사左臺侍御史의 관직을 맡겼다. 당시 주위 사람들은 모두들 서유공이 다시 관직을 하사받았다는 소식을 듣고 기뻐하며 축하해주었다.

얼마 후 윤주자사淪州刺史 두효심의 아내 방씨가 하인에게 모함을 당하는 일이 발생했다. 무측천은 이 사건을 사중事中인 설계창에게 맡겨 심리하게 했고, 설계창은 가혹한 고문으로 자백을 강요하여 방씨로 하여금 죄를 인정하게 했다. 물론 그녀에게 내려진 판결은 참형이었다.

서유공은 이 역시 억울한 사건임을 확신하고 조정에 나가 이 일은 두씨 집의 하인이 원한을 품고 방씨를 모함한 것으로서 방씨에게는 아무런 죄가 없다고 변호했다. 이에 설계창은 앙심을 품고 오히려 서유공이 방씨와 결탁해 역모를 꾀하고 있다고 무고하여 무측천에게 법사심리法司審理에 부쳐줄 것을 요청했다. 법사는 즉시 서유공을 심문하고 효시梟示[42]의 형벌을 판결했다. 서유공이 막 복직되자마자 다시 죽을죄로 몰린 것을 보고서 영사슈史가 눈물을 흘리며 서유공을 찾아가 판결 결과를 알려주었다. 서유공이 말했다.

"내가 죽으면 무고한 사람들을 마구 해치는 저 혹리들이 영원히 무사할 수 있단 말인가?"

---

42 죄인의 목을 베어 나무 위에 매달아 뭇 사람에게 보이는 일.

무측천은 서유공을 치죄한 법사의 상소문을 보고서 급히 서유공을 불러 질책했다.

"지난날 그대가 판결한 사건에는 어찌 이리도 실수가 많았소? 대체 무슨 생각으로 죄인들에게 그토록 관용을 베푼 것이오?"

"실수가 있었다면 모두 저의 과실이니 저를 벌하십시오. 사람의 목숨을 보존하는 것은 성인의 큰 덕으로 이는 폐하께서 그동안 쌓으신 덕업입니다! 부디 폐하께서는 훌륭한 덕을 널리 전하십시오. 그러면 세상 모든 사람들이 행복해질 것입니다."

서유공의 말에 무측천은 크게 깨닫는 바가 있었다. 지난 여러 해 동안 지나치게 가혹하게 법을 집행하여 많은 사람을 죽였다는 사실이 그녀의 마음을 무겁게 했다. 무측천은 한동안 입을 열지 못하고 깊은 생각에 잠겼다. 얼마 후 방씨는 참형을 면하는 대신 영남嶺南 지역으로 유배되었고, 서유공은 관직을 박탈당하고 서인이 되었다.

오래지 않아 서유공은 다시 좌사낭중左司郎中으로 기용되었다가 곧이어 사형소경司刑少卿으로 관직이 올랐다. 서유공이 가까운 친구에게 말했다.

"나는 지금 형을 집행하는 몸이라 손에 쥐고 있는 사건들이 하나같이 목숨과 관련된 것이네. 결단코 실정을 살펴 바로잡을 것이며, 황상의 뜻에 따름으로써 구차하게 목숨을 보존하거나 관직을 지키려 애쓰지는 않을 걸세."

그는 형관으로 재직하는 동안 줄곧 오판으로 사형 판결을 받은 사람들의 형 집행을 막으려고 노력했다. 조정의 뜻에 따라 세 번에 걸쳐 사형 판결을 내리기도 했지만, 서유공은 여전히 억울한 죽음을 막기 위한 자신의 뜻을 굽히지 않았다. 이로 인해 혹리들에게 불필요하게 수난을 당하기도 했다. 당시 사람들은 서유공을 강직한 성품으로 공정하게 법을 집행했던 한대의 정국과 장석지에 비교하면서, 사건을 심판하는 관리가 모두 서유공만 같다면 세상에 억울한 사람은 하나도 없을 거라고 말하곤 했다.

나중에 서유공은 다시 사부소경司仆少卿에 임명되었다. 장안長安 2년(702년), 마침내 서유공은 향년 62세의 나이로 세상을 떠났고 그에게 사형경司刑卿이라는 작위가 내려졌다. 중종中宗은 즉위하자마자 서유공을 치하하는 성지를 내렸다.

"고인이 된 대리경大理卿 서유공은 의를 위해 절개를 지킬 줄 알았고 마음속에 항상 정직을 품고 자신의 뜻에 따라 살았으니 실로 현명한 관리라 아니할 수 없을 것이다. 서유공은 형전刑典에 정통하고 남을 공경하고 삼갈 줄 알아, 주흥과 내준신 등이 지극히 잔혹한 성정으로 억울한 살육을 자행하고 자신들의 사리에 어긋나는 억울한 무고한 사람들을 모함하는 와중에서도 탁월하게 법을 수호하고 죽음을 두려워하지 않으며 자신의 정직한 뜻을 굽히지 않았으니 충렬의 뜻이 충분하다 할 수 있다. 그의 판결은 하나같이 잘못된 것을 바로잡는 훌륭한 범례가 되었으니 아무리 한대의 정국과 장석지라 해도 그의 공적을 뛰어넘지 못할 것이다. 이에 새롭게 정사를 펴기 시작하는 시점에서 그의 생전의 업적을 기리고자 하는 바이다."

법은 마음대로 할 수 있는 규범이 아니다. 누군가는 목숨을 걸고 반드시 지켜내야만 법이 법으로 남을 수 있는 것이다.

20 | 간신의 지혜는 자기 안위만을 지킨다

중국은 역사가 유구한 만큼 뭇별처럼 찬란하게 빛나는 훌륭한 관원과 충신들도 많았지만, 유명한 간신들의 출현 또한 적지 않았다. 재미있는 것은 충신들은 거의 모두가 비슷한 유형이었던 데 비해 간신들은 모두가 제각각으로 독특한 인간 유형을 나타내고 있다는 점이다.

이임보李林甫는 당대唐代를 대표하는 유명한 간신이자 중국 역사를 통틀어 둘째가라면 서러울 간신 중의 간신이었다. 천성이 간사하고 시기와 질투가 심했던 그는 일찍이 배요裴耀와 장구령張九齡 등의 재능이 자신보다 뛰어난 것을 알게 되자 온갖 방법을 동원하여 이들을 조정에서 쫓아냈다. 이처럼 자신의 맞수에 대해선 잔인하고 무자비했던 그도 측근이나 같은 무리에 대해서는 지극히 관대하고 인자했다. 우선 객牛仙客 등은 그와 7년을 함께 일했지만 한 번도 사이가 틀어진 적이 없었는데, 이는 당시로서도 결코 흔치 않은 일이었다. 이는 우산객이 이임보와 함께 충신을 박해하면서 그에게 아첨하는 데 능했기 때문이기도 하지만, 그보다는 이임보가 심성은 잔인하지만 변덕이 심하거나 이랬다저랬다 하는 사람이 아니라서 자신에게 순종하는 사람들을 잘 보살피고 용인할 줄 알았기 때문일 것이다.

한편 송宋 고종高宗 시기의 재상 진회秦檜는 그렇지 않았다. 그는 자신을 위해 충성을 다할 것으로 여겨지는 사람들을 빠른 기간에 하급 관리에서 큰 권력을 장악할 수 있는 대신으로 만들었다. 그러나 올라가는 속도가 빠르면 그만큼 내려오는 속도도 빠른 법이다. 이처럼 진회에 의해 빠르게 등용되었던 사람들은 몇 달 지나지 않아 희로애락의 감정이 시시때때로 변하는 진회에 의해 줄줄이 파면당하고 말았다. 언제나 진회의 환심을 사기 위해 고심한 양원楊愿만은 예외였다. 아첨에 능한 양원은 매사에 세심한 주의를 기울였고, 심지어 진회의 밥 먹는 동작까지도 열심히 따라했다.

한번은 진회가 밥을 먹다가 연달아 재채기를 하고는 크게 웃은 일이 있었다. 그러자 뜻밖에도 양원이 진회를 흉내 내며 입 안에 든 음식을 밖으로 내뿜고 크게 웃었다. 곁에 있던 시종들조차 눈뜨고 볼 수 없을 정도의 추태였다. 진회는 이처럼 집요하게 자신의 비위를 맞추는 것을 보고는 더욱 그를 좋아하게 되었다. 그러나 한 해가 지나면서 지나친 아첨에 식상한 진회는 그를 미워하게 되어 그를 내쫓도록 지시했다. 양원이 진회를 찾아가 눈물을 흘리며 애원하자 진회가 말했다.

"사내대장부에게 승관과 면직은 항시 있는 일인데 이렇게까지 슬퍼할 필요가 있겠는가?"

"저는 본디 미천한 출신으로 여기까지 올라온 것만으로도 크게 만족하고 있습니다. 단지 태사께서 제게 새로운 삶의 기회를 마련해주시고 생부 이상의 은혜를 베풀어주셨는데, 이제 떠나게 되면 언제 다시 뵙고 효도를 다할 수 있을지 모르겠습니다. 제가 슬퍼하는 이유는 이것뿐입니다."

그러자 진회는 은근히 측은해하며 그를 다시 좋아하게 되었다. 진회는 즉시 그를 복직시켜주었고 석 달 뒤에는 다시 선주宣州 지주知州로 임명했다.

한번은 진회가 병으로 입궐하지 못하게 되어 여요필余堯弼 혼자서 황제를 보좌하며 어명을 받들게 되었다. 황제가 여요필에게 몇 가지 기밀 사안에 대해 물어보았지만 대답할 방법이 없었다. 나중에 진회의 병이 완쾌되어 황제를 알현하게 되자, 황제가 그를 질책하여 말했다.

"여요필도 정사에 참여하는 대신인 만큼 그에게도 마땅히 기밀 사안을 알게 했어야 할 게 아니오!"

퇴정한 진회가 여요필을 불러 물었다.

"며칠 전에 황제께서 어떤 일에 대해 물어보십디까?"

기지가 모자란 여요필은 하나하나 사실대로 알려주었다. 진회가 공문을 모두 가져오게 하여 살펴보니, 하나같이 여요필이 이미 읽었다는 서명이 붙어 있었다.

"이렇게 직접 서명을 해놓고 어째서 황제 앞에서는 모른다고 했소? 일부러 나를 골탕 먹이려는 의도가 아니었소?"

여요필이 해명하려 했으나 진회는 그의 말을 막고 상대하지 않았다. 이튿날 진회가 상소를 올렸고, 여요필은 관직을 박탈당하고 말았다.

단불段拂은 젊은 나이에도 불구하고 항상 영민하지 못했다. 하루는 진회가 어전에서 상소하는 시간이 길어지자 단불은 정신을 집중하지 못하고 그만 깜빡 졸고 말았다. 이는 물론 황제에 대한 불경이었지만 진회는 오히려 이를 자신에 대한 불경이라 여겼다. 진회가 상소를 마치자 그제야 선잠에서 깨어난 단불은 난처하고 두려운 표정으로 어쩔 줄 몰라했다. 그러나 황제는 그를 나무라지 않고 오히려 그를 위로하며 고향이 어디인지 물었다.

궁궐 복도에서 단불과 눈이 마주친 진회는 눈을 감은 채 염불을 외며 거들떠보지도 않다가, 주변의 관원들이 일깨우자 마지못해 고개를 돌려 그를 쳐다볼 뿐이었다. 정무실로 돌아오자 진회는 일부러 단불에게 갖가지 트집을 잡으며 여러 문제들을 추궁했고, 얼마 지나지 않아 단불은 직무에 적합하지 않다는 이유로 탄핵되어 고향으로 보내졌다.

탕사湯思가 추밀원樞密院으로 물러나 있을 때 황제가 그에게 몇 가지 일을 물어보았다. 그의 대답은 진회가 그날 상소한 내용과 조금 달랐다. 진회가 이 사실을 알고 황제에게 말했다.

"폐하, 만일 제가 말씀드린 내용이 사실과 다르다면 다음부터는 탕사를 물러나게 한 다음 제게 물어보십시오."

"이런 일들을 과인이 어찌 모르겠나? 어째서 탕사를 물러나게 한 다음에 물어야 한단 말인가?"

이때부터 진회는 탕사에 대해 불만을 품고 그를 물러나게 할 방법을 찾으면서 기회가 있을 때마다 그를 괴롭혔다. 나중에 탕사가 병으로 관직에서 물러나게 된 뒤에야 그는 탕사에 대한 핍박을 중지했다.

이처럼 치졸하고 오만함에도 불구하고 진회의 총명함에는 확실히 남다른 데가 있었다. 도성의 시장에 갑자기 지불할 현금이 부족해지자 시장 상인들이 몹시 불안해하면서 공황 상태에 빠지게 되었다. 하루는 진회가 이발사를 불러 이발을 하고 나서 이발 요금인 2,000전에 상으로 3,000전을 더해 5,000전을 건네며 말했다.

"며칠 뒤면 황상께서 영을 내려 이런 돈은 사용하지 못하게 될 테니 하루빨리 써버리게. 손에서 썩게 하다간 무용지물이 되고 말 걸세."

이발사는 다른 사람들에게 이 말을 전했고, 삽시간에 저잣거리에 소문이 퍼지면서 사흘이 채 지나지 않아 도성 전체에 갑자기 현금이 넘쳐나게 되었다.

또 한번은 도성에 상품이 쌓여 돈이 부족하게 되었다. 돈을 관리하는 관아의 관리가 진회에게 이런 사실을 보고하자 진회는 문사원文思院의 관원을 불렀다. 다른 관원들도 무슨 일이 벌어진 것인지 궁금한 마음에 서둘러 몰려왔다. 진회가 이들에게 말했다.

"경화硬貨의 모양을 교체하라는 황상 폐하의 성지가 내려왔소. 그대들 문사원에서는 속히 견본 화폐 한 관貫을 주조하여 올리도록 하시오. 현재 통용되고 있는 경화는 곧 폐기될 것이오. 내일 정오 이전에는 반드시 이 일을 마쳐야 하오."

문사원의 관원들은 연신 고개를 끄덕이며 알겠다고 대답하고는 서둘러 장인들을 불러 모아 새로운 동전을 제작하기 시작했다. 장안의 부호들이 이 소식을 전해 듣고는 집안에 저축해두었던 동전을 전부 꺼내 금은이나 양곡으로 교환했다. 이리하여 순식간에 상품이 팔려나가고 시장이 번성했으며, 그 귀하던 동전이 도처에서 무더기로 유통되었다. 얼마 후 새로운 동전을 주조하는 일은 흐지부지되고 말았다.

간신의 총명함에 어떤 평가를 내려야 할지 알 수 없는 일이다. 분명한 사실은 간신의 지혜는 반드시 국가나 백성을 위해서가 아니라 자기 자신을 위해 발휘된다는 것이다.

21 | 아첨에 능하여 직위를 보전하다

최근 몇 년 동안 중국 사회에 『후흑학厚黑學』이라는 책이 크게 유행한 적이 있었다. 후흑학이란 글자 그대로 두꺼운 얼굴과 검은 마음에 관한 학문으로, 이는 중국 봉건 관료 사회에서의 최대의 관심 분야였던 '아첨'에 관한 학문이다. 과거 중국의 봉건 사회에서는 아첨에 능해야만 부침하는 관료 사회의 거센 파도 속에서 온전하게 목숨과 직위를 보전할 수 있었던 것이다.

장구한 역사를 지닌 중국의 봉건 관료 사회에서 아첨에 능한 사람은 셀 수 없이 많았기 때문에 이들 가운데 뻔뻔스러움의 으뜸을 가리는 것은 결코 쉬운 일이 아니다. 그러나 굳이 최고의 아첨꾼을 가려내자면 명대明代의 엄숭嚴嵩을 꼽을 수 있을 것이다. 그가 '아첨의 달인'이라는 칭호를 얻기에 손색이 없다는 사실은 역사가 증명하고 있다.

중국 역사에 길이 이름이 전해지는 유명한 대신인 그가 어떻게 이런 불명예를 얻게 된 것일까? 그 까닭은 부와 권력에 영합하는 기술과 속임수를 이용한 아첨의 방법에 있다.

엄숭의 아첨 방법은 선인들이 행했던 아첨의 일반적인 특징을 두루 갖춘 동시에, 세종世宗의 특수한 성격에 기초하여 구체적인 상황을 세밀하게 분석함으로써 세종에게 적합한 아첨의 수단을 찾아내는 것이었다. 이런 비법으로 그는 향년 87세의 고령에 병으로 관직에서 물러날 때까지 무려 20년 동안이나 마음껏 권력을 휘두를 수 있었다.

엄숭은 헌종憲宗 성화成化 16년(1480년)에 태어났으며, 자가 유중惟中으로 분의分宜 사람이다. 홍치弘治 18년(1505년)에 진사에 합격하여 서길사庶吉士의 자격으로 한림원 편수編修를 제수 받았다. 이후 남경 한림원의 국자감 제주祭酒가 되었지만 60세가 넘도록 기회를 얻지 못했다.

무종은 문란한 생활을 하다가 중년의 나이에 일찍감치 세상을 떠났고, 그의 대를 이를 후손이나 다른 형제가 없자 황태후와 대신들이 상의한 끝에 세종을 황제로 옹립했다.

막 즉위했을 당시 세종은 아직 세상사에 익숙지 않은 소년이었기 때문에 조정의 대사를 몇몇 정직한 대신들에게 일임하여 처리하게 했다. 덕분에 큰 과실은 없었다. 그러나 세종은 나이가 들어가면서 점점 아둔한 본색을 드러내기 시작했다. 그는 사촌형 무종의 황위를 이어받았기 때문에 무종의 부친인 효종孝宗은 세종의 황고(皇考, 즉 황부皇父)가 아니었다. 전통 봉건 관념에 따르면 황고는 바꿀 수 없는 것이라 세종은 효종의 양자로 들어간 다음에야 황위를 계승할 수 있었고, 당연히 효종을 황고로 모셔야 했다. 그러나 세종은 즉위하기 전에 양자 입양 의식, 즉 계례繼禮를 치르지 않았기 때문에 효종을 자신의 황고로 인정하고 싶지 않았다. 대신 자신의 친부인 흥헌왕興獻王을 황고로 모시고 시호를 흥헌제興獻帝라 하기로 했다. 그러나 이러한 조치는 정통을 중시하는 대신들의 반발을 불러왔고, 여러 대신들이 앞다투어 간언을 올리며 세종의 행동을 저지하면서 한바탕 파란이 일었다.

이때 엄숭은 세종의 행동에 반대하는 세력이 주류를 이루고 있는 것을 보고는 대세에 따르기 위해 세종에 반대하는 대열에 합류했다. 결국 대세에 밀린 세종의 계획은 성공을 거두지 못하였다. 한 해가 지나 점차 안정을 찾으면서 세종의 마음을 헤아리는 데 능한 대신들이 또다시 이 일을 제의했다. 게다가 이번에는 『명당혹문明堂或問』이라는 책까지 지어 여러 대신들에게 보여주면서, 황고를 바꾸는 일에 적극적으로 반대한 이부시랑 당주唐胄를 옥에 가두는 등 이 일을 적극적으로 시행하기 시작했다. 엄숭은 대세가 뒤집힌 것을 보고서 즉시 생각을 바꿔 황고를 개존하려는 세종의 입장을 적극적으로 지지하면서 이를 위한 의례의 근거를 찾고 경전을 인용하는 등 당위성을 찾기 위해 노력했다.

그러나 엄숭은 이것만으로는 세종에게서 특별한 관심을 얻지 못하리라는 점을 잘 알고 있었다. 그래서 엄숭은 세종의 친부인 흥헌왕의 신주를 태묘太廟에 안치하는 의식을 적극적으로 주관했다. 그의 노력 덕분에 흥헌왕의 신주는 태묘에 안치되었고, 예종睿宗이라는 시호도 부여받았다. 엄숭은 태묘 안치 의식을 성대하게 거행함으로써 확실하게 세종의 눈에 들어 많은 비단과 재물을 하사받았다. 이것이 그 유명한 '대례의大禮儀' 사건이다.

이 사건은 당시로서는 매우 충격적인 사건이었고, 이를 계기로 세종의 총애를 얻으려고 다투는 대신들이 많아지면서 세종의 세력기반을 공고히 다지는 중요한 밑거름이 되었다.

이때 엄숭은 이미 예부상서의 자리에 올라 있었다. 그는 신주를 입묘하는 의식이 끝나자 특별히 「경운부慶雲賦」와 「대례고성송大禮告成頌」을 지어 세종에게 바쳤다. 이 두 편의 글은 대단히 화려하고 위엄이 넘치는 문장으로 황제의 은덕과 훌륭한 성품을 기리는 내용이었다. 엄숭은 특별히 세종이 군신들의 하례를 받는 자리를 마련하여 세종에게 직접 두 편의 글을 읽게 함으로써 그를 흐뭇하게 했다. 이듬해 엄숭은 보신輔臣[43]에 해당하는 태자의 태보太保로 승관했다.

세종 가정嘉靖 7년(1528년), 엄숭이 예부상서의 자격으로 세종의 친부인 흥선왕 예종의 장지에 가서 현릉제고顯陵祭告를 올리고 돌아와 세종에게 말했다.

"신이 명을 받들고 장지로 가서 현릉제고를 행하는 과정에서 보책寶冊[44]을 모시고 신상神床을 놓는 순간, 하늘에서 때맞춰 비가 내리더니 이를 마치자마자 또 때맞춰 날이 개었습니다. 또한 수많은 황새들이 날아와 제단 위를 맴돌더니 비운碑運이 한수漢水로 흘러들어가자 한수가 갑자기 불어났습니다. 이 모든 것이 하늘이 폐하를 굽어 살피고 계신다는 뜻이니 폐하께서는 내각보신들에게 명하시어 글로 남겨 후세에 길이 전하도록 하십시오."

---

43 내각대신.
44 선왕 등에게 시호나 묘호를 바치면서 이들의 행적을 기록한 문서.

엄숭의 아첨에 세종은 매우 기쁘고 흐뭇했지만, 이것으로 황제를 감동시키기에는 아직 충분하지 못했다. 진정으로 세종의 신임과 호감을 얻기 위해서는 세종이 숭상하는 도교에서부터 손을 써야 했다. 도교에 대한 세종의 미련과 열정은 봉건 황제 가운데 타의 추종을 불허할 정도여서, 선인을 모시기 위한 제단을 설치하고 방사方士들의 말을 전적으로 믿고 따랐으며 단약을 복용하기도 했다. 중년이 지난 뒤로는 조정의 대사를 신하들에게 물어 결정하지 않고 모든 일을 도사들의 말에 따라 처리했다. 조정 대신들은 황제의 은총을 얻기 위해 변방에 나가 나라를 지키는 장수들을 위로할 생각은 하지 않고 귀신들이 나라를 지켜줄 것이라 믿었고, 좋은 일은 모두 도사들의 기도와 제사 덕분이라고 여겨 제사를 집전하는 도사들에게 관작을 더해주었다. 한림원의 문관들도 성현의 경서를 읽는 대신 도가의 경서인 『도장道藏』을 더 많이 읽었으며, 후세에 길이 남을 뛰어난 글을 짓는 대신 오히려 무슨 말인지 알 수 없고 신기하기만 한 현문玄文을 써댔다. 엄숭은 이런 상황을 보고도 세종에게 충고하기는커녕 오히려 이를 조장하고 세종의 생각과 행동에 영합하기만 했다.

명대의 관제冠制는 당대唐代의 유풍을 그대로 이어받아 황제와 황태자가 오사모烏紗帽의 상건을 접은 이른바 익선관翼善冠을 썼으나, 도교를 극단적으로 숭상하는 세종은 일반적인 황관皇冠을 쓰는 대신 향기로운 풀로 만든 도관道冠을 쓰고 하루 종일 자신을 도사와 같은 모습으로 꾸미고 지냈다. 아울러 그는 다섯 개의 침목향관沈木香冠을 만들어 하언夏言과 엄숭을 비롯한 다섯 명의 대신들에게 나눠주기도 했다. 하언은 내각의 수보대신首輔大臣으로 당시 가장 높은 위치에 있었는데, 정직하고 부당한 것을 싫어하는 성품의 소유자였다. 그는 조정 전체가 도사 집단이 법사를 행하는 도장으로 전락한 데 대해 탄식을 금치 못하며 다른 대신들이 없는 자리에서 세종에게 종교 생활과 일정한 거리를 유지할 것을 간언했다.

엄숭은 하언이 점차 총애를 잃어가는 모습을 보고는 자신이 그의 자리를 대신할 기회가 왔다고 판단하고, 심혈을 기울여 하언의 자리를 뺏을 계획을 세웠다. 엄숭은 우선 하언을 무척 아끼고 존경하는 것처럼 행동했고, 때와 장소를 막론하고 하언에 대한 비난은 단 한 마디도 하지 않았다. 한번은 엄숭이 하언을 자신의 집으로 초대했으나 하언은 이를 거절했다. 관아로 돌아온 엄숭은 하언을 원망하는 대신 그의 자리에 무릎을 꿇고 엎드려 절을 올렸다. 이 일을 전해 들은 하언은 매우 감동하여 엄숭이 자신을 진심으로 존경하고 있다고 여기고, 그 후로는 엄숭을 비방하는 말을 한 마디도 하지 않았다. 그리고 이것이 엄숭에게 기회를 제공하게 되었다.

이때쯤 신하들에 대한 세종의 의심이 깊어지고 있었다. 그래서 그는 중요한 대신들의 집에 자주 사자들을 보냈고 때로는 몰래 대신들의 동정을 살피게 하기도 했다. 세종의 사자가 찾아올 때면 엄숭은 언제나 서안 앞에 앉아 있거나 청사靑詞를 쓰곤 했다. 청사는 도교의 제문으로, 푸른 등나무 종이에 붉은 글씨로 글을 썼기 때문에 청사라 불렀다. 엄숭은 환관을 통해 사자가 찾아올 것이라는 정보를 미리 입수하여 누군가 자신의 동태를 살피러 오는 날이면 항상 세종의 청사를 검토하고 교열하면서 늦은 밤까지 쉬지 않았다. 그러나 하언은 나이가 많은 데다 도교에 흥미를 느끼지 못했다. 그러다 보니 엄숭이 세종을 위해 분발하여 청사를 쓰는 동안 그는 줄곧 단잠에 빠져 있었고, 이런 상황은 낱낱이 세종에게 보고되었다.

세종은 도가의 초례醮禮에 사용되는 청사를 매우 중시했고, 엄숭은 매번 심혈을 기울여 독창적이면서도 새로운 양식의 청사를 창작하여 세종의 환심을 샀다. 반면에 하언은 초례에 무관심했고 청사에 흥미를 느끼지 못했기 때문에 항상 청사를 아랫사람들에게 대신 작성하게 했다. 그리고 검토도 하지 않은 채 원고를 넘겼기 때문에 글이 중복되거나 표현이 저속한 부분이 많았다.

이제 모든 상황과 조건이 무르익어 마침내 행동에 돌입할 때가 되었다고 판단한 엄숭은, 하언의 맞수이자 금의위 도독인 육병陸炳을 찾아가 적당한 죄명을 잡아 세종에게 상소를 올리게 했다. 세종은 육병이 상소한 하언의 죄명을 자세히 따져보지도 않고 시비에 관계없이 그를 파직시켜버렸다.

엄숭은 자신에게 걸림돌이 되는 사람들을 배척하고 사당을 결성하는 데 있어서 대단히 독특한 면모를 보였다. 하언은 엄숭의 벼슬길에 커다란 장애물이었기 때문에 엄숭이 그를 제거하려 한 것은 지극히 당연한 일이었다. 특이한 것은 우선 하언의 신임을 얻은 다음 다른 사람의 손을 이용하여 모함을 통해 그를 제거하는 방법을 구사했다는 점이다. 그 후 내각대신 몇 명이 연이어 세상을 떠나자 세종은 다시 하언을 중용하여 엄숭보다 높은 직책을 맡겼다. 그러자 엄숭은 그를 확실히 제거하지 않고서는 자신이 높은 자리로 올라갈 수 없다는 사실을 깨닫고 절묘한 방법을 사용하기로 마음먹었다.

당시 몽고의 타타르부가 증선曾銑이 총독으로 주둔하고 있는 섬서

陝西 서쪽의 하투河套 지역을 점령하자, 증선은 하언의 지지를 받아 하투 지역을 수복하겠다고 상소했다. 이 책략은 너무나 당연하고 바람직한 것이었지만 엄숭의 입을 거치는 순간 극악무도한 죄악으로 변해버렸다. 때마침 황후가 세상을 떠난 것이 화근이 되었다. 도교를 숭상하는 세종은 황후의 죽음을 하늘의 경고라 여기면서 두려워 어쩔 줄 몰라했다. 엄숭은 타타르부를 몹시 두려워하는 세종의 병적인 심리를 이용하여 하언과 증선이 하투를 회복하려는 것은 병력을 낭비하는 일로서, 이로 인해 변방이 적의 공격 대상이 되기 십상이라고 주장했다. 또한 이는 생명을 아끼고 사랑하는 하늘의 뜻에 거역하는 행위이기 때문에 하늘이 다른 징조로 경고를 내린 것이라고 모함했다.

세종은 엄숭의 말을 듣고 즉시 증선과 하언을 체포하라는 명령을 내렸다. 때마침 타타르부가 또다시 섬서의 연안延安과 영하寧夏의 은천銀川을 공격해오자 세종은 더욱 놀라며 불안에 떨었다. 엄숭은 이런 기회를 놓치지 않고 세종을 찾아가 증선이 하투를 수복하려는 데 분노한 타타르인들이 보복을 하는 것이라고 말했다. 세종이 즉각 증선을 파면시켰다. 엄숭은 이에 만족하지 않고 하언이 증선에게서 뇌물을 받았다는 참언을 올렸고, 세종은 즉시 명을 내려 하언을 죽였다.

20년간 권력을 장악하다

엄숭의 아들 엄세번嚴世藩은 대단히 총명하고 능력이 뛰어난 인물이었지만, 엄숭은 이에 만족하지 못하고 자신의 권력에 의지하여 수많은 아들을 받아들였다. 그는 열 명이 넘는 수양아들을 맞아들여 조정의 주요 자리를 이들에게 맡겼다. 당시 중요한 관직은 모두 엄숭 집안에서 독차지했다. 특히 이부와 병부는 관리를 선발하고 국방의 업무를 관장하는 가장 핵심적인 부서였다. 엄숭은 이곳에 두 명의 측근을 배치하여 이부와 병부의 각종 문서를 황제에게 보이지 않고 자신이 임의로 열람하고 명령을 내렸다. 이부와 병부는 엄숭 사택의 후원으로 전락했고, 업무를 주관하는 관리들은 모두 엄숭의 집사나 마찬가지였다.

이러다 보니 명대의 변방에서는 대단히 혼란한 국면이 전개되고 있었다. 서북쪽에는 몽고족이 버티고 있고 동남쪽에는 왜구가 들끓어 세종의 재위 기간 내내 변방의 사고가 끊이지 않았던 것이다.

엄숭은 권력을 장악하는 데는 남다른 지략을 갖고 있었지만 변방을 지키는 데는 속수무책이었다. 당시 변방을 지키던 장수들은 실권을 엄숭이 쥐고 있다는 사실을 알고서 군량은 물론 병사들의 보급품까지 빼돌려 엄숭 부자에게 뇌물을 바쳤고, 엄숭 부자는 '대승상'과 '소승상'이라는 칭호를 얻게 되었다. 이로 인해 국경의 수비 상황은 갈수록 악화되었고, 병사들은 굶주려 타타르인의 공격에 제대로 저항할 힘조차 없었다. 가정 29년(1550년), 군사를 이끌고 변경을 침략한 타타르부의 안다 칸은 거침없이 진격해 들어와 북경의 문턱에까지 이르렀다. 도성을 빼앗길 위급한 상황에 처했는데도 엄숭은 최고 대신으로서 적에 대항할 생각은 하지 않고 다른 대신들에게 명령해 이런 전황이 황제의 귀에 들어가지 못하게 했다.

이리하여 병부에서는 각 군대에게 명을 내려 함부로 출전하지 못하게 했다. 그러다가 각지에서 근왕勤王의 대군이 도착하자 엄숭은 다시 자신의 측근인 구란을 전군의 지휘관으로 추천했다. 명나라 군사들은 타타르 병사들이 백성들을 죽이고 마음대로 재물을 약탈하는 모습을 강 건너 불구경하듯 지켜볼 수밖에 없었다. 엄숭은 장수들에게 타타르인들은 재물을 약탈하러 온 것뿐이니 재물이 충족되기만 하면 스스로 물러갈 것이라고 말했다. 과연 타타르인들은 오래지 않아 부녀자와 아이들 그리고 재물을 가득 챙겨 싣고 돌아갔다. 이때 구란은 여러 갈래로 대군을 보내 물러가는 적을 공격하기는커녕 수십 명의 무고한 백성을 살해하고 재물만 강탈해 가지고 돌아왔다.

세종은 북경성 문턱까지 쳐들어온 적군을 보고서 두려움과 분노를 참지 못했다. 결국 세종이 병부상서 정여기를 잡아 옥에 가두자, 자신의 잘못이 드러날까 두려웠던 엄숭은 정여기를 찾아가 자신이 세종에게 탄원하여 그를 죽이는 일이 없도록 해주겠노라고 약속했다. 그러나 막상 세종이 분을 이기지 못해 정여기를 참수하려 할 때 엄숭은 감히 나서서 그를 변호하지 못했다. 결국 정여기는 참형에 처해졌다. 형이 집행되기 직전에 정여기가 큰 소리로 외쳤다.

"엄숭, 네놈이 나를 죽이는구나!"

당시 절강浙江 일대는 왜구로 인한 피해가 매우 심각한 상태였다. 전함의 수도 원래 계획했던 것에 비해 형편없이 부족했다. 가정 31년 이후로 서너 해 동안 연해 지역에서 왜구에 의해 살해된 병사와 백성들의 수가 수십만 명에 달했지만 엄숭은 적극적으로 왜구에 반격하지 않았을 뿐만 아니라 오히려 왜구에 대적하는 장수들을 박해했다. 장경張經은 일찍이 왜구를 크게 물리치고 2,000여 명에 달하는 왜군을 사살했다. 이는 왜구에 대한 항전사상 전례가 없는 대승이었다. 그러나 장경은 절강에 있는 엄숭의 양아들에게 뇌물을 바치지 않았다는 이유로 결국 죽임을 당하고 말았다.

엄숭 부자의 오만과 전횡은 극에 달했고, 마음대로 법을 어기고 매관매작을 일삼으면서 온갖 세도를 부렸다. 그러다 보니 조정 안팎의 모든 관리의 인사가 인재의 능력과 기량으로 결정되는 것이 아니라 엄숭 부자에게 바친 뇌물의 액수에 의해 판가름이 났고, 매일 엄숭의 집으로 향하는 뇌물의 발길이 끊이지 않고 이어졌다. 감숙甘肅 총병總兵 구란은 부정부패의 죄명으로 좌천되었으나 나중에 엄숭에게 적지 않은 뇌물을 바치고 그의 양아들로 입적되면서 경사의 관리로 재임용되었고, 타타르인이 북경을 침략한 뒤에도 승관을 계속했다. 조문화趙文華는 강남에 파견되어 있다가 북경으로 돌아오기 위해 엄숭의 아들 엄세번에게 스물일곱 명의 첩을 바치면서 각각 옥비녀 하나와 금사로 짠 장막을 한 장씩 들려 보냈지만, 엄세번은 이것이 너무 약소하다고 생각하여 그를 아예 파직시켜버렸다. 엄씨 부자가 북경과 남경 등지에 소유한 밭과 장원만 해도 150여 군데에 이르렀고, 백성들의 민전을 침탈한 것도 엄청나 사람들이 혀를 내두를 정도였다.

가장 재미있는 것은 엄세번의 이른바 '조정양불여朝廷兩不如[45]' 론이다. 엄가의 저택은 화려하고 웅장하기 그지없었고 그 안에 감춰진 금은보화도 셀 수 없이 많았다. 이에 엄세번이 득의양양하게 말했다.

"조정의 부유함이 나만은 못하지."

또한 그는 아름다운 처첩들을 양 옆으로 줄지어 세워놓고 이들에게 춤과 노래를 시킨 다음 그 앞에 나서며 의기양양하게 뽐내며 말했다.

"조정의 향락도 나의 이런 즐거움만은 못하지!"

---

45 조정에 자신만 못한 것이 두 가지 있다는 뜻.

엄씨 부자의 이처럼 방자한 행동과 지나친 탐욕은 조정의 정직한 대신들을 격분시키기에 충분했다. 그 가운데 가장 유명한 사건이 심련沈煉과 양계성楊繼盛의 탄핵이었다. 가정 30년(1551년), 금의위의 심련이 세종에게 엄숭의 열 가지 죄상을 낱낱이 고발하는 상소를 올렸다. 여기에는 국경의 수비를 소홀히 하여 변방을 혼란하게 만든 죄와 충신들을 모해한 죄, 매관매직 등도 포함되어 있었다. 가정 32년(1553년)에는 병부시랑 양계성이 세종에게 상서를 올려 엄숭의 다섯 가지 간사함과 열 가지 대죄를 조목조목 열거했다. 다섯 가지 간사함이란 뇌물을 받고 관리에 등용한 뒤에 자신의 첩자로 만들어 정보를 캐내는 데 이용한 죄, 상소문을 함부로 빼돌려 황제를 기만한 죄, 주요 국가 기관의 우두머리들과 결탁하여 사사로이 운용하고 언관言官을 농락한 죄, 관료들을 끌어들여 사당을 결성하고 자신의 심복으로 삼은 죄 등이었고, 열 가지 죄상은 승상으로 행세한 죄, 조상의 법도를 어긴 죄, 성지를 왜곡하여 거짓으로 전한 죄, 군공을 사칭하여 상급을 가로챈 죄, 뇌물을 받고 사리를 꾀한 죄, 간사한 행동을 한 죄, 국경의 수비를 게을리 한 죄 등이었다.

세종은 도교에 푹 빠져 정치를 신하들에게 완전히 위임한 채 가끔씩 한두 가지 사소한 일을 처리할 뿐이면서도 대단히 뛰어난 황제인 척했다. 게다가 그는 성격이 변덕스러워 일을 처리할 때마다 뭔가 새롭고 기발한 주장으로 자신의 뛰어남을 과시함으로써 군신들을 두려움에 떨게 했다.

엄숭은 세종의 모습을 매일 곁에서 지켜보고 보좌하면서 그의 이런 성격을 꿰뚫어보고 있었다. 누군가 자신을 탄핵할 때면 그는 세종의 면전에 무릎을 꿇고 처량한 모습을 보이면서 자신의 죄를 인정하고 직무를 다하지 못했다고 말했고, 죄를 지은 신료이니 사직하고 고향으로 돌아가게 해달라고 간청하면서 엄살을 떨었다. 그가 이런 모습을 보일수록 세종은 사직을 허락하지 않고 오히려 그를 두둔하여 말했다.

"엄숭은 과인을 철저히 보좌하다가 과인을 위해 남다른 공을 세운 탓에 조정의 신료들로부터 죄를 샀으니 과인이 그를 보호하지 않으면 누가 그를 지켜주겠는가?"

이리하여 그를 탄핵하는 상소를 올린 사람이 오히려 파직과 탄핵의 대상이 되고 말았다. 심련은 엄숭을 탄핵했다가 오히려 보안保安으로 쫓겨나자, 이에 따르지 않고 볏짚으로 인형 세 개를 만들어 '당대의 간상 이임보', '송대의 간상 진회', '명대의 간상 엄숭'이라고 각각 표기하여 활로 쏨으로써 울분을 해소했다. 이런 사실을 알게 된 엄숭은 즉시 그를 죽여버렸다.

양계성의 탄핵은 더욱 놀라운 것이었다. 그는 상소를 올렸다가는 죽음을 피할 수 없다는 사실을 잘 알면서도 결연히 엄숭을 탄핵하여 『명사明史』에서 최고의 평가와 칭송을 받고 있다. 결국 양계성도 엄숭의 모함에 의해 죽임을 당하고 말았으니, 그에 의해 죽은 다른 언관들의 수는 이루 다 헤아릴 수 없을 정도였다.

엄숭은 도교를 극도로 숭상한 세종에 의해 흥했다가 세종이 신봉한 도교에 의해 망했다. 난도행蘭道行이라는 방사方士[46]가 하나 있었는데, 길흉을 점치는 데 능해 세종으로부터 큰 신임을 받았다. 한번은 세

---

46 신선의 술법을 닦는 사람.

종이 그에게 최대의 간신이 누구인지 점을 쳐보라고 지시했다. 엄숭이 최고의 간신이라는 점괘가 나오자 세종은 이를 믿지 않을 수 없었다. 이때 엄숭의 아내가 병으로 죽자 엄세번은 집안에 남아 모친의 상례를 치르느라 조정에 나와 업무를 볼 수 없었다. 이때까지 엄숭은 조정의 모든 긴급한 업무를 엄세번에게 맡겨 처리하면서 황제에게 알려선 안 될 일들은 빼고 좋은 의견들만 다시 적게 한 다음 자신이 직접 상소하곤 했다. 이제 엄세번이 자리를 비우게 되자 엄숭이 직접 상소문을 쓰는 수밖에 없었다. 그러나 엄숭은 이미 나이가 들어 눈이 침침하고 잘 보이지 않을 뿐만 아니라 문사에 능통하지 못해 자연히 세종의 심기를 자극하는 내용이 많았고 세종은 엄숭을 미워하기 시작했다.

이때 마침 어사 추응룡鄒應龍이 엄숭을 탄핵하는 상서를 올리자 세종은 즉시 엄숭을 관직에서 파면하는 동시에 엄세번도 변방으로 보내 버렸다. 그러나 간이 커질 대로 커진 엄세번은 변방으로 가는 도중 발길을 돌려 다시 돌아와 함부로 백성들의 재물을 약탈하고 부녀자들을 욕보였다. 심지어 왜구와 결탁하기까지 했다. 이에 그에 대한 탄핵 상소가 다시 올라오자, 세종은 크게 노하여 당장 그를 잡아다가 처형하게 했다. 그가 처형되던 날 경사의 백성들은 명절을 맞은 것처럼 기뻐했고 수많은 사람들이 술잔을 들어 그의 죽음을 축하했다. 2년 후(1567년), 엄숭도 향년 87세의 나이로 병사하고 말았다.

이러한 엄숭의 아첨술은 전무후무한 사례로 '말궁둥이 관군'이란 월계관을 차지하기에 부족함이 없었다. 그러나 그의 월계관은 오래 보전할 수 없었고, 그 뒤로는 더 이상 이런 월계관이 나타나지 않았다. 이 점에 대해 중국의 사인들은 일말의 자부심을 가져도 될 것이다.

22 | 지나친 욕망으로 패망에 이르다

　중국인들은 어떤 인물을 평가할 때 그를 완벽한 인물로 치장하는 경향이 있다. 중국인들이 우상처럼 숭상하는 수많은 역사 인물들의 사생활은 실제로는 더없이 문란하고 부도덕했다. 그러나 중국인들은 민족적 자존을 지키기 위해 자신들이 떠받드는 우상들의 순결성을 지키려 애쓰면서 그들의 불결한 사생활을 아예 없었던 일로 믿어버린다. 이 또한 역사의 왜곡이요, 정치 이데올로기일 수밖에 없을 것이다.

　중국에는 "입으로는 인의도덕을 외치면서 뱃속으로는 도적질과 매음을 꾀한다"라는 말이 구전되어 왔다. 타인에게는 '인의도덕'을 강요하면서 정작 자신은 '도적질과 음란한 행동'을 꿈꾼다는 의미이다. 이처럼 구호와 실천이 어긋나는 상황이 오랜 세월 지속되면서 사람들은 통치자들의 허위 의식을 발견하고 비판적인 안목을 갖게 되었다. 노신

魯迅의 표현을 빌리자면 '중국인들은 더 이상 속지 않게' 된 것이다.

사실 공公과 사私는 마땅히 분리되어야 한다. '생활'을 '업무' 안으로 끌어들이지만 않는다면 어떤 행동을 하든지 아무도 간섭할 권리가 없는 것이다. 그러나 옛 성현들의 말에 전혀 일리가 없는 것은 아니다. 수신修身하지 못하면 제가齊家하기 어렵고, 제가하지 못하면 평천하平天下는 더욱 어려운 법이다. 한 개인의 사생활에 도덕적으로 문제가 있다면 그의 사회적 품격에도 영향을 미치기 십상이다. 더욱이 그가 황제라면 문제는 상상하기 어려울 정도로 커진다. 금金의 해릉왕海陵王 완안량完顔亮은 남다른 능력과 지혜를 갖춘 황제였으나, 넘치는 욕정 때문에 대업을 이루지 못했을 뿐만 아니라 결국 패망에 이르고 말았다.

완안량은 요왕遼王 완안종간完顔宗干의 둘째 아들이었다. 그의 모친 대大씨는 종간의 첩이었다. 완안량은 어려서부터 매우 총명하여 뭐든지 배우기를 좋아했고, 어머니 대씨가 훌륭한 문화적 소양을 갖춘 여인인 덕분에 그는 유년 시절부터 어머니로부터 훌륭한 교육을 받아 한족 문화에 대해 깊이 있게 이해할 수 있었다. 그러나 서자라는 이유로 늘 주변 사람들의 경시를 받았던 그는 목숨을 보존하기 위해 온갖 억울함을 참아내는 수밖에 없었다. 청소년기의 이러한 기억과 경험이 그를 극도로 신중하면서도 강인하고 경계심이 많은 인물로 만들었는지도 모른다.

금 천춘天春 3년(1140년), 열여덟 살의 나이에 완안량은 부친 덕분에 희종熙宗에 의해 봉奉나라의 상장군에 봉해진 데 이어, 그 뒤로도 여러 차례에 걸쳐 관직이 승격되었다. 그러나 얼마 후 부친이 병으로 세상을 떠나자 완안량은 의지할 곳을 잃게 되었다. 다행히 어릴 적부터 남의 눈치를 살피고 상황에 맞게 대처하는 데 익숙해져 있었기 때문에 그는 이후의 변화에도 잘 대처해나갈 수 있었다.

한번은 희종이 완안량에게 태조가 금나라를 창건하기 위해 겪었던 수많은 고초에 대해 이야기하자, 그는 커다란 감동을 받은 척하면서 눈물을 흘렸다. 완안량의 이런 태도에 감동한 희종은 그를 크게 신임하게 되었다. 덕분에 그의 관직은 날로 높아졌고 권력도 날이 갈수록 막강해졌다. 그러나 희종은 어리석고 의심이 많은 데다 극도로 잔인한 성정을 지닌 인물로 살인을 좋아했기 때문에 완안량은 항상 이에 대한 불안감을 떨치지 못했다.

한번은 완안량의 생일을 맞아 희종이 넉넉한 선물을 하사했고 이 소식을 전해 들은 황후도 완안량에게 선물을 보내왔다. 그러나 황후와 사이가 좋지 않았던 희종은 갑자기 대노하며 사자를 시켜 완안량에게 준 하사품을 도로 빼앗아오게 했다. 이 사건으로 인해 완안량은 크게 놀랐고, 희종이 변덕이 심한 인물이라 자신도 언제 그의 손에 죽게 될지 모른다는 생각을 가슴 깊이 새기게 되었다. 또 한번은 완안량의 정적 하나가 누군가를 사주하여 희종을 비방했다는 죄목으로 완안량을 모함하자, 희종은 시시비비도 가리지 않은 채 완안량을 조정에서 내쫓았다. 완안량은 하는 수 없이 도성을 떠나 남쪽으로 향할 수밖에 없었다. 그런데 간신히 양향良鄕에 이르렀을 때 희종이 보낸 사자가 그를 데리러 달려왔다. 완안량은 영문을 알 수 없어 두려운 마음을 떨치지 못하면서도 어명이라 그대로 따르는 수밖에 없었다. 그는 조정으로 돌아와서야 희종의 마음이 바뀌어 자신을 다시 평장정사平章政事에 임명했다는 사실을 알게 되었다.

　이처럼 조석으로 바뀌는 관료 사회에서의 생활 때문에 완안량은 희종을 제거하려는 결심을 하게 되었다. 평장정사 병덕秉德과 우승右丞, 부마 당괄변唐括辨, 대리경 오대烏帶 등의 중신들은 일찍이 장형을 받은 일로 인해 모두 가슴속에 울분을 품고 있었다. 완안량은 이들을 일일이 찾아다니며 희종을 시해하는 대사를 모의했다. 이들은 거사를 실행에 옮기기 전에 먼저 희종을 종용하여 조정의 충신들을 제거하기로 마음먹었다. 이리하여 조정에는 더 이상 희종을 위해 충성을 다할 만한 사람이 남아 있지 않게 되었다. 1149년 12월 9일, 완안량은 사람들을 이끌고 희종의 침실에 난입하여 그를 무참히 시해했다.

　이런 피바람 속에서 완안량이 황제로 즉위하게 되었다. 자신에게 반대하는 세력을 제거하기 위해, 그는 희종이 피살되었다는 소식이 외부로 전해지지 않도록 철저히 통제했다. 그리고 희종의 성지를 가장하여 황후를 세우는 일로 조정 대신들과 상의할 필요가 있다는 핑계로 대신들을 소집했다. 대신들은 내막도 전혀 모른 채 서둘러 입궐했다. 완안량은 미리 무사들을 매복시켰다가, 입궐하는 조왕曹王 왕종민王宗敏과 우승상 종현宗賢 등을 체포해 즉시 처형했다. 아울러 병덕과 당괄변을 각각 좌승상과 우승상에, 오대를 평장정사에 봉하고 연호를 천덕天德으로 바꾼다는 명을 내렸다.

　완안령이 정권을 탈취하고 나서 가장 먼저 한 일은 희종의 일족인 종실 종친을 죽여 자신의 권력을 안정시키는 일이었다. 당시 태종(즉, 희종)의 자손들은 전국 각지에서 군사와 정치의 대권을 장악하고 있었고 그 세력이 워낙 막강했기 때문에, 일찌감치 제거하지 않으면 이들이 기병하여 병란을 일으킬 것이 분명했다. 이런 상황 때문에 완안령은 구실을 만들어 희종의 일족을 제거하기로 마음먹었던 것이다. 그는 우선 종본宗本의 친한 친구인 중서령中書令 소옥蕭玉과 연계하여 종본이 반란을 꾀했다고 모함하게 했다. 완안령은 이런 증거를 입수한 뒤에 각지에 사람을 보내, 황상이 마구馬球 대회를 겸하여 성대한 연회를 준비했으니 경기에 자신이 있는 전국 각지의 귀족과 대신들은 마음대로 참여하라고 전하면서 종본을 도성으로 불러들였다. 종본은 완안량이 자신을 해치려 한다는 사실은 꿈에도 생각지 못하고 종미宗美와 함께 연회에 참석하기 위해 입궐했다. 종본과 종미 두 사람은 실제로 반란을 꾀한 적이 없었다. 때문에 완안량은 이들을 심문하지도 않고 즉시 처형해버렸다.

가장 큰 권력을 갖고 있던 희종의 종친 둘을 제거한 데 이어 완안량은 동경 유수留守 종의宗懿와 북경 유수 가희可喜, 익도益都 윤필왕尹畢王 종철宗哲 등을 연이어 죽이는 동시에 당괄변을 보내 병덕을 살해하고, 심지어 가장 정직하지만 무능했던 동경 유수 종아宗雅도 내버려 두지 않았으며 그들의 가솔들까지 모두 살해했다. 이리하여 태종의 자손 70여 명이 무참히 살해당했고 종한宗翰의 자손 30여 명도 모두 살해당해 두 집안에 살아남은 자가 하나도 없었다.

듣기만 해도 소름이 끼치는 대살육을 통해 자신과 황위를 다툴 만한 종친을 하나도 남김없이 제거한 뒤에야 완안량은 비로소 마음을 놓을 수 있었다. 완안량은 자신의 정적들을 완전히 제거한 뒤에도 자신의 눈에 조금이라도 거슬리는 사람은 가차 없이 살해했다. 완안량은 종실인 사야斜也 일족도 자신에게 완전히 굴복하지 않았다고 판단하고는,

날조된 모반 음모를 근거로 권력을 장악하고 있는 사야 종족을 비롯하여 자신에게 충성을 다하지 않는 대신들을 대거 살해했다. 이 사건으로 모두 130여 명의 사람들이 죽임을 당해야 했다.

완안량은 서자라는 이유로 어릴 적부터 정실과 다른 사람들에게 지독한 멸시를 당했기 때문에 복수심이 특별히 강했다. 그는 희종의 종실을 전부 멸했을 뿐 아니라 도선 태후에게도 앙갚음을 했다.

완안량의 부친인 종간에게는 세 명의 처첩이 있었다. 정실인 도선씨에게는 아이가 없었고, 차실인 이씨는 정왕鄭王 완안충完安沖을 낳았으며, 셋째 부인인 대씨가 세 명의 아들을 낳았는데 그중 장자가 완안량이었다. 도선 태후가 완안량을 양자로 받아들이긴 했지만 완안량은 이를 전혀 기뻐하지 않았다. 다행히 도선씨는 완안량이 총명하고 영리한 것을 보고 특별히 그를 총애했다. 게다가 도선씨는 어질고 지혜로운 여인이라 완안량의 생모와도 사이가 좋았기 때문에 완안량이 그녀를 원망할 일은 하나도 없었다. 그러나 일단 자존심에 상처를 입게 되자 완안량은 물불 가리지 않고 보복의 칼을 마구 휘둘렀다. 완안량이 희종을 살해했다는 소식을 전해 들은 도선씨가 놀라움을 금치 못하며 완안량에게 말했다.

"황제가 아무리 문란하다고 해도 신하된 자로서 이리해서는 안 되는 법입니다!"

그녀는 완안량을 보고서도 그가 황제로 즉위한 것을 축하하는 하례를 올리지 않았다. 이때부터 완안량은 그녀에 대해 원한을 품기 시작했다.

완안량이 황제가 된 뒤로 도선씨와 대씨는 모두 태후로 봉해졌다.

도선씨의 생일에 완안량은 생모인 대씨와 함께 그녀를 찾아가서 생일을 축하했다. 그런데 대씨가 축하의 잔을 들었을 때 도선씨는 마침 다른 사람과 이야기를 나누고 있었다. 대씨의 잔을 의식하지 못한 것뿐이었지만 대씨는 잔을 든 채 잠시 기다려야 했고, 이 모습을 본 완안량은 몹시 격분했다. 이튿날 완안량은 도선씨와 이야기를 나눴던 여인을 불러다가 흠씬 매질을 하여 돌려보냈다. 완안량의 생모인 대씨는 이런 사실을 전해 듣고는 도선씨와 그 여인에게 몹시 미안한 마음이 들어 완안량을 꾸짖으며 말했다.

"너는 이제 황제가 되었는데 어찌 예전처럼 사람들을 그렇게 냉혹하게 대할 수 있는 게냐?"

생모인 대씨가 죽자 완안량은 비로소 도선씨를 중도中都로 맞아들여 겉으로는 효성을 다하는 것처럼 행동했다. 그는 도선씨를 자주 찾아가 안부를 묻기도 했고, 여러 차례 문무백관을 이끌고 찾아가 축수를 올리기도 했으며, 친히 도선씨의 시중을 들면서 함께 수레를 타고 길을 나서기도 했다. 이를 본 사람들은 완안량을 효성이 지극한 인물로 여겼고, 도선씨도 그를 깊이 신임하면서 아무런 의심도 품지 않았다. 도선씨는 그에게 선행을 베풀고 군사를 적게 일으킬 것을 충심으로 권유하기도 했다. 특히 그녀는 강회江淮를 건너 송을 정벌하는 일을 극구 만류했는데, 완안량은 겉으로는 도선씨의 말을 듣는 척하며 내색을 하지 않았지만 매번 돌아와서는 화를 냈다.

도선씨의 양자 완안충完顔充의 네 아들은 이미 성장하여 모두 외지에서 군대를 이끌고 있었고, 도선씨는 일부 대신들과 자주 왕래하고 있을 뿐만 아니라 자신에 대한 반대의 감정을 자주 드러내곤 했다. 이들이 불시에 반란을 일으켜 안팎에서 공격해온다면 대응하기 어려울 수도 있다는 데까지 생각이 미친 완안량은 도선씨를 제거하기로 마음 먹었다. 완안량은 우선 도선씨의 시녀 고복낭高福娘을 매수하여 도선씨의 일거수일투족을 감시하면서 모반의 증거를 찾아내게 했다. 이어서 사람을 보내 도선씨를 교살하고 시체를 불태운 다음 강물에 던져버렸다. 도선씨의 곁에서 시중을 들던 시녀와 시종들도 모두 함께 살해되었다.

고대 중국의 황제들 가운데 성정이 잔인하여 살육을 좋아했던 인물은 부지기수였고, 완안량처럼 포악한 인물도 적지 않았다. 그러나 문란하고 뻔뻔스러운 점에서는 완안량과 비견할 만한 사람을 찾아보기 어렵다. 그 유명한 수隋 양제煬帝도 그에 비하면 착하기 그지없다고 말할 수 있을 정도다.

폭정을 벌이다 수치스럽게 죽다

완안량은 재상으로 있을 때까지만 해도 제법 성실한 태도를 보였고 첩도 세 명을 넘지 않았다. 그러나 황제가 된 뒤부터 후궁에 비빈은 물론, 아무런 호칭도 얻지 못한 궁녀들이 부지기수였다. 그의 가장 뻔뻔스러운 행동은 대신들의 아내와 첩을 강제로 빼앗고 난륜亂倫을 저지른 것이었다.

완안량이 일찍이 자신의 심복인 대신 소유蕭裕에게 말했다.

"과인이 즉위한 뒤로도 대를 이을 자손들이 그리 많지 않소. 당인黨人의 부녀자들 가운데 상당수가 과인의 중외친中外親이니 궁중에 받아들일 수 있지 않겠소?"

그래도 분별이 있었던 소요는 완안량에게 솔직하게 간언했다.

"폐하께서 즉위하신 뒤로 적잖은 종실을 죽이셨습니다. 그들이 응당한 죗값을 받은 것이기는 하나 필시 천하의 인심은 아직 폐하를 따르지 않고 있을 것입니다. 한데 다시 그들의 처첩을 입궐시킨다면 세인들의 말을 피하기 어려울 것입니다. 게다가 이들 가운데는 폐하의 종친도 포함되어 있습니다."

그러나 완안량은 그 말을 받아들이지 않았다. 소요는 감히 완안량의 심기를 거스를 수 없어 그가 명령하는 대로 처리하는 수밖에 없었.

결국 완안량의 숙모는 소비昭妃에 봉해졌고 종본의 며느리와 종고宗固의 두 며느리, 그리고 병덕의 제수 등이 모두 입궐하게 되었다. 후에 소비에 봉해진 완안량의 숙모에게 딸이 하나 있었는데, 완안량은 두 모녀가 함께 자신의 수청을 들게 했다. 완안량의 사촌 숙모와 종본의 딸, 종망宗望의 딸, 종필宗弼의 딸(이들은 모두 그의 사촌 누이였다)을 비롯하여 그의 외손녀 등 자신과 혈연관계에 있는 예닐곱 명의 여인들은 모두 기혼자였고 대부분 자식까지 두고 있었다. 그런데도 완안량은 이들을 강제로 입궐시켜 자신의 시중을 들게 했다. 특히 그는 용모가 아름다운 여자는 수단을 가리지 않고 빼앗아 자신의 소유로 삼았다.

완안량의 음욕과 환락은 식을 줄을 몰랐다. 밝은 대낮에 조정의 대신들이 한데 모여 있는 자리에서도 그는 전혀 절제할 줄 몰랐다. 신변에 비빈이 있기만 하면 완안량은 갖가지 물건을 바닥에 던진 다음 좌우의 시위侍衛들에게 흩어진 물건들을 응시하게 했다. 완안량이 신호를 내리기 전에 고개를 들어 옆을 쳐다보는 사람은 살아남을 수 없었다. 그런 상태로 그는 마음껏 음욕을 즐겼다. 그는 이처럼 잔인무도한 규정을 몇 가지 더 만들어냈다. 궁중의 남자들은 혼자 다닐 수 없고 반드시 네 사람이 함께 다녀야 했다. 규정된 길로 다니지 않는 사람은 무조건 참수형에 처했다. 남녀가 갑자기 마주칠 경우 먼저 인기척을 하는 사람에게는 3품의 관직을 상으로 내리고 나중에 인기척한 자는 참수형에 처했으며, 동시에 인기척을 했을 경우에는 모두 죄를 면했다.

완안량의 문란한 행적에 관해 정사는 물론 야사와 잡설의 기록에도 수많은 이야기가 전해지고 있다. 이처럼 완안량의 난륜과 뻔뻔함, 잔인함과 포악함은 중국 역대 어느 황제보다도 두드러져 그 세세한 정황은 말로 다할 수 없을 정도였다.

완안량이 일찍이 대신 회정懷貞에게 이렇게 말한 적이 있다.

"내게는 세 가지 소원이 있소. 국가 대사가 모두 내게서 나오는 것이 첫 번째 소원이고, 군대를 이끌고 남송을 멸해 그 군주를 붙잡아다가 죄를 묻는 것이 두 번째 소원이며, 천하의 절세미인을 아내로 얻는 것이 세 번째 소원이오."

이제 남은 소원은 남송을 멸하고 남송의 군주를 붙잡아 치죄하는 것이었다. 결국 그는 남송에 대한 대대적인 정벌을 준비하게 되었다.

완안량은 남송의 사인詞人 유영柳永이 쓴 「해조를 바라보며望海潮」라는 사詞를 보고 남송에 대한 동경을 갖게 되었다고 한다. 남송의 도성 임안臨安의 번화한 풍경을 묘사한 이 작품에는, 아름답고 여유가 넘치는 남송 사람들의 생활 모습과 함께 남송 여인들의 뛰어난 자태가 묘사되어 있었다.

조정의 군신들은 완안량이 남조南朝의 풍물을 동경한다는 이야기를 듣고는 일부러 그의 비위를 맞추기 위해, 남송의 유劉 귀비가 경국지색으로 춘추 시대의 서시西施나 후촉後蜀의 화예花蘂 부인은 그녀의 발밑에도 미치지 못할 정도라고 과장하여 말했다. 이런 얘기를 들은 완안량은 안달이 나서 참을 수 없었다. 결국 그는 남송을 멸하고 유 귀비를 사로잡았을 때 사용하기 위한 이불을 만들라는 명을 내렸다. 사실 유 귀비를 탐한 것은 핑계에 불과했다. 완안량의 진정한 목적은 남송을 멸하고 전국을 통일하여 국위를 드높이고 불후의 대업을 이룬 황제로 남는 것이었다.

한 차례의 격렬한 논쟁을 거친 후에 완안량은 식견이 뛰어난 몇몇 대신들의 간언을 무시하고 강경하게 출정을 결정하는 동시에, 도성을 변경汴京으로 옮겼다. 출정을 위해 완안량은 우선 강제로 장정들을 징용하여 군대를 확충했다. 스무 살 이상 쉰 살이 넘지 않은 남자는 모두 군에 입대해야 했고, 집에 남아 부모를 부양하는 일조차 허락되지 않았다. 그 다음은 병기와 마필을 보충하는 일이었다. 당시 화살에 사용되는 깃털 한 척尺의 가격이 1,000전錢에 이르다 보니, 까마귀에서 참새에 이르기까지 붙잡혀 깃털이 뽑히지 않은 새가 없었다. 민간의 말들은 예외 없이 전부 징발되었고, 7품 이상의 관원들에게도 단 한 필의 말만 허락되었다. 지휘 계통이 치밀하지 못하고 극도의 혼란이 야기되다 보니 동쪽의 말이 서쪽으로 이동하고 서쪽의 말이 동쪽으로 이동하면서 길에서 죽은 말이 부지기수였다. 완안량의 명령으로 말에게 풀을 먹이지 못하고 행군 도중 잠시 머무는 곳에서 방목하다 보니, 말들이 덜 익은 작물까지 모두 먹어버려 농사를 짓지 못하게 된 지역도 속출했다.

이처럼 가혹한 징병과 수탈에 못 이긴 농민들이 곳곳에서 봉기를 일으켰다. 임기臨沂와 해주海州, 단주單州, 대명부大名府, 제남부濟南府 등지에서 잇따라 농민 봉기가 일어나자 많은 사람들이 잠시 남벌을 중단할 것을 간언했지만, 독불장군인 완안량은 이들의 의견을 무시한 채 군대를 네 지대로 나누어 남침을 강행했다.

남행하는 과정에서 여진女眞 출신 병사들은 모두 남벌을 거부하고 북방으로 도망쳐버렸다. 이때 완안옹完顔雍은 완안량이 자신을 감시하기 위해 내려보낸 대장 고복존高福存을 살해하고 스스로 칭제하여 연호를 대정大定으로 바꾸었다. 그가 바로 금 세종世宗이었다.

상황이 이렇게 악화되고서야 완안량은 군심이 동요하고 있으며 남송의 군대를 제압할 전력이 없다는 것을 깨달았지만, 이제 강을 건너 싸움에 이겨야만 강남에서 발붙일 근거지를 찾을 수 있었다. 고심 끝에 완안령은 사흘 내에 전군이 강을 건너야 한다는 명령을 내렸다.

그가 이런 명령을 내린 것은 병사들이 도주를 막기 위한 것이었으나 결과는 정반대로 나타났다. 병사들이 두려움에 떨고 군심이 동요하기 시작하면서 정세가 매우 다급해졌다. 패망의 상황에서 벗어나기 위해 많은 사람들이 완안량을 시해할 생각을 갖게 되었다. 정륭正隆 6년(1161년) 11월 27일 새벽, 마침내 절서浙西 병마도통제 완안원完安元이 병사들을 이끌고 완안량의 행영을 급습하여 먼저 화살로 부상을 입힌 다음 다리를 묶고 목 졸라 죽였다. 이것으로서 완안량은 수치스러운 일생을 마감하게 되었다.

완안량은 죽어서 세종에 의해 해릉왕으로 폄위되었다. 사실 완안량은 사회 개혁에 있어서는 뛰어난 일면을 보여주기도 했다. 그는 경제

제도와 과거 제도에서 진보적 개혁에 유리한 조치들을 실행에 옮겼고, 금의 도성을 두 차례에 걸쳐 북방에서 남방으로 천도함으로써 여러 민족들 간의 문화적 교류를 촉진했다. 그러나 그의 호전적인 성격으로 인해 이러한 개혁의 성과들은 모두 무색해졌을 뿐만 아니라 중원 전체에 커다란 재난을 가져왔다. 그의 사악한 성격과 품성 때문에 그가 통치했던 10년 동안은 나라 전체가 부패 일로로 치달았다. 종친에 대한 살육과 궁정의 추악함이 사회 상층부에 국한된 것이기는 했지만, 윗물이 맑아야 아랫물도 맑은 법이라 사회 전반의 풍습에 심각한 영향을 미치지 않을 수 없었다. 결국 완안량의 정치적 업적은 보통 이상의 평가를 받지 못했다.

지혜와 능력, 학식으로 볼 때 완안량은 명군이 될 수 있었다. 그러나 그의 비뚤어진 성정으로 사리사욕을 막지 못했고 정치적 야심 또한 만족시킬 수 없을 정도로 거대했기 때문에, 오히려 중국 역사상 가장 아둔하고 포악한 군주로 꼽혀, 뻔뻔한 후안무치한 군주의 전범으로 남게 되었다. 그에 대한 후대의 평가는 장구한 세월에도 불구하고 바뀔 가능성이 없어 보인다.

5장 　나아가고 물러서는 도리

23 | 은혜를 입으면 반드시 보답한다

중국인들은 일생 동안 은혜와 원한의 굴레에 갇혀서 산다. 중국인들에게는 은혜가 아닌 것이 없고 은혜가 없는 때가 없다. 이와 동시에 천하의 모든 사물 가운데 원한으로 인해 운행되지 않는 것이 없다. 사실, 이러한 경향은 중국 문화의 특징에 의해 결정되는 것이다. 중화 민족은 전통적으로 인륜을 중시하여 복잡하고 다양한 사회 관계를 인륜 관계로 축약하는 경향이 있었다. 그래서 사회 관계가 은혜를 베푸는 사람이 아니면 원수가 되고, 원한을 야기하지 않는 것은 무조건 은혜가 되는 단순한 개인 관계로 변화되고 말았다.

중국인들은 보은과 복수를 통해 인생의 가치와 의미를 실현했던 것이다. 은혜와 원한을 갚지 않으면 죽어서도 눈을 감지 못하는 태도로부터 크고 높은 인격의 이미지가 형성된다. 따라서 중국의 전통 사회에서는 보은과 복수를 처리하는 능력이 한 개인 또는 집단의 성공을 결정하는 주요 요소가 되고 현명함을 가리는 실마리가 되었던 것이다.

춘추전국시대의 초나라 장왕莊王은 역사적으로 유명한 군주로서 상당한 지모를 갖춘 인물이었다. 그는 비범한 능력으로 결국 초나라를 완전히 장악했다. 한번은 그가 영윤 약오씨若敖氏의 반란을 평정하고 나서 몹시 기쁜 나머지 큰 연회를 베푼 자리에서 말했다.

"내가 술을 입에 대지 않은 지 이미 6년이 되었소. 오늘은 이 금기를 깰 터이니 모두들 마음껏 마시고 즐거운 시간을 갖도록 하시오."

이에 적지 않은 문신과 무장들이 마음 놓고 폭음을 했고, 장왕도 가장 총애하던 후비인 허희許姬를 불러 술을 따르게 하면서 신나게 주흥에 젖었다. 그런데 갑자기 큰 바람이 불면서 전당 안에 있던 촛불이 전부 꺼져버렸다. 이때 누군가 어둠을 틈타 허희의 옷소매를 끌어당겨 그녀의 손목을 잡으며 희롱했다. 허희는 기지를 발휘하여 사내의 관모에 달린 끈을 잡아당겼다. 그녀는 관모의 끈을 장왕에게 내밀며 누군가 자신을 희롱했다고 말했다. 뜻밖에도 장왕은 호탕하게 웃으면서 큰 소리로 말하는 것이었다.

"잠시 촛불을 켜지 맙시다. 오늘 밤에는 모두들 취했으니 의관을 정제할 필요가 없소. 모두들 관모를 벗도록 하시오."

술자리는 계속됐고 자리를 파할 때까지 허희는 물론 장왕도 누가 허희를 희롱했는지 알지 못했다. 사람들이 다 돌아간 뒤에 장왕이 허희에게 말했다.

"무장들이란 아주 거친 사람들이오. 잔뜩 흥이 오른데다 허희의 아름다운 모습을 보았으니 그 누가 마음이 동하지 않을 수 있겠소? 이런 일로 범인을 색출해서 치죄한다는 것은 별로 재미없는 일이 아니겠소?"

나중에 한 장수가 다섯 차례에 걸쳐 적군의 공격을 물리치고 장왕의 목숨을 구해주었다. 장왕은 몹시 흐뭇해하면서 장수에게 그처럼 목숨 바쳐 악착같이 싸우는 이유를 물었다. 알고 보니 그 장수가 바로 허희를 희롱했던 장본인이었다.

중국 역사에는 이런 사례가 적지 않다.

한漢 경제景帝가 즉위한 후에 어사대부 조착은 번진의 세력을 약화시키는 데 주력했다. 경제 3년(기원전 154년) 1월, 오왕 유비가 초楚, 조趙, 교서膠西, 제남濟南, 치천菑川 등과 연합하여 조착을 죽이고 황제의 신변을 정리한다는 명목으로 반란을 일으켰다. 경제는 원앙의 계책을 받아들여 조착을 죽임으로써 제후들의 반란을 막으려는 생각에, 원앙을 태상으로 임명하여 화의를 위해 오나라로 보냈다.

오나라에 도착한 원앙은 이런 사실을 유비에게 알렸다. 유비는 조착이 이미 죽었다는 소식에 마음속으로 매우 기뻐하면서도 병력을 철수할 마음이 없었다. 오히려 그는 원앙에게 오에 투항하여 병력을 이끌고 한을 공격하라고 위협했다. 원앙이 이런 요구를 받아들이지 않자, 유비는 도위 한 명에게 500명의 병사를 주어 원앙의 처소를 철저히 포위하게 한 다음 계속 귀순할 것을 종용했다.

이날 한밤중에 원앙이 막 잠이 들려 하는데, 누군가 갑자기 그를 흔들어 깨웠다. 어디서 본 것도 같은 사람이었지만 이름이 생각나지 않았다. 사내가 원앙에게 말했다.

"오왕이 곧 장군을 죽이려 하니, 지금 도망치시지 않으면 기회가 없을 겁니다."

"그대는 대체 누구이기에 이렇게 나를 구하려 하는 것이오?"

"소신은 한때 장군의 수하에 있었습니다. 일찍이 장군의 계집종 하나를 건드렸으나 장군께서 너그럽게 용서해주신 바 있지요. 그 은혜를 잊지 못해 지금 장군을 구하려 하는 것입니다."

원앙이 오나라의 재상으로 있을 때, 수하의 관리 하나가 자신의 여종과 사통한 일이 있었다. 원앙은 이런 사실을 알고서도 모르는 척하며 그를 전과 다름없이 대해주었다. 얼마 후 누군가 그 관리에게 일렀다.

"재상께서 자네가 사통한 사실을 알고 계시다네."

동료의 말에 깜짝 놀란 관리는 두려움에 떨면서 황급히 야반도주했다. 이 소식을 전해들은 원앙은 기병을 보내 이 관리를 붙잡아 와서는, 더 이상 문책하지 않고 오히려 종을 관리에게 주어 함께 살게 했다. 원앙이 오군에 포위되었을 때 이 관리는 오군의 사마司馬가 되어 있었고, 예전에 은혜를 입었던 것을 잊지 못해 위험을 무릅쓰고 그를 구하려 한 것이었다.

원앙은 몹시 감격하면서도 완전히 근심을 떨칠 수는 없었다.

"자네가 옛정을 잊지 않고 날 구해주는 건 정말 고맙네만, 사방이 온통 오나라 병사들인데 내가 어떻게 이곳을 빠져나갈 수 있겠나?"

"저는 지금 군중의 사마로 있습니다. 오왕의 명을 받들어 장군의 처소를 포위하고 있지요. 제가 장군을 탈출시키기 위해 옷을 저당 잡힌 돈으로 술을 사다가 병사들을 전부 취하게 해놓았습니다. 모두들 술에 취해 아직 깨어나지 못하고 있으니 장군께서는 이 기회를 놓치지 마시고 어서 도망가십시오."

"내가 그대와 옛정이 있다는 것을 오왕이 알게 되면 그대가 안전할 수 없을 텐데, 내가 어찌 그대를 놔두고 도망칠 수 있겠나?"

"소신이 모든 준비를 해놓았으니 장군께서는 걱정 마시고 어서 몸을 피하십시오."

관리의 간곡한 채근에 원앙은 고맙다는 인사와 함께 처소를 빠져나왔다. 두 사람은 곧장 수십 리 길을 달려간 뒤 서로 작별을 고했다.

은혜와 위엄으로 다스린 당 태종

당 태종도 은덕과 위엄으로 아랫사람들을 잘 통솔했던 인물이었다. 대장 울지경덕尉遲敬德은 유무주劉武周 수하의 별볼일없는 장수에 지나지 않았다. 무덕武德 2년(619년)에 유무주는 울지경덕에게 송금강宋金剛과 함께 남침하여 땅을 넓히라는 명령을 내려 진주晉州와 회주澮州를 공격하게 했다. 당시에 당조唐朝의 장군 여숭무呂崇茂가 하현夏縣에서 난을 일으키자, 심상尋相과 울지경덕은 군사를 이끌고 하현으로 들어가 여숭무를 맞아 싸우는 한편, 영안왕永安王 이효기李孝基의 군대를 격파하고 당의 장수 독고회은獨孤懷恩과 당험唐險 등을 포로로 잡았다. 이처럼 관중關中 지방이 크게 흔들리자, 고조 이연은 친필로 칙서를 써서 적의 정세가 이러하여 서로 세력을 겨루기 어려우니 하경河京을 포기하고 관서關西를 잘 지킬 것을 지시했다. 이에 태종 이세민李世民이 간언을 올렸다.

"태원은 왕업의 근거지이자 국가의 근본이 되는 지역입니다. 또한 하동은 땅이 비옥한 지역이라 장차 물자의 주요 공급지가 될 것입니다. 제게 정병 3만을 주신다면 반드시 유무주를 섬멸하고 분주汾州와 진주를 수복하겠습니다."

이리하여 이연은 관중의 병마도兵馬都를 이세민의 지휘하에 두고 직접 장춘궁長春宮으로 가서 이세민의 출정을 전송했다. 무덕 2년 11월, 대군을 이끌고 용문관龍門關을 나선 이세민은 얼음을 밟고 황하를 건너 백벽柏壁에 주둔하며 송금강의 군대와 대치했다. 심상과 울지경덕은 여숭무의 군대를 맞아 싸우다가 회주로 철수한 상태였다. 이세민은 은개산殷開山과 진숙보秦叔寶를 보내 미량천美良川에서 공격을 개시하여 심상과 울지경덕을 대파하고 당군을 백벽으로 철수시켰다. 여러 장수들이 싸움을 계속할 것을 주청하자 이세민이 말했다.

"송금강은 군대를 이끌고 1,000리 길을 달려와 우리 지역 깊숙이 진입한 상태이다. 적군의 장수들이 모두 이곳에 집중되어 있다. 유무주가 태원을 점거하고 있는 것은 완전히 송금강의 전위 부대에 의존하고 있어, 적병의 수가 많긴 하지만 실제로 내부는 비어 있는 상태라 속전속결로 싸움을 끝내려 덤빌 것이 분명하다. 아군은 병영을 튼튼히 하고 군량을 비축함으로써 적의 기세를 꺾기만 하면 된다. 적군은 양초가 바닥이 나면 스스로 물러갈 것이다."

무덕 3년 2월(620년), 송금강은 마침내 양초가 바닥나자 병사들을 이끌고 서둘러 도망쳤다. 이세민이 대군을 이끌고 적군을 개휴介休까지 뒤쫓자 송금강은 대오를 정비하여 격렬하게 당군에 저항했다. 이세민이 당군을 지휘하여 삼면으로 협공을 펼치자 송금강은 기진맥진하여 돌궐에 귀순했고, 울지경덕도 잔여 병력을 수습하여 개휴성으로 물러갔다. 당군이 개휴성을 사방에서 물샐 틈 없이 포위하자 울지경덕은 성내에 양초도 없고 밖에서 지원군도 도착하지 않아 진퇴양난의 곤경에 처하고 말았다. 이세민은 임성왕任城王 이종도李宗道와 우문사급宇

文士及을 성 안으로 보내 울지경덕에게 투항을 권유했다. 상황의 한계를 깨달은 울지경덕과 심상이 8,000명의 병사들을 이끌고 투항하자, 이세민은 몹시 기뻐하며 전치를 베풀고 울지경덕에게 계속 장수들을 이끌고 당군을 위해 싸울 것을 명하는 동시에, 그의 군영을 당군의 군영으로 합병시켰다.

얼마 후 심상과 원래 유무주의 부하였던 장수들이 전부 이세민을 배반하고 달아나자, 당군의 여러 장수들은 이구동성으로 울지경덕 역시 당군을 배반할 것이니 그를 군영에 가두는 것이 바람직하다는 의견을 제시했다. 굴돌통과 은개산이 말했다.

"울지경덕은 방금 귀순한 인물이라 안심하기 어렵습니다. 그는 용맹하기 그지없는 장수라 오래 구금하면 의심과 함께 원한을 품게 될 것입니다. 그를 살려두었다가 후환을 남길 것이 아니라 당장 죽여버리는 것이 좋을 것입니다."

"내 생각은 그대들과 다르오. 울지경덕이 배반할 마음을 품었다면 굳이 심상이 먼저 배반할 때까지 기다릴 필요가 있었겠소?"

이렇게 말하고 나서 이세민은 곧장 명을 내려 울지경덕을 석방하고, 그를 자신의 침실로 불러 금은보석을 하사하며 말했다.

"대장부들이 서로에게 기대할 수 있는 가장 중요한 것은 의기義氣일 것이오. 나는 무슨 일이 있어도 참언에 속아 충직하고 선량한 사람들을 해치는 일은 없을 것이고, 이 점은 그대도 차차 알게 될 것이오. 그대가 기어이 내 곁을 떠나야 한다면 지금 건넨 이 물건들을 그대에게 주는 이별의 정표이자 여비로 생각해두구려."

이날 이세민은 울지경덕을 데리고 함께 사냥에 나섰다가 공교롭게도 수만의 보병과 기병을 이끌고 싸움에 나선 왕세충王世充과 맞닥뜨리게 되었다. 왕세충 수하의 용장 선웅신單雄信이 곧장 이세민에게 달려들자, 울지경덕은 큰 소리로 고함을 지르며 단칼에 그를 말에서 떨어뜨렸다. 이에 혼비백산한 적군이 도주하는 틈을 타 울지경덕은 이세민을 호위하여 포위망을 뚫었다. 그리고 자신의 군대를 이끌고 돌아와 왕세충의 군대와 교전을 벌여, 왕세충의 목을 베고 그의 부장 진지략陳智略을 비롯하여 무려 6,000명에 달하는 병사들을 포로로 잡았다. 이세민이 울지경덕을 더욱 확실하게 신뢰하게 된 것은 두말할 것도 없다. 이세민은 울지경덕에게 금은 한 상자를 추가로 하사했고, 이때부터 울지경덕에 대한 이세민의 신뢰와 총애는 날이 갈수록 더해만 갔다.

나중에 울지경덕은 이세민을 따라 두건덕竇建德을 정벌하고 유흑달劉黑闥을 토벌하는 등 혁혁한 군공을 세워 진왕부秦王府 좌이부군左二副軍이라는 관직을 얻게 되었다. 태자 이건성李建成과 동생 이원길李元吉이 이세민을 모해하기 위해 비밀리에 울지경덕에게 후한 예물과 함께 서한을 보내자, 울지경덕은 이를 단호하게 거절하며 말했다.

"저는 미천한 집안 출신으로 수나라가 망하고 천하가 무너지는 시국을 만나 몸을 기탁할 곳을 찾지 못해 오랫동안 반역의 땅을 떠돌았으나, 다행히 진왕(이세민)께서 제게 새로운 생명을 주시고 관직까지 내려주셨으니 목숨으로 은혜에 보답할 뿐입니다. 전하께서는 아무런 공도 세운 바 없으니 이처럼 후한 상급은 감히 받을 수 없습니다. 제가 전하의 요구를 받아들인다면 두 마음을 품는 일이 될 것입니다. 제가 사리를 위하여 충의를 저버리는 사람이라면 그런 인물이 전하께 무슨 쓰임이 있겠습니까?"

이건성은 무엇으로도 울지경덕을 매수할 수 없다는 사실을 깨닫고는 화를 참지 못했다. 얼마 후 울지경덕이 이건성과 이원길이 자신을 매수하려 했던 사실을 이세민에게 알리자 이세민이 말했다.

"나는 그대의 충심을 잘 알고 있소. 그러나 다음에 또 저들이 예물을 보내온다면 얼마든지 받아두구려. 그러지 않았다가는 계속 저들의 의심을 사게 될 것이고, 장차 그대의 안전을 보장받기 어려울 것이오. 게다가 그대가 이미 저들의 음모를 알아챘으니 틀림없이 이에 대한 대책을 강구할 것이오."

이원길 등은 울지경덕을 몹시 미워하여 여러 차례 사람을 시켜 그를 살해하려 했다. 그러자 울지경덕이 대문에 커다란 구멍을 뚫어놓았고, 그의 위명을 익히 들어온 자객들이 감히 그에게 가까이 덤비지 못했다. 이원길은 모든 계략이 실패로 돌아가자 결국엔 죄명을 날조하여 고조 이연의 면전에서 울지경덕을 모함했고, 고조는 참언을 그대로 믿고 울지경덕을 구금한 뒤에 살해하려 했다가 이세민의 간절한 간언을 듣고서야 그를 석방했다. 나중에 울지경덕은 이건성과 이원길이 이세민을 살해하려 한다는 사실을 알아내고, 장손무기長孫無忌와 함께 방책을 마련하여 조치를 취함으로써 후한을 없애야 한다고 이세민에게 간언했다. 무덕 9년(626년) 6월 4일, 마침내 이세민은 현무문玄武門 정변을 일으켰고, 울지경덕은 이세민 대신 직접 이건성과 이원길을 죽였다.

이세민이 황태자로 세워진 지 얼마 지나지 않아 고조 이연은 그에게 황위를 물려주었고, 이세민은 동궁 현덕전顯德殿에서 새 황제로 등극했다. 황제가 된 이세민은 신하들을 매우 극진히 예우했다. 정관貞觀

8년(634년), 울지경덕은 경선궁慶善宮에서 열린 연회에서 누군가 자신보다 높은 자리에 앉게 되자 몹시 화를 내면서 따져 물었다.

"당신은 무슨 공로가 있기에 나보다 높은 자리에 앉아 있는 거요?"

이때 다른 사람이 다가와 말리자 울지경덕은 더욱 화를 내며 주먹을 휘둘러 눈을 후려쳤다. 이 사건으로 인해 그는 하마터면 실명할 뻔했다. 불쾌함을 감추지 못한 이세민은 즉시 연회를 파하고 나서 울지경덕에게 말했다.

"과인은 한대의 사서들을 읽고 나서 고조의 공신들 가운데 목숨을 보전한 사람이 많지 않았던 것을 알고는 몹시 안타까워했소. 때문에 과인은 황제가 된 뒤로 항상 공신들을 잘 보전하여 이들의 자손이 끊이지 않게 해야겠다고 다짐하곤 했지. 그러나 그대는 관직에 있으면서 국가의 법령을 위반하고 있소. 국가의 대사는 상과 벌을 통해 이루어져야 하는 법이오. 부적당한 총애는 바람직하지 못하오. 그대는 자신의 처지를 잘 살펴 스스로 후회하는 일이 없기를 바라겠소."

정관 11년(637년), 태종은 공신들을 세습 자사刺史로 봉하면서 울지경덕을 선주宣州 자사 겸 악국공鄂國公으로 봉했다.

정관 17년(643년), 울지경덕이 노환을 이유로 고향으로 내려가 살도록 허락해줄 것을 요청하자 태종은 이를 허락하면서 매월 초하루와 보름 두 번씩만 상조할 것을 지시했다. 얼마 후 울지경덕과 장손무기 등 스물네 명의 공신들은 자신들의 초상이 능연각凌烟閣에 걸리게 됨으로써 태종이 공신들에게 내리는 최고의 영예를 누리게 되었다.

24 | 보은과 보복은 되풀이하지 마라

　사실 은혜와 복수의 관계는 매우 복잡한 양상을 보이기 때문에 몇 가지 간단한 유형으로 개괄하기 어렵다.
　한 혜제惠帝 때, 벽양후辟陽侯 심이기審食其는 여呂 태후로부터 총애를 받았지만 행실이 단정치 못해 여러 사람들로부터 분노를 샀다. 이에 혜제는 일부러 구실을 만들어 그를 옥에 가둔 뒤 죽이려 했다. 심이기는 감옥에 갇혀서도 별로 두려워하는 기색이 없었다. 여 태후가 나서서 구해줄 것이라 굳게 믿었기 때문이다. 여 태후는 직접 혜제를 찾아가 사정할 수도 없어 조정 대신들이 구명에 나서주기만을 기대하고 있었다. 그러나 여러 대신들은 평소에 심이기의 저속한 행실을 잘 알고 있었기 때문에 아무도 그를 구하러 나서지 않았다. 심이기는 옥중에서 이런 사실을 알게 되자 초조한 마음을 가누지 못하면서 이리저리 살아날 방법을 모색하다가 평원군平原君 주건朱建이 한때 자신에게서 큰 은혜를 입었던 일을 기억해내고는 그가 대책을 마련할 수 있지 않을까 하는 기대를 하게 되었다. 그리하여 그는 면회온 가족들에게 주건을 찾아가라고 말했다.

주건은 초나라 사람으로 일찍이 회남왕淮南王 영포英布의 수하에서 재상을 지낸 바 있었다. 영포가 모반을 일으키려 하자 주건이 저지했지만 영포는 그의 말을 듣지 않았다. 영포가 죽게 되자 이런 사실을 전해 들은 유방은 주건을 평원군으로 봉했고, 이로써 그는 천하에 위명을 떨치게 되었다. 당시 여 태후의 총애를 받고 있던 심이기도 주건의 명성을 듣고 그와 사귀기를 원했지만, 주건은 단정하고 강직한 사람이라 여러 차례 그를 대문 밖에서 거절했다. 얼마 후 주건의 모친이 병으로 사망했으나 주건은 워낙 청렴한 인물이라 집에 재산이 많지 않았고 심지어 모친의 장례를 치를 돈조차 없었다.

주건이 은혜를 입으면 반드시 보답할 줄 아는 인물임을 잘 알고 있던 심이기는, 즉시 사람을 시켜 장례에 보태 쓰라며 주건에게 황금 100냥을 보내주었다. 장례를 치를 돈이 없어 근심에 빠져 있던 주건은 일단 돈을 받는 수밖에 없었다. 대세를 좇아 사리를 도모하는 일부 대신들도 심이기가 주건에게 후한 예물을 보냈다는 소문을 듣고는 이를 계기로 주건과 교우할 요량으로 그에게 돈을 보냈다. 적게 보낸 사람은 황금 수 냥이었고 많이 보낸 사람은 수십 냥에 이르러, 다 합치니 500금에 달했다. 장례를 무사히 마친 주건은 직접 사람들을 찾아다니며 감사의 인사를 전했고, 이를 기회로 삼아 심이기는 그와 교우하기 시작했다.

주건은 심이기의 가족들이 찾아온 이유를 잘 알고 있었다.

"이 사건은 조정에서 엄격하게 처리하고 있는 일이라 제가 감히 개입할 수 있는 성질이 못 됩니다. 이 점을 벽양후께 잘 전해주시기 바랍니다."

심이기는 주건이 자신을 구하러 나서지 않을 것이라 생각하고는 그를 배은망덕한 놈이라 욕을 해댔다.

한편 심이기의 가족들을 돌려보낸 주건은 마음이 몹시 심란했다. 심이기를 구해주려면 혜제의 신임을 받고 있는 총신에게 줄을 대야 했지만, 조정의 중신들은 하나같이 심이기를 몹시 미워하고 있는 터라 전면에 나서줄 리가 없었다. 결국 주건은 혜제의 총애를 받고 있는 내시 하나를 찾아가 말했다.

"밖에서는 모두들 심이기가 투옥된 일이 그대의 참언 때문이라고 하는데 그게 사실입니까?"

"원수진 일이 없는데 무엇 때문에 제가 그를 모함한단 말입니까?"

"사람들마다 의론이 분분하니 뭐라고 단정하기는 어려울 겁니다. 그러나 오늘 벽양후가 죽는다면 내일 그대에게 큰 화가 닥칠지도 모르는데 이 일을 어쩌면 좋겠소? 그대는 황상 폐하의 총애를 얻고 있지만 심이기는 태후의 총애를 받고 있소. 그러나 실권을 태후가 쥐고 있으니 그가 죽고 나면 태후께서 그대를 가만히 놔두시겠소? 태후는 폐하를 어떻게 하지 못하기 때문에 십중팔구 폐하의 총애를 받고 있는 신하들에게 분풀이를 하게 될 것이오."

"그럼 어떻게 하면 될까요? 화를 면할 수 있는 방법이 없을까요?"

"일이 이렇게 되었으니 그대가 폐하를 찾아가 그를 풀어주도록 잘 말씀드리는 것이 좋을 것 같소. 그렇게만 된다면 태후께서도 그대에게 감격할 것이고, 그대는 동시에 두 주인의 환심을 사게 될 테니 더욱 큰 부귀영화를 누리게 될 것이 아니겠소?"

"훌륭한 방책을 일러주시니 정말 고맙습니다. 일러주신 대로 하겠습니다."

주건은 자신의 책임을 다했다고 생각하며 곧장 관직에서 물러났다.

며칠 후 조정에서는 조령을 내려 심이기의 무죄를 인정하고 석방하여 집으로 돌려보냈다. 심이기는 감옥에서 나온 후 주건이 자신을 구해주었다는 사실을 알고는 후한 예물로 그에게 사례했다.

모함을 받아 쫓겨난 범저

한편 춘추전국시대 진나라의 유명한 재상이었던 범저는 보은에 충실했을 뿐만 아니라 보복에도 매우 철저한 사람이었다.

기원전 300년부터 284년 사이에 연燕나라는 여러 해에 걸친 피나는 준비 끝에 상장군 악의樂毅를 보내 연, 진秦, 한韓, 조趙 등 네 나라의 군사를 이끌고 제를 공격했고, 위魏나라도 병력을 파견하여 연을 지원했다. 그 결과 제나라는 싸움에 대패하여 20여 개의 성지를 빼앗겼다. 나중에 양왕이 즉위한 후 제나라가 반간계反間計[47]를 이용하여 대장 악의를 불러들이자, 제의 장군 전단田單은 화우진火牛陣을 펴서 연을 크게 격파하고 잃었던 제나라 땅을 수복했다. 이에 위는 제의 보복이 두려워 제와 화약을 맺으려 했다.

---

47 적의 첩자를 이용하여 적을 제압하는 계책.

양왕 14년(기원전 270년), 위왕은 재상 위제魏齊와 상의하여 중대부 수가須賈를 제나라에 사신으로 보내 우호를 타진했다. 위나라의 책사 범저도 수가를 따라 함께 갔다. 일찍이 범저는 여러 제후국들을 돌아다니며 유세할 때 원래 위왕을 섬기려 했으나, 집안이 가난하여 군주에게 줄을 댈 방법이 없자 중대부 수가의 문하에 들어가 가신으로 일하고 있었다. 양왕은 범저가 지략에 능하고 언변이 뛰어난 기재라는 소문을 듣고는 그와 교우할 생각으로 사람을 시켜 황금 10근을 보냈다. 범저는 이를 받지 않고 완곡하게 사양했지만, 수가는 범저가 제나라와 몰래 내통하는 것이 아닌가 하고 의심을 품었다. 수가가 제나라에 몇 달 머무는 동안 양왕은 줄곧 그를 냉담하게 대했고, 결국 그는 아무런 수확도 얻지 못하고 돌아와야 했다.

아무런 공도 세우지 못하고 돌아오게 된 수가는 몹시 화가 나 범저에게 분풀이를 해대면서 재상 위제에게 말했다.

"범저가 몰래 제와 내통하면서 위의 속사정을 제에 알려준 것이 분명합니다. 제왕이 범저에게 황금을 하사하는 바람에 이번 출사가 헛걸음이 되게 하지 않았습니까!"

이 말에 위제는 크게 격분하여 가신들에게 당장 범저를 잡아다가 고문하라고 명하고, 제와 내통한 사실을 자백하게 했다. 범저가 계속 억울함을 호소하면서 자신을 변호하자, 더욱 화가 난 위제는 가신들을 향해 소리쳤다.

"이놈을 당장 죽여서 후환을 없애야겠다."

가신들이 채찍을 들어 이리저리 마구 휘두르는 바람에 범저는 늑골이 부러지고 이가 깨졌으며 얼굴에 선혈이 낭자했다. 범저는 억울함을 호소해봤자 아무런 소용이 없다고 판단하고는 입에 흰 거품을 문 채 죽은 척하고 쓰러져버렸다. 가신들이 위제에게 보고하자 위제가 직접 나와 쓰러져 있는 범저를 향해 욕을 퍼부었다.

"적과 내통하더니 꼴 좋구나!"

가신들은 위제의 명령에 따라 범저의 시신을 거적으로 말아 뒷간에 내다버렸다. 위제는 다시 전당으로 돌아가 빈객들과 신나게 술을 마시며 즐거운 시간을 보냈다. 빈객들은 술에 취하자 줄줄이 뒷간으로 몰려가 범저의 몸에 용변을 보면서 일부러 발로 밟고 욕을 해대며 다른 사람들을 경계했다.

한참이 지나 범저가 슬그머니 밖을 내다보니 주위에는 간수 하나밖에 없었다. 범저가 간수에게 말했다.

"그대가 날 구해주기만 한다면 큰 재물로 보답하리다."

재물이 탐난 간수가 범저에게 말했다.

"계속 죽은 척하고 계세요. 제가 들어가 보고하고 오겠습니다."

간수가 위제에게 보고하여 말했다.

"범저의 시신에서 풍겨 나오는 악취가 하늘을 찌릅니다. 빨리 내다 버려야 할 것 같습니다."

이미 술에 만취한 위제는 범저의 시신을 황량한 들판에 내다 버리라고 지시했고, 덕분에 범저는 감쪽같이 도망쳐 나올 수 있었다. 술이 깬 위제는 시신을 내다 버리라고 했던 것을 후회하면서 사람들을 보내 사방을 두루 수색했지만, 끝내 범저의 시신을 찾지 못했다. 범저와 깊은 우정을 간직하고 있던 위나라 사람 정안평은 범저를 보호해주면서 그의 이름을 장록張祿으로 바꿨다. 이때 진 소왕昭王이 왕계를 위나라에 사신으로 보냈다. 정안평은 이 소문을 듣고 병졸로 가장하여 왕계에게 다가가 시중을 들면서 그의 환심을 샀다. 왕계가 정안평에게 물었다.

"위나라의 현사를 추천해줄 수 있겠소? 내가 곧장 진으로 데려갈 수 있게 말이오."

"제 고향에 장록이라는 사람이 있는데, 지략이 뛰어나고 언변도 훌륭합니다. 치국의 방략에도 정통하니 천하에 둘도 없는 인재이지요. 그를 진나라로 데려가시면 뜻을 펼칠 수 있을 것입니다."

왕계가 크게 기뻐하여 당장이라도 그를 만나게 해달라고 조르자 정안평이 말했다.

"그 사람은 위나라에서 모함을 당했습니다. 그런 일만 없었더라면 일찌감치 위를 섬기며 일하고 있었을 겁니다. 낮에 그를 찾았다가 원수들의 눈에 띄는 날이면 가혹하게 박해를 당할 것입니다."

"그러면 밤중에 그를 불러 만나게 해주시오."

이리하여 범저는 한밤중에 몰래 왕계를 만났다. 왕계는 청산유수 같은 언변과 뛰어난 식견을 보고서 그가 범상치 않은 인재임을 확신했다. 왕계는 위나라에서의 일을 마치고 몰래 범저를 데리고 진나라로 향했다.

얼마 후 다른 사람의 소개로 소왕을 알현하게 된 범저는 그 자리에서 진을 강대국으로 만들면서 다른 제후국들을 잠식할 수 있는 지략을 바쳤다. 소왕은 크게 기뻐하며 범저를 객경으로 예우한 데 이어, 나중에는 그를 재상으로 삼고 응應[48]을 봉지로 내려 응후라 칭했다.

---

48 지금의 하남성 노산魯山현.

범저는 진의 재상이 된 뒤로도 본명을 사용하지 않아 여전히 장록이라는 이름으로 불렸다. 위나라 사람들은 그가 범저인 줄 모르고 범저는 이미 죽었다고 믿었다. 당시 소왕은 범저의 원교근공遠交近攻[49] 책략을 받아들여 한과 위를 공격하려 했다. 이에 위왕은 몹시 두려워하며 수가를 사신으로 보내 화약和約을 요청했다. 이런 소식을 들은 범저는 드디어 복수의 기회가 왔다고 판단하고는 신분을 드러내지 않은 채 변장을 하고 재상부를 빠져나왔다. 그는 남루한 일꾼 차림으로 길거리 역관 앞에서 기다리고 있다가 수가를 만났다. 범저를 본 수가가 깜짝 놀라며 물었다.

"아니, 범숙范叔께서는 세상을 떠나신 게 아니었구려!"

"다행히 도망쳐 나왔지요."

"그러면 진나라에 유세를 하러 오셨소이까?"

"위나라 재상께 죄를 지은 몸으로 다행히 이곳까지 도망쳐 왔는데 감히 유세를 할 수 있겠습니까?"

"범숙께서는 진나라에서 어떻게 생계를 유지하고 계시오?"

"그저 허드렛일로 입에 풀칠이나 하고 있는 형편이지요."

수가는 범저의 남루한 차림을 보고는 측은한 마음이 들어 자리에 앉힌 다음 술과 음식을 대접하면서 탄식하여 말했다.

"범숙께서는 어찌 이런 지경에 이르셨소?"

그러고는 좌우에 명하여 비단옷 한 벌을 그에게 건넸다. 옷을 받아 든 범저가 말했다.

---

[49] 먼 나라와 친교를 맺고 이웃 나라를 공략하는 일.

"대부의 옷이 어찌 이처럼 비천한 몸에 어울리겠습니까?"

"오래전부터 알고 지낸 사람끼리 그렇게 겸양할 것 없소이다."

범저는 옷을 갈아입고 재삼 감사의 절을 올렸다. 수가가 내친김에 물었다.

"듣자하니 진나라 재상인 장 선생이 소왕의 총애를 받고 있다고 하던데, 범숙께도 장 선생과 잘 아는 친구가 있을 법한데요?"

"소신의 주인이 장 선생과 아주 친하지요. 저도 자주 제 주인을 따라 재상부를 드나들다 보니 그분과 친해졌습니다. 저도 얼마든지 그분을 만날 수 있지요. 제가 최선을 다해 장 선생을 대인께 소개해드리겠습니다."

"그런데 내 말이 병이 난 데다 수레의 굴대가 부러져 사두마차로 행차할 수 없을 것 같아 걱정이오."

"소신의 주인에게 사두마차가 있습니다. 제가 주인께 말씀드려 수레를 빌려드리도록 하지요."

두 사람이 재상부의 정문에 이르자 수많은 사람들이 범저의 모습을 보고는 놀라움을 금치 못하면서 황급히 대문을 열었다. 범저가 수가에게 말했다.

"여기서 잠시 기다리십시오. 제가 들어가서 대인께서 오신 걸 알리도록 하겠습니다."

수가는 문 밖에서 한참을 기다렸지만 소식이 없자 수문장에게 다가가 물었다.

"범숙께서 재상부 안으로 들어가신 지 오래인데 무슨 까닭인지 나오실 줄 모르는군요. 범숙을 좀 불러주실 수 있겠소이까?"

"여기에는 범숙이란 분이 없소. 대체 누굴 말씀하시는 거요?"

"방금 수레를 몰고 안으로 들어가신 분 말이오."

"아니, 이 양반이 아주 무례하군! 그분은 우리 재상이신 장 선생이란 말이오."

이 말을 듣고서야 수가는 꿈에서 깬 듯 정신이 들면서 온몸에 전율을 느꼈다. 그는 장포를 벗어 던지고 관모도 벗어버린 다음 무릎으로 기어 수문장에게로 다가가서는 말을 좀 전해달라고 부탁했다. 범저는 여러 사람이 에워싼 장막 안에 앉아 수가를 들여보내라고 지시했다. 수가는 정신이 나간 상태로 땅바닥에 머리를 조아리면서 무릎으로 기어 범저의 면전으로 나아갔다.

"죽을죄를 지었습니다. 한번만 용서해주십시오. 미천한 죄인의 식견이 좁아 대인을 몰라뵈었습니다. 솥에 삶아 죽여도 시원찮을 죄를 지었으니 대인의 처분을 바랄 뿐입니다."

"그대가 무슨 죄를 지었는지 알고 있는가?"

"머리카락으로 죄상을 일일이 센다 해도 모자랄 것입니다."

"그대에겐 세 가지 죄가 있다. 과거에 내가 제나라와 내통했다고 무고하여 위제의 면전에서 참언을 올린 죄가 첫 번째요, 위제가 나를 욕보여 이와 늑골을 부러뜨리고 뒷간에 처넣었을 때 이를 말리지 않고 오히려 타는 불에 기름을 끼얹은 것이 두 번째이며, 술에 취한 여러 사람들을 이끌고 뒷간으로 몰려와 내 몸에 용변을 보여 치욕을 안겨주었으니 이것이 세 번째 죄상이다. 오늘 그대를 만난 터에 당장 목을 베어 피를 쏟게 하고 살을 씹어 복수하고 싶었으나, 그대가 옛정을 생각하고 비단옷을 벗어준 온정을 참작하여 위나라로 돌아가게 하겠다."

말을 마친 범저는 손을 내저어 그를 물러가게 했다. 이때부터 진나라 사람들은 장록이 바로 범저임을 알게 되었다.

범저가 입궁하여 이 사실을 소왕에게 아뢰자, 소왕은 화약을 원하는 위의 요청을 받아들이고 범저의 뜻에 따라 수가를 위나라로 돌려보내도록 했다. 수가가 범저에게 작별 인사를 올리자 범저가 말했다.

"옛사람들은 작별할 때 예로써 송별하는 것이 도리였소."

범저는 곧 큰 연회를 마련하고 각국의 사자들을 전부 불렀다. 빈객들이 삼삼오오 전당 안으로 들어서자 범저는 이들을 일일이 예로써 맞아들였다. 뿔로 만든 술잔이 서로 부딪치고 음악이 울리는 가운데 범저가 이들을 대접하기 시작한 지 꽤 긴 시간이 흘렀지만 수가는 부르지 않았다. 수가는 배가 고프고 목이 마르도록 문 밖에서 계속 기다려야 했다. 여러 빈객들이 배불리 먹고 술도 거나해졌을 때가 되어서야 범저는 몸을 일으켜 여러 빈객들을 향해 말했다.

"오늘 이 자리엔 위나라 사신도 와 있습니다. 저의 오랜 친구이기도 하지요."

빈객들도 자리에서 일어나 이구동성으로 말했다.

"승상 어른의 옛 친구 분께서 오셨다니 우리도 마땅히 예로써 대해야 하겠지요."

"옛 친구이긴 하지만 여러 공들과 자리를 함께 할 수는 없습니다."

범저는 수가를 전당 아래 경형黥刑[50]을 당한 두 명의 죄수들 사이에 앉게 하고, 좌우 시종들에게 명하여 말에게 먹이는 양초를 가져다주게

---

50 얼굴에 죄명을 문신으로 새겨 넣는 형벌.

했다. 그런 다음 경형을 당한 죄수들로 하여금 그의 입에 양초를 떠먹이게 했다. 수가는 감히 반항하지 못하고 울분을 삼키면서 억지로 양초를 다 먹은 후에, 머리를 땅에 대고 감사의 인사까지 올렸다. 범저는 분노의 눈초리로 그를 흘겨보며 말했다.

"그대의 목숨은 살려주지만 위제가 나를 욕되게 한 일만큼은 절대로 그냥 넘기지 못할 것이다. 위왕에게 돌아가거든 즉시 위제의 목을 가져오라고 전해라. 그렇지 않으면 내가 직접 군사를 이끌고 가서 대량을 공격할 것이다!"

소왕이 범저의 원한을 갚아주다

위나라로 돌아온 수가는 이런 사실을 위제에게 그대로 전했다. 위제는 야반도주하여 조나라로 가서 평원군 조승趙勝의 집에 몸을 숨겼다. 위제가 조나라로 갔다는 사실을 알아낸 소왕은 범저를 위해 원수를 갚아주고 싶은 마음에 평원군에게 편지를 써서 그를 초대했다.

평원군은 즉시 진나라로 소왕을 알현하러 갔다. 소왕은 평원군을 반가이 맞아들여 며칠 동안 기분 좋게 술을 마시다가 기회를 잡아 그에게 말했다.

"지금 범 선생은 과인의 숙부인 셈인데, 범 선생의 원수인 위제가 그대의 부중에 숨어 있다고 들었소. 바라건대 그대가 사람을 시켜 그자의 목을 과인에게 보내 범 선생의 한을 풀어주셨으면 하오. 그렇게 못하시겠다면 과인은 그대를 조나라로 돌려보내지 않을 것이오."

"위제는 신의 집에 있지 않습니다. 밝게 살펴주시기 바랍니다. 설사 위제가 소신의 집에 있다 해도 신과 위제는 오랜 친구인데 어찌 그를 진나라에 팔아넘길 수 있겠습니까?"

소왕은 그가 자신의 요구를 받아들이지 않자 다시 조왕에게 편지를 썼다.

"대왕의 아우 평원군이 진나라에 있습니다. 범 선생의 원수 위제가 평원군의 집에 있으니 대왕께서는 속히 사람을 시켜 위제의 목을 진나라로 보내주시기 바랍니다. 그렇게 하지 않을 경우 과인은 대군을 이끌고 조를 칠 것이고, 평원군도 조로 돌려보내지 않을 것입니다."

조왕은 곧장 병력을 보내 위제를 붙잡으려 했지만, 위제의 오랜 친구들인 평원군의 빈객들이 야밤을 틈타 위제를 도피시켰다. 위제는 다시 조나라 재상 우경虞卿의 집으로 피신했고 우경은 조왕을 설복하는 데 실패하자 위제와 함께 위나라 대량으로 도망친 다음, 신릉군信陵君 위무기魏無忌의 도움을 받아 초나라로 망명하려 했다. 신릉군은 자세한 사정을 듣고 나서는 진나라가 두려워 생각을 정하지 못하고 있었다. 그는 우경을 접견하지도 않은 채 빈객들에게 물었다.

"우경은 어떤 사람이오?"

옆에 있던 문객인 후영이 나서서 대답했다.

"당초 우경이 짚신을 신고 우산을 쓴 채로 조왕을 처음 알현했을 때, 조왕은 그에게 흰 벽옥 한 쌍과 황금 200냥을 상으로 내렸습니다. 두 번째 만났을 때는 그를 상경上卿으로 임명했고, 세 번째 만났을 때는 그를 재상으로 임명하고 만호후에 봉했지요. 위제가 위급한 상황에 처해 우경에게 몸을 기탁하자, 우경은 높은 벼슬을 마다하고 재상의 인수와 만호후의 작위도 던져버린 채 위제와 함께 도주했습니다. 사인士人의 운명에 대한 우경의 관심은 자신에 대한 관심보다 더 큽니다.

정말 이해하기 어려운 것이 사람이고 남을 이해한다는 것은 더더욱 어려운 일이지요."

신릉군은 그의 말뜻을 깨닫고는 몹시 부끄러워하면서 서둘러 수레를 몰고 나가 우경을 맞아들였다. 이때 위제는 신릉군이 자신을 맞아주지 않으리라는 것을 알고는 울분을 참지 못해 검으로 자결했다. 우경이 도착했을 때는 이미 그가 목숨을 끊은 뒤였다.

조왕은 위제가 자진했다는 소식을 듣고 급히 사람을 보내 그의 목을 벤 다음 한밤중에 진나라로 보냈고, 소왕은 그제야 평원군을 돌려보내 주었다. 범저는 소왕이 자기 대신 원수를 갚아준 것에 감격해 마지않았고, 이때부터 소왕을 위해 더욱 충성을 다했다.

범저는 의를 매우 중시하는 인물로 은혜와 원한이 분명했다. 진나라의 재상이 된 뒤로 그는 집안의 재산을 전부 털어 자신에게 은혜를 베푼 바 있지만 현재 어려움에 처해 있는 사람들을 구제하는 데 사용했다. 그는 소왕을 알현하여 말했다.

"진의 사신 왕계가 대왕께 충성을 다하지 않았다면 소신을 진나라로 데려오지 않았을 것이고, 대왕의 현덕과 성명聖明[51]이 아니었더라면 저를 중용하시지 않았을 것입니다. 지금 소신은 관직이 재상에 이르렀고 작위는 열후에 들었습니다. 그러나 왕계는 아직도 미관말직을 떠돌고 있으니 제 마음이 몹시 아픕니다."

소왕은 범저를 천거한 공로를 인정하여 왕계를 하동河東군수로 중용했다.

---

[51] 임금의 덕이 거룩하고 슬기가 밝음.

범저는 또다시 소왕을 찾아가 말했다.

"과거에 소신이 미천한 신분이었을 때 모함을 당해 하마터면 비명에 갈 뻔했습니다. 정안평이 저를 구해주지 않았더라면 지금까지 살아 있지 못했을 것입니다. 왕계가 아니었더라면 진나라로 오지 못했을 것이지만 그는 이미 대왕으로부터 상을 받은 상태입니다. 원컨대 대왕께서는 신으로 하여금 정안평의 덕성에 보답하게 해주십시오."

소왕은 범저가 정안평을 추천하자 즉시 명을 내려 그를 장군으로 임명했다.

과거의 모든 은혜와 원한이 깨끗이 정리되었음을 확인한 범저는 소왕을 위해 더욱 충성을 다하며 책략을 제공했다. 그 결과 진은 삼진의 진로를 끊고 진에 대항하는 6국의 합종을 막았으며, 1,000리에 달하는 길을 닦아 촉蜀과 한漢을 관통시켰고 결국 천하를 굴복시켰다. 범저도 뛰어난 지모와 계책으로 천하의 제후로 군림하면서 위명을 떨치게 되었다.

이러한 범저의 위인과 처사를 일컬어 역사에서는 "밥 한 그릇 얻어먹은 하찮은 은덕도 반드시 보답해야 하고, 한번 흘겨본 사소한 원한에도 반드시 보복해야 했다"라고 기술하고 있다.

그러나 은혜와 원한이 전대에 청산되지 않으면 후대에까지 되풀이되고 대대로 이어지면서, 보은과 복수 속에서 인성이 피폐해지고 공연히 청춘과 정력을 소진하게 된다. 아무리 대장부의 가장 큰 관심사가 보은과 복수라고 하지만 조금만 더 넉넉한 마음을 갖고 감정적 결산의 굴레에서 벗어날 수만 있다면, 모든 사람들의 삶이 훨씬 더 여유 있고 아름다워질 수 있을 것이다.

25 | 인의지도로 백성을 다스리다

국가를 경영하고 백성들을 다스리는 데 있어서 인의지도人義之道를 펼치는 것과 권모술수를 행하는 것은 성질상 전혀 다른 것 같지만 때로는 권모술수로도 목적을 이룰 수 있고 심지어 인의지도를 펼치는 것보다 더 크고 빠른 효과를 볼 수도 있다.

조광한趙廣漢은 자가 자도子都로 탁군繙郡 사람이었다. 젊은 나이에 군리郡吏가 된 그는 남다른 지모를 지닌 인물로 선제宣帝 원년에 영천潁川 태수가 되었다. 당시 영천 지역은 사회 질서가 매우 어지럽고 혼란스러웠다. 이런 상황에 대해 태수들도 아무런 해결 방도를 찾지 못해 속수무책이었다. 조광한은 영천에 부임한 이후로 줄곧 이런 상황을 해결하기 위해 고심을 거듭했다. 결국 회유책으로는 아무런 효과도 거둘 수 없다고 판단한 그는 속임수로 간사함을 다스리기로 마음먹었다.

그는 우선 권문세가 가운데 이용할 만한 사람을 골라 군리群吏로 임명했다. 사건이 발생하자 즉시 범인을 체포해 관청에 나가 심리한 조광한은 일부러 범인의 자백 내용을 누설했다. 그 내용을 전해 들은 군리는 즉시 이런 사실을 관련자에게 알렸다. 이리하여 범인들은 범죄의 내용을 서로 긴밀하게 연락하게 되었고, 다급해진 몇몇 공범은 하는 수 없이 도망을 가기도 했다. 이들이 도망치고 없는 지역의 치안은 곧 호전되었다.

조광한은 이런 방법이 어느 정도 효과를 거두고 있음을 확인하고는 또 다른 계책을 생각해냈다. 그는 군리에게 명령해 관아에 입구는 좁지만 크기는 아주 큰 대나무 통을 설치하여 투서함으로 사용하게 했다. 그런 다음 군 전체에 죄인을 고발하는 자에게는 상을 내리고, 죄인이 자수할 경우에는 형을 감면해준다는 방을 붙여 널리 알렸다. 이에 군 전체가 술렁이면서 적지 않은 사람들이 관아를 찾아와 투서했다. 조광한은 일부 편지의 서명을 지우고 권문세가 자제들의 이름을 대신 적은 다음 투서의 내용을 소문으로 퍼뜨렸다. 그러자 권문세가의 자제들은 서로를 의심하게 되면서 갈수록 갈등이 깊어져 갔다. 시간이 흐르면서 권문세가들은 서로 원수가 되었고, 오랫동안 유지되어온 붕당도 점차 와해되고 말았다. 조광한은 시기가 무르익었다고 판단하고 원原씨와 저䁱씨 등 붕당 결성의 주모자들을 잡아다가 참형에 처했다.

그 후로 영천 지역의 풍속은 크게 변했고 간사한 도적들은 자취를 감추었으며 권문세가들도 법도를 잘 지키게 되었다. 조광한은 명성이 알려지고 영천 지역을 잘 다스린 공이 인정되어 조정으로부터 경조윤京兆尹으로 승관하는 총은을 입게 되었다.

이런 치국, 치민의 방법은 중국 역사에서 가장 많이 사용되었을 뿐만 아니라 그 효과도 가장 두드러졌던 것이 사실이다. 중국 정치사에서 실제로 패도覇道[52]가 줄곧 중심적인 지위를 차지해왔던 것이다. 그러나 사람들이 진정으로 숭상하고 갈망했던 것은 패도가 아니라 인의지도와 왕도王道였다. 도적을 다스린 공수龔遂의 치적이 인의지도의 전범이라 할 수 있을 것이다.

공수는 자가 소경少卿으로 산양山陽 사람이다. 유가의 경전에 통달한 그는 관리가 되어 일찍이 창읍왕昌邑王 유하劉賀의 수하에서 낭중령郎中令을 지낸 바 있다. 그는 충직하고 온후한 성품으로 매사에 공정하고 강직한 태도를 잃지 않았고, 유가의 치국지도를 매우 숭상했다. 그러나 소제昭帝 말년에 유하 사건에 연루되어 억울하게 벌을 받고 성단城旦[53]에 징용되기도 했다. 선제가 즉위한 지 얼마 지나지 않아 발해渤海 일대의 군현에 기근이 들자 도적들이 벌떼처럼 일어나 조정의 관리들이 도저히 통제할 수 없을 정도로 극성을 부렸다. 선제는 즉시 공수를 불러들였다. 당시 공수는 이미 나이가 일흔에 가까워 수족이 자연스럽지 못했고 몸집은 왜소하기 그지없었다.

"짐은 지금 현명한 관리를 선별해 백성들을 위로하고자 하오."

"신이 듣기로 혼란스러운 백성을 다스리는 것은 엉킨 밧줄을 푸는 것과 같다고 했습니다. 너무 조급해하지 말고 천천히 엉킨 매듭을 풀어나가야만 혼란을 평정할 수 있지요. 기왕에 폐하께서 신으로 하여금

---

[52] 무력이나 권모로 다스리거나 공리를 탐하는 일.
[53] 낮에는 성을 쌓고 밤에는 성을 지키는 노역.

백성들을 위로하게 하셨으니, 모든 일을 신에게 맡겨주신다면 반드시 일을 해결하고 돌아올 수 있을 것 같습니다."

선제는 공수의 말에 충분히 일리가 있다고 여겨 그의 요구를 들어주었다. 더불어 공수에게 황금 100근을 하사하고 발해 태수로 임명하여 백성들을 안정시키도록 했다. 공수는 발해 경내로 들어서자마자 즉시 각 현에 격문을 보내 과거의 사소한 잘못으로 투옥된 관리들을 전부 석방하여 집으로 돌려보냈다. 그런 다음 농기구를 소지하고 있는 사람들은 양민임에 틀림없으니 문제 삼지 않되, 작은 것이라도 병기를 소지한 자들은 도적임에 틀림없으니 모조리 잡아다 죄를 묻게 했다. 모든 현에 격문이 나붙자 소문은 삽시간에 발해 전역에 퍼져나갔다. 이런 소문을 들은 도적들은 황급히 해산하여 대부분 자신의 생업으로 돌아갔다.

공수는 수레를 몰고 각 현의 관아를 순시하면서 가는 곳마다 먼저 창고를 열어 굶주린 백성들을 구휼하고 기존의 관리들 가운데 혹리들을 골라 전부 쫓아내고 선량한 관리들만 남겨 백성들을 다스리게 했다. 이러한 치리 방법은 백성들의 적극적인 지지를 얻었다. 백성들은 하나같이 편안하게 살면서 즐겁게 일하기를 원했지, 생명의 위협을 무릅쓰고 법을 어겨가며 도적이 되기를 원치 않았던 것이다.

또한 발해 지역 사람들은 사치를 좋아하는 풍속이 있어 모두들 상업에만 전념하고 농사를 지으려 하지 않았다. 이런 민풍을 개선하기 위해 공수는 솔선수범하여 근검절약하는 생활로 풍속을 변화시키려 노력하는 한편, 백성들에게 농업을 권장하면서 뽕나무를 심고 양잠을 시작할 것을 장려했다. 아울러 모든 사람들에게 나무 한 그루와 부추

100뿌리, 파 50뿌리를 심게 하고 집집마다 어미 돼지 두 마리와 닭 다섯 마리를 기르게 했다. 공수의 적극적인 권고로 백성들은 안심하고 농사를 짓게 되었고, 3~4년의 시간이 흐르면서 골치 아픈 송사가 더 이상 발생하지 않았으며 지역 전체가 평정을 되찾게 되었다.

동한東漢 시기의 가종賈琮도 백성을 다스림에 있어서 남다른 지략과 능력을 발휘한 바 있다. 가종은 자가 맹견孟堅으로 동군東郡 요성현聊城縣 사람이었다. 일찍이 경조령京兆令을 지낸 바 있으며 지모가 뛰어나고 실천력이 남달랐지만, 이렇다 할 정치적 업적은 많지 않았다.

중원의 맨 아랫부분에 해당하는 교지交趾, 즉 광서廣西 지역은 주요 특산품이 대부분 진귀한 보물이었다. 그렇다 보니 가종에 앞서 이 지역에 부임했던 자사들은 대부분 탐관오리로 전락할 수밖에 없었다. 이들은 집에 보물이 가득 쌓이면 곧 이임을 요청하여 그동안 쌓아놓은 보물을 챙겨 다른 곳으로 떠났다. 이어서 또 다른 수탈자가 부임하고 이런 악순환이 반복되니 백성들 사이에는 항상 원성이 가득했고 심지어 반란이 일어나기도 했다. 동한 영제靈帝 중평中平 원년(184년), 교지에서 반란이 일어났다. 반란군은 군대를 조직하여 자사와 합포군合浦郡 태수를 체포했다. 반란군의 우두머리는 자신을 '주천장군柱天將軍'이라 칭했다. 조정의 여러 관원들이 반란군을 평정하려 시도했으나 모두 성공을 거두지 못했다. 영제는 각 부서에 특별히 명령을 내려 교지를 다스릴 수 있는 인재를 엄선하게 했고, 결국 가종이 교지 자사로 임명되었다.

교지로 부인한 가종은 예전의 관리들처럼 병력을 동원하여 진압하지 않고 대신 실사구시의 방법으로 상황을 해결하려 했다. 가종은 먼저 이 지역에 반란이 일어난 원인을 밝히는 데 주력했다. 가종이 묻자 백성들은 이구동성으로 과중한 세금 징수가 반란의 원인이라고 대답했다. 모든 상황을 이해한 가종은 백성들의 죄를 묻는 대신 민생 안정을 위해 필요한 조치들을 시행해 나가기 시작했다. 그는 우선 백성들의 과중한 부역을 폐지하고 집을 떠난 사람들에게 다시 고향으로 돌아가 생업에 종사할 것을 호소했다. 또한 각 군현의 탐관오리들을 파직하고 대신 선량하고 성실한 관리들을 새로 선발해 임명했다. 이에 각지에 흩어져 떠돌던 백성들은 부세의 부담이 가벼워지자 고향으로 돌아가 본업에 종사하면서 더 이상 반란을 일으키지 않았고, 한 해가 지나지 않아 교지 지역은 이전의 평정을 되찾았다. 몇 년이 지나면서 교지군은 중원의 13개 주州 가운데 치리가 가장 잘된 지역 가운데 하나로 꼽히게 되었다.

말로써 반란군을 꺾다

동한 시기의 장강張綱도 다스림의 이치에 아주 뛰어난 인물이었다. 장강은 자가 문기文紀로 건위犍爲 무양武陽 사람이며, 동한 순제順帝 때 시어사侍御史를 지낸 바 있다. 유가의 치국 및 치민의 도리를 매우 숭상했던 그는 조정의 탐관들을 전부 치죄하고 백성들을 구휼해야 한다고 역설했지만, 그의 사상은 당시 권문세가들의 심기를 건드려 대권을 쥐고 있던 외척 양기梁冀로부터 원한을 사게 되었다.

양기는 대단히 음험하고 악랄한 사람이었다. 당시에 광릉廣陵 지방에 장영이 이끄는 농민 폭동이 발생했다. 폭도들은 성을 공격하고 현을 점령했으며 자사를 죽였다. 농민 반란군은 그 후로 양주와 서주 일대에서 10여 년 동안 활동하면서 엄청난 영향력을 행사했다. 이에 조정에서는 여러 차례 군대를 보내 토벌을 시도했지만 현지 주민들의 지지를 얻지 못해 끝내 승리를 거두지 못했다. 권신인 양기는 관련 부서에 장강을 광릉 태수로 부임시킬 것을 제안했다. 그가 광릉에 가서 반란군 진압에 실패할 경우 이를 근거로 그를 모함하여 제거하려는 것이었다.

이처럼 불순한 의도에도 불구하고 장강은 담담한 마음으로 임지로 내려가 소임을 다했다. 그의 방법은 이전의 군수들과는 사뭇 달랐다.

장강은 단 한 명의 병졸도 없이 시종 몇 명만 데리고 임지에 도착했다. 광릉에 도착한 그는 장영이 이끄는 반란군을 적으로 생각하지 않았다. 그는 10여 명의 사람들을 데리고 곧장 장영의 군영으로 찾아가 장영과의 면담을 요청했다. 장강이 찾아왔다는 보고를 들은 장영은 조정에서 또다시 대군을 파견한 것이라 여기고는 장강의 말을 믿지 않았다. 그러다가 장강이 군대를 이끌고 오지 않았음을 확인하고서야 장강을 만났다.

장강은 장영을 초대하여 상석에 앉힌 다음, 그가 성을 공격하고 관리를 살해했던 죄상이나 과거의 행실에 대해서도 심문하거나 질책하지 않았다. 대신 그에게 어떤 고충이 있는지를 물었다. 한참 동안 대화를 나눈 결과 반란을 일으킨 이유가 탐관오리들의 핍박에 견디다 못해서임을 알게 된 장강은 장영을 동정하며 말했다.

"이전의 태수들이 그토록 잔학하고 탐욕스러워 그대들로 하여금 반란을 일으키게 만들었구려. 그렇다면 잘못은 그대들에게 있는 것이 아니라 관원들에게 있는 것이오. 그러나 그대들의 행동에도 의롭지 못한

면이 없지 않았소. 지금의 황상께서는 대단히 어질고 현명하시어 학문의 덕으로 반란을 다스리려 하고 계시오. 그대들이 잘못을 뉘우치고 개과천선하기만 한다면 나는 그대들에게 벌을 내리지 않는 것은 물론이요, 작위와 봉록을 누릴 수 있게 해줄 작정이오. 그러나 그대들이 고집을 부리면서 잘못을 뉘우치지 않는다면 천자께서도 크게 진노하실 것이고, 결국 천자께서는 호북과 강소, 산동, 하남의 군대를 전부 동원하여 그대들을 토벌하게 될 것이오. 그때는 조정에 귀순하고 싶어도 이미 때가 늦을 것이고 그대들은 퇴로가 없는 죽음의 길로 들어서게 될 것이오. 이 얼마나 위험하고 무모한 일이겠소?

내가 듣건대 세력의 강함과 약함을 판단하지 못한다면 결코 지혜로운 사람이 아니고, 선을 버리고 악을 취할 줄 모르면 현명한 사람이 아니라고 했소. 또한 반역을 추종하는 것은 충신이 할 일이 아니고, 죽은 뒤 자손이 없으면 효자가 될 수 없으며, 바른 것을 내치고 간사함을 따르는 것은 불의이고, 의를 보고도 행하지 않는 것은 용사가 아니라고 했소. 현명함과 지혜, 충과 효, 정의와 용기 이 여섯 가지가 모든 사람의 이해와 성패를 좌우하는 관건이니, 그대는 내 말을 깊이 헤아려주기 바라오!"

장강의 말을 다 듣고 난 장영은 그의 충고가 충분히 일리가 있다고 판단하고는 몹시 감격하여 말했다.

"저는 아주 어리석은 놈입니다. 관리들의 횡포를 견딜 수 없는데다 조정에 줄을 댈 방법도 없다 보니 이렇게 사람들을 모아 반란을 일으킴으로서 살길을 찾아보려 했던 것뿐이지, 다른 뜻은 없었습니다. 그리고 오래전부터 운이 다했음을 깨닫고 스스로 위협을 느끼고 있었습니다. 단지 걱정되는 건 조정에 대항한 지 이미 오래되어 무기를 내려놓는 순간 죽임을 당하지나 않을까 하는 것입니다."

장강은 그뿐만 아니라 다른 모든 반도들의 안전을 보장하겠다고 재차 약속함으로써 장영을 안심시키고 그의 믿음을 얻었다. 장영은 이튿날 부대를 이끌고 장강의 관아를 찾아와 투항했다.

장강은 혼자 수레를 몰고 장영의 영채 안으로 들어가 연회를 베풀고 반군의 대오를 해산시킨 데 이어, 이들에게 집과 농지를 나눠주고 아무런 걱정 없이 농사를 비롯한 각종 생업에 전념하게 했다. 이로써 광릉 지역 백성들은 즐거움 속에서 평안하게 생활하며 번영과 태평을 구가하게 되었다.

『후한서後漢書』의 저자 범엽范曄은 이러한 치민의 도를 '성誠(진심)'과 '이理(합리성)', '신(신의)' 등 세 글자로 요약한 바 있다. 과거에 광릉에 부임했던 관원들이 대규모 병력과 위협을 통한 심리적 압박으로 문제를 해결하려 했다가 모두 실패한 반면, 장강은 진실과 합리성 그리고 신의로 모든 문제를 어렵지 않게 해결했다. 그의 성실한 치민지략이 천군만마의 위세를 압도한 것이다.

인의지도와 권모술수는 길이 다르지만 도달하는 곳은 같은 것인지도 모른다. 그러나 양자는 큰 차이를 지니고 있다. 후자는 겉으로 보이는 현상은 치료하되 근본을 치료하지는 못하지만, 전자는 현상과 근본을 동시에 치료한다. 수천 년 동안 이어져온 중화 민족의 역경과 고난을 극복하고 백성의 안녕과 복지를 실현한 것은 인의지도이지, 결코 권모술수가 아니었다는 사실을 잊지 말아야 할 것이다.

26 희대의 간신, 나라를 팔아먹다

    천하가 다 알고 있는 바와 같이 진회秦檜는 중국 역사상 가장 유명한 간신이었다. 진회가 생전에 행한 매국 행위와 그의 간사한 면모는 모르는 사람이 없을 정도였다. 한때 온갖 영화를 누렸던 그였지만 죽어서는 이름의 향기를 날리지 못하고 만대에 악취만 풍기게 되었다.
    중국 역사에 있어서 진회처럼 후대 사람들의 분노와 증오의 대상이 되었던 인물은 없을 것이다. 항주杭州의 악비岳飛 묘나 악왕岳王의 사당 안에는 진회의 석상이 무릎을 꿇고 있는 아주 추악한 죄인의 형상으로 철제 울타리 안에 놓여 있다. 중국인들이 간식거리로 흔히 먹는 유조油條[54]도 송宋나라 사람이 발명한 '유조회油條檜'에서 유래했다

---

54 길게 반죽한 밀가루를 기름에 튀긴 빵의 일종.

고 한다. 당시 사람들은 진회의 형상을 밀가루로 빚어 기름에 튀겨 먹었는데, 그것이 나중에 단순한 모양으로 변하여 두 다리만 남게 된 것이 지금 유조의 모양이라는 것이다. 청대淸代에는 진회가 민족의 영웅 악비를 모함하는 내용의 전통 희곡을 공연할 때면, 흥분한 관중이 무대 위로 올라와 진회 역할을 분장한 배우를 주먹으로 때려눕히는 사건이 발생하곤 했다.

민간에 전해지는 재미있는 이야기도 적지 않다. 지금도 간사하고 못된 사람을 이야기할 때면 '진회 같은 놈'이라고 말하곤 한다. 명대明代에는 이런 일도 있었다. 어떤 사람이 항주 도축장에서 이상한 돼지 한 마리를 보게 되었다. 돼지를 잡아 목을 자른 뒤에 가죽을 벗기고 털을 뽑았더니 뱃가죽에 '진회의 10대손'이라는 글자가 새겨져 있었다.

쇠로 된 채찍으로 진회를 때렸다는 유명한 이야기는 지금까지도 구전되고 있다. 악비의 친구인 장張 선생이 꿈속에서 악왕의 사당에 들어가 악비와 이야기를 나누고 나와 사당 뒤의 숲 속에 이르자, 갑자기 어디선가 살려달라는 비명 소리가 들렸다. 장 선생이 달려가보니 한 장사가 철로 된 채찍으로 진회를 마구 때리고 있었다. 진회가 말했다.

"악왕이 사람을 보내 매일 채찍으로 나를 100대씩 때리고 있습니다. 선생께서는 악왕과 친구이니 악왕에게 사정해 오늘 하루만이라도 채찍질을 면하게 해줄 수 없겠습니까?"

장 선생이 그렇게 하겠다고 약속하고 다시 악비의 사당에 들어가 간청하자 뜻밖에도 악비가 그를 꾸짖어 말했다.

"나는 진회에게 모함을 받아 죽었고 자네는 운 좋게 살아남은 것뿐인데, 어찌 진회를 위해 내게 그런 부탁을 할 수 있단 말인가? 어서 돌아가게. 옛 친구의 정을 생각해서 자네만은 그대로 돌려보내주겠네!"

장 선생은 다시 숲을 지나다가 진회가 또 채찍을 맞고 있는 것을 보고는 다가가 어찌 된 영문인지 물었더니, 진회가 자신에게 매를 면하게 해달라고 부탁한 것을 악비가 알고는 격분한 나머지 벌로 채찍질을 100번 더 하게 했다는 것이었다. 장 선생은 놀라움과 두려움을 떨치지 못한 채 잠에서 깼다. 이튿날 그는 황급히 악왕의 사당을 찾아가 악비에게 사죄하고 나서야 비로소 병을 면했다고 한다.

이처럼 지독한 저주와 비난의 대상이 되고 있는 진회는 과연 어떤 사람이었을까?

진회는 송宋 철종哲宗 원우元佑 5년(1090년)에 미천한 가문에서 태어나 비교적 빈궁하고 불우한 시절을 보내다가, 일찍이 향촌의 훈장을 지낸 바 있다. 그는 훈장이라는 직업에 항상 불만을 가졌고 자주 자신의 신세를 한탄하곤 했다. 그러나 휘종徽宗과 흠종欽宗 두 황제가 금에 포로로 잡혀 갔을 때 그의 관직이 이미 경사중승卿史中丞에 이르렀으니 상당한 권력을 지닌 대신이었던 셈이다.

1126년 흠종欽宗이 즉위하고 정권을 잡은 지 아직 얼마 되지 않았을 때, 금金나라 군대의 부원수副元帥 간불리斡不離가 군사를 이끌고 변경汴京 지역을 포위했다. 흠종이 허둥지둥 어가를 타고 피난하려 하자, 주전파인 이강李綱 등은 흠종에게 그대로 남아서 민심을 안정시킬 것을 권했다. 당시 간불리가 제시한 조건은 이러했다.

첫째, 황금 500만 냥과 은 5,000만 냥, 말과 소 1만 마리, 비단 100만 필을 바칠 것.

둘째, 흠종은 금나라 황제의 조카가 되어 금나라 황제를 큰 아버지로 섬길 것.

셋째, 중산中山과 태원太原, 하간河間 등 세 지역을 금에 할양할 것.

금나라가 내세운 조건을 두고 북송 조정 내부에서 극렬한 논쟁이 펼쳐졌다. 특히 영토의 할양 문제는 국방과 관련되어 있기 때문에 특히 민감한 사안이었다. 이때까지 진회는 아직 매국노의 면모를 드러내지 않았다. 그는 연산燕山 일대만 할양하되 나머지는 절대로 내어줄 수 없다고 주장했다.

북송의 사자로서 금나라와 담판을 벌이는 과정에서도 진회는 이런 주장과 의견을 고수했고, 북송으로 돌아와서는 전중시어사殿中侍御史와 좌사간佐司諫으로 승관했다. 나중에 진회는 장방창張邦昌을 황제로 세우는 데 반대했다가 점한粘罕과 간불리에게 붙잡혀갔다. 얼마 후 휘종은 강왕康王 조구趙構가 황제로 즉위했다는 소식을 듣고는 곧 금의 세종에게 화의를 구하는 편지를 써서 진회에게 전달하게 했다. 세종은 진회를 금에 붙잡아두었고, 곧이어 그를 자신의 동생인 달라撻懶에게 보냈다. 이때부터 진회는 달라에 충성을 다하며 그의 사냥개가 되었다. 달라가 살해된 뒤에도 진회는 여전히 금나라에 충성을 다하면서 남송을 팔아먹는 것을 자신의 임무로 삼았다.

1130년, 달라는 군대를 이끌고 남송의 북방 군사 요충지인 정양正陽을 공격하면서 진회를 수하에 대동했다. 이런 기회를 이용하여 진회를 놓아주어 남송으로 돌려보내려는 것이었다. 어째서 진회를 돌려보내려 하는지 묻자 달라가 말했다.

"나는 여러 차례에 걸쳐 진회를 군영에 놓아두고 유심히 살펴본 결과 내 마음대로 부리기에 적합한 인물이라고 느꼈소. 남송을 멸망시키려면 무력에만 의존해서는 뜻을 이루기 어려울 거요. 진회가 남송의 조정에서 움직일 수만 있다면 우리가 남송을 취하는 것은 식은 죽 먹기보다 쉬울 거요."

달라는 이런 말로 여러 사람들을 설복시켰다.

진회는 부인 왕王씨와 함께 남송으로 가는 도중에 연수漣水를 건너다가 남송의 수채통령水寨統領인 정사丁祀에게 붙잡혔다. 정사가 진회를 죽이려 하자 진회가 황급히 말했다.

"나는 전대에 어사중승을 지낸 바 있는 진회요. 날 모르시겠소?"

이때 배 안에서 누군가 올라와서는 진회를 아는 척하며 크게 읍을 하고 말했다.

"중승 대인, 돌아오셨군요. 그동안 고생 많으셨습니다!"

정사는 진회를 알아보는 사람이 있는 것을 보고서 진회의 말을 믿고 조정으로 돌려보냈다.

당시 금나라의 포로로 생활하는 것은 대단히 고되고 힘든 일이었다. 흠종 정강靖康 연간 이후 금나라에 포로로 간 송나라 황제의 왕자와 왕손, 환관과 관리의 가족들은 모두 노비가 되어 금나라 사람들에게 이용당했다. 포로로 잡힌 관리와 백성들은 귀천에 관계없이 모두 노예가 되었다. 베를 짤 줄 모르는 남자는 1년 내내 알몸으로 더위와 추위를 견뎌야 했다. 간혹 이들을 불쌍히 여긴 금나라 백성들이 불을 피워 밥을 지어주기도 했다. 이렇게 자주 불을 피워 몸을 녹인다 해도, 땔감을 구하기 위해 찬바람이 몰아치는 들판에 나갔다 돌아오면 다시 불 가까이 앉아도 살가죽이 벗겨지고 며칠 못 가 목숨을 잃기도 했다. 그나마 가장 좋은 대우를 받는 사람은 손재주를 가진 사람들이었다. 상황이 이렇다 보니 남송으로 돌아오는 것은 쉬운 일이 아니었다.

　진회는 자신이 직접 변방을 지키는 병사를 죽이고 왕씨와 함께 2,800리 길을 걸어서 도망쳐왔다고 말했지만, 조정의 대신들은 대부분 불가능한 일이라며 그의 말을 믿어주지 않았다. 그러나 진회의 친한 친구인 재상 범종윤范宗尹과 이회李回가 그를 적극 변호하는 데다 선대에 남긴 좋은 인상까지 더해져 고종 조구趙構는 진회를 의심하지 않았다.

　진회가 남송으로 돌아왔을 때 고종은 이미 상갓집 개처럼 의지할 곳 없는 불쌍한 신세였다. 묘전苗傅과 유정언劉正彦 두 장군이 병사들을 이끌고 궁궐로 난입해 들어와 무력으로 위협하는 바람에 고종은 하마터면 황위를 태자에게 넘기고 태후에게 섭정을 맡길 뻔했다. 다행이 나중에 장준張浚 등이 병사를 일으켜 묘전과 유정언을 토벌하고 난 다음에야 다시 복위할 수 있었다. 양주揚州가 금나라 군대에게 함락당하자 고종은 황급히 진강鎭江으로 도망쳤다가 다시 임안臨安으로 몸을 피했고, 얼마 후에는 다시 명주明州를 거쳐 월주越州로 피난해야 했다. 이때 고종은 진회를 만나게 된 것이다.

　진회는 미리 준비해둔 '달라와의 화친 서한'을 고종에게 바쳤다. 고종은 진회가 자신이 달라와 여러 해 동안 함께 생활했기 때문에 그의 성정을 훤히 알고 있다고 호언하는 데다 달라의 서한까지 소지하고 있는 것을 보고는 금과의 화친에 실패하지 않을 것이라 믿어 의심치 않았다. 이때부터 진회는 본격적으로 매국 활동을 시작했다.

　당시 남송의 군대는 주로 하북과 산동 등지에서 온 병사들로 구성되어 있었고, 이들은 고향으로 돌아가서도 금나라 사람들의 통치를 받는 것을 원치 않았다. 때문에 진회의 책략은 광범위한 반대에 부딪치게 되었다. 그는 이 문제를 해결하기 위해 '두 가지 구체적인 책략'을 제시했다. 남송의 하북 사람들을 금나라로 귀환시키고 중원 사람들은 유예劉豫[55]로 보내는 것이었다. 그러나 그의 이런 책략은 나라를 뒤흔들어 수많은 대신과 사인들이 연이어 공개적인 저항과 반대에 나섰다.

강력한 여론의 압력하에서 고종은 1132년 6월에 화친만을 주장하면서 당파를 만들어 권력을 잡으려 했다는 죄명으로 진회를 재상의 자리에서 파면시킬 수밖에 없었다. 나중에 금나라 사신이 남송을 찾아왔을 때 그가 제시한 화친의 방법은 진회의 주장과 완전히 일치했다. 이로써 진회가 금나라와 내통했다는 사실이 입증되었다.

금에 남송을 팔아먹다

진회는 재상직에서 파면된 후 조용히 상황을 관망하는 태도를 취했다. 그는 남송을 멸망시키려는 금나라의 결정이 결코 변하지 않으리라는 것을 잘 알고 있었다. 또한 남송의 조정에서는 조만간 다시 화의를 주장하는 여론이 일 것이고, 그때가 되면 자신은 다시 중용될 것이라는 기대도 버리지 않고 있었다. 과연 그의 예측대로 1135년에 금왕 점한이 죽자 동생 달라가 새 왕으로 즉위했고, 그 후 몇 년 뒤에 달라는 군대를 일으켜 남송을 재차 위협하기 시작했다. 전에도 금의 위협에 놀라 혼비백산했던 경험이 있는 고종은 진회를 다시 재상으로 기용하여 화의를 추진하게 했다.

---

[55] 금나라 사람이 건립한 괴뢰 정권.

고종 소흥紹興 8년(1138년) 5월, 금은 다시 사자를 보내 이전에 몇 차례 언급한 바 있는 화의의 조건을 거듭 제시했다. 금나라 사람들과의 담판 전날, 진회는 고종의 의중을 떠보면서 그에게 속히 금과의 화의를 결정할 것을 종용했다. 여러 차례 조회를 열 때마다 진회는 다른 대신들이 물러간 뒤에도 혼자 남아 고종과 밀담을 나누었다.

첫 번째 밀담에서 진회가 말했다.

"신료들이 하나같이 겁쟁이들이라 꼬리를 내리고 움직이지 않고 있습니다. 이들과 대사를 논하는 것은 어리석은 일일 듯합니다. 금과의 화의 문제는 폐하와 제가 단독으로 상의하여 결정을 내리는 것이 바람직할 것 같습니다. 다른 사람들이 관여하다간 일만 늘어날 뿐이지요."

"과인은 그대 한 사람만 보내 이 일을 추진하도록 하겠소."

"이 일에 대해선 저도 자신이 있습니다. 단지 폐하께서 결심을 내리셨는지 궁금할 따름입니다. 일의 순조로운 진행을 위해 폐하께서는 사흘만 더 생각하신 후에 결정을 내려주십시오."

사흘 뒤 진회와 고종은 두 번째 밀담을 나누게 되었다. 고종이 먼저 입을 열었다.

"과인의 결정은 이미 확고하오!"

"아직 철저하게 고려하지 못한 부분이 있지나 않을까 염려스럽습니다. 다른 면에서 아직 순조롭지 못한 점들이 있으니 폐하께서는 사흘만 더 고려해주십시오!"

다시 사흘이 지나고 세 번째 밀담이 이루어졌다. 진회는 고종의 신념이 더 이상 흔들리지 않으리라 확신하고는 투항 방침을 과감하게 실행에 옮겼다. 진회는 우선 준비한 화친 방안을 고종에게 설명하고 나서, 자기 혼자서 담판을 주재하되 다른 사람은 일절 관여하지 못하게 해줄 것을 요구했다. 고종은 아직 3년상을 마치지 못한 상태라 국가의 대사를 처리할 수 없기 때문에 화의의 대례大禮를 직접 행한다면 이는 선제께 불효하는 것인 동시에 대단히 불길한 일이므로, 이런 사실을 금의 사자에게 설명하면 하는 수 없이 자신이 고종의 황제 권한을 대행하여 대신 무릎을 꿇고 절을 올리고 화약 국서에 서명할 수 있게 해줄 것이라고 설득했다.

이 무렵 금에서는 점간이 정적의 손에 죽은 데 이어 달라 역시 정적인 금올술의 손에 목숨을 잃게 되었다. 금 왕조는 더 이상 화친 방침을 실행에 옮기지 않고 무력으로 남송을 멸망시키려 했다. 결국 진회가 화친 조약을 체결한 지 1년 만에 금올술이 병사를 이끌고 남하하여 하남과 섬서 일대를 잇달아 함락시키자 진회는 놀라움을 금치 못했다.

금이 맹약을 철회한 상태에서 이제는 진회의 화의도 아무런 소용이 없게 되었다. 진회는 자신이 또다시 파면되지나 않을까 두려워 금올술의 침략에 대한 고종의 태도를 확인하기 위해 자신의 심복을 고종의 신변으로 보냈다. 진회의 심복이 고종을 알현하여 속을 떠볼 요량으로 물었다.

"금군의 공격으로 섬서와 하남 일대가 완전히 함락되었습니다. 장준張浚에게 성을 지키지 못한 책임이 있기는 하나 그는 필경 충성스럽고 용맹한 신하이니 아직 중임을 맡기셔도 좋을 듯합니다. 그로 하여금 금군에 대항케 하시지요."

이 말에 고종은 대노하여 주먹으로 책상을 내리치며 말했다.

"나라가 망하는 일이 있더라도 그자를 다시 기용하는 일은 없을 것이오!"

　진회는 이 소식을 듣고서야 비로소 마음을 놓았다. 장준은 금에 대항하여 끝까지 저항하여 싸울 것을 주장한 장수였던 것이다. 사실 섬서가 함락된 것도 장준의 책임이 아니라 금의 군대가 워낙 막강했기 때문이었다. 어쨌든 고종이 장준을 중용하지 않기로 한 것은 그가 여전히 금에 저항하지 않고 화의를 맺기를 바라고 있음을 말해주는 것이었다.

　한편 금에 저항하여 끝까지 싸울 것을 주장한 남송의 명장 악비는 하남 일대에서 연승을 거두고 있었다. 금올술은 악비의 군대가 다가오고 있다는 소식을 듣고는 두려움에 떨면서 후퇴해 돌아갔다. 금군은 악비라는 이름만 들어도 간담이 서늘하여 벌벌 떨었고, 수많은 금군의 장수들이 송나라에 투항할 준비를 하고 있었다. 이런 상황에서 악비는 기세를 늦추지 않고 금군을 계속 추격할 태세로 여러 장수들을 향해 호방하게 말했다.

　"이런 기세로 곧장 황룡부黃龍府까지 쳐들어가 여러 장수들과 함께 취하도록 마셔봅시다!"

　전방에서의 이러한 승리는 오히려 진회와 고종을 두려움에 떨게 했다. 진회는 금올술이 자신에게 죄를 물을 것이 두려웠고, 고종은 묘전과 유정언 두 장군의 반란을 경험한 뒤로 아직도 모반에 대한 두려움을 떨치지 못하고 있었던 것이었다. 그래서 고종은 악비가 계속 승리하면서 북상하는 것을 원치 않았다. 진회는 고종의 이름으로 유기와 악비에게 날을 잡아 일을 추진할 것이니 경솔하게 군대를 움직이지 말라는 명령을 내렸다. 얼마 후 악비는 또다시 주선진朱仙鎭에서 금올술의 군대를 크게 격파하고 곧 황하를 건너 이들을 추격할 준비를 했다. 다급해진 진회는 하루에 열두 차례에 걸쳐 금패金牌를 보내 악비에게 속히 철군할 것을 재촉했다. 악비는 하는 수 없이 하늘을 향해 탄식하면서 10년 동안 이룬 공을 하루아침에 포기하고 말았다.

고종 소흥紹興 11년(1141년) 4월, 진회는 관직을 높여준다는 명분을 내세워 한세충韓世忠과 악비, 장준 등의 장수들을 조정으로 불러들였다. 실은 승진을 빌미로 이들을 불러들여 병권을 박탈하기 위한 비겁한 술책이었다. 그 결과 한세충과 장준은 추밀사樞密使에 임명되었고 악비는 추밀부사樞密副使에 임명되어 병권을 박탈당하고 말았다.

금올술은 남송이 스스로 자신들의 병력을 해체했다는 소식을 듣고 몹시 기뻐하면서 다시 군대를 정비하여 남송을 공격할 태세를 갖췄다. 아울러 송에 회하淮河 이북 땅을 전부 금에 할양할 것을 요구하면서 금군에 저항하는 장수는 누구를 막론하고 죽이겠다고 협박했다.

그리하여 진회는 주도면밀한 계획을 세워 악비 등 송의 명장들을 제거하기로 마음먹었다. 그는 먼저 간관諫官을 시켜 거짓 증거를 날조하게 하고 장준을 통해 악가군岳家軍의 주요 장수인 장헌張憲의 부장 왕귀王貴, 왕준王俊 등을 매수하여 이들에게 장헌과 악비의 아들 악운岳雲을 무고하게 했다. 이리하여 장헌과 악운은 죄도 없이 감옥에 갇히는 신세가 되고 말았다. 악비가 모반을 꾀했다는 말을 듣고 고종은 놀라움과 분노를 금치 못하며 당장 악비를 잡아들이라고 명했다.

문관인 하주何鑄는 죄의 증거가 부실한 것을 보고는 진회에게 이 사건을 철회할 것을 요청했으나, 진회는 이를 받아들이지 않고 사건을 간관에게 돌려보내 다시 심의하게 했다. 악비가 온갖 박해를 당하는 동안 진회는 이미 남송을 대표하여 금올술과 '화약'을 맺어 회수淮水를 경계로 국경을 정하고 섬서 지역 전체와 당주唐州, 등주鄧州 등지를 할양하는 한편, 매년 은과 비단 25만 필을 공물로 보내고 강남으로 흘러들어온 북방 사람들을 원래 살던 곳으로 돌려보내기로 약조했다. 고종은 이 모든 조건을 두말 없이 받아들였을 뿐만 아니라 오히려 감사의 인사까지 전했다. 이것이 남송과 금이 대치하면서 맺은 두 번째 화약으로, 역사에서는 이를 '소흥화약'이라 부른다.

악비 등이 구금된 지 두 달이 넘도록 진회는 이들을 처벌할 만한 증거를 찾지 못했다. 결국 진회는 아내 왕씨의 종용으로 밀령을 내려 악비와 장헌, 악운 등을 참수하고 말았다. 악비의 죽음은 민중의 분노를 불러일으켰고, 이미 파직당한 상태인 한세충은 진회의 면전에서 따져 묻기도 했다.

"도대체 악비가 무슨 죄를 지었단 말이오? 증거가 있소?"

"아마 있을 거요."

"그런 말로 천하를 설복시킬 수 있다고 생각하시오?"

진회는 이처럼 간사하고 악독하기 그지없는 인물이자 도저히 용서받을 수 없는 죄인이었다. 진회의 악독한 술책은 크게 다섯 가지로 결론지을 수 있다.

첫째, 그는 남송의 허약한 시국을 이용하여 금에 나라를 팔아먹었다. 아울러 고종을 마음대로 조종하면서 순한 개로 만들어버렸다. 그의 이러한 성공은 일시적인 불편에도 자신감을 잃지 않고 시기를 기다리는 간신 특유의 굴절성에 기인한다.

둘째, 그는 정적을 탄압하고 제거하는 데 수단과 방법을 가리지 않았고 잔혹하기 그지없었다. 대학자 호전胡銓이 추밀원에서 일하는 동안 진회를 참수하여 하늘에 사죄하라는 상소를 올리자, 이를 알게 된 진회는 곧장 그를 귀양 보내버렸다. 나중에 진강陳剛이 호전에게 동조하는 상소를 올리자 그 역시 '죽음의 땅'이라 불리는 안원安遠으로 보내 객사하게 만들었다. 또한 소륭邵隆이 '소흥화약'에 대해 불만을 토로하자 진회는 그의 관직을 박탈한 데 이어 독약을 먹여 제거했다.

셋째, 그는 빈틈을 이용하는 데 능했다. 이간질과 시비에 능했고 여러 신하들 사이에 갈등을 조장하여 그 사이에서 자신의 권력을 키우는 데 뛰어났다. 진회가 조정을 좌우할 수 있었던 것은 이런 방법으로 다른 세력들을 견제하고 제압했기 때문이다.

넷째, 진회는 말을 많이 하지 않았고, 말을 했다 하면 대단히 치밀하고 주도면밀한 계략에 의해 말했다. 어떤 문제를 놓고 토론을 벌일 때 누군가 반대할 경우 그는 불쾌한 내색을 하지 않다가 나중에 뒤에서 상대를 공격하거나 자신을 방비하곤 했다.

다섯째, 철저한 자기 관리로 자신의 명성과 신변을 완벽하게 지켰다. 그만큼 그는 매사에 쉽게 긴장했고 의심이 많았다. 또한 자신에게 조금이라도 불리한 인물은 위험하지 않더라도 가차 없이 잔인하게 제거했다.

고종 25년(1155년), 병으로 세상을 떠날 때까지 진회는 두 차례에 걸쳐 재상직에 올라 19년 동안이나 조정을 지켰다. 비굴하고 추악한 인물에게 역사가 잘못 안겨준 눈먼 부귀영화였다.

27 | 망국의 군주는 있어도
        망국의 신하는 없다

　가사도賈似道는 송宋 영종寧宗 가정嘉定 5년(1212년)에 태어났으며, 절강성浙江省 대주臺州 사람이다. 그의 부친 가섭賈涉은 상당한 재력가로 전당현에서 호胡씨 성을 가진 유부녀에게 반해 속임수를 써서 그녀를 시첩侍妾으로 삼았다. 이 호씨가 가사도의 생모이다. 가섭은 아들 가사도만 챙기고 첩인 호씨를 요만현에 버려두었다. 나중에 호씨는 살길이 막막해지자 하는 수 없이 한 석공에게 다시 시집을 갔다. 이 석공은 호씨를 아내로 얻었다는 이유로 나중에 가사도가 보낸 사람에 의해 살해되었다.
　열 살 되던 해에 부친인 가섭이 갑자기 병으로 세상을 떠나자 가사도는 의지할 곳을 잃어 생활이 몹시 곤궁해졌다. 성정이 교활하고 경솔한 데다 부친을 잃고 모친은 행방조차 모르는 형편이니 누구도 나서서 그를 돌보려 하지 않았다. 결국 그는 주변의 건달들과 어울리면서 자연스럽게 타락의 길로 빠져들게 되었다. 어쩌면 이 시기의 건달 생활이 살길을 개척하고 조정에서 황제의 총애를 받고 권력을 쥐고 흔드는 데 큰 작용을 하게 되었는지도 모른다.

송대의 조정에는 높은 관직을 지냈거나 큰 공을 세웠던 관리의 자손들에게 일정한 관직이 수여되는 불문율이 있었는데, 이를 '은음恩蔭'이라 했다. 가사도 역시 가흥사창嘉興司倉의 관직을 수여받았다. 그러나 가사도가 재상이 되려면 기적 같은 우연에 의해 벼락 출세를 해야 했다. 그런데 이런 기적 같은 행운이 가사도에게 찾아왔다. 가사도의 이복누이가 궁녀 간택에서 선발되어 입궁하게 된 것이다. 입궁하고 얼마 지나지 않아 가씨는 이종理宗의 총애를 받는 귀비貴妃가 되었다.

가씨는 현덕한 여인임에 틀림이 없었다. 그녀는 입궁하여 황제의 총애를 받게 되자 동생을 잊지 않았고, 이종에게 항상 동생이 현명하고 뛰어난 인재라고 입버릇처럼 이야기했다. 이종은 따져보지도 않고 처남을 등용하기로 결정했다.

이종 조윤趙昀은 어리석기 그지없는 군주였다. 그는 원래 타향을 떠돌던 왕족 출신으로, 황제가 된 뒤에도 향락에만 빠져 국가 대사는 제대로 돌보지 않았다. 이종은 수년에 걸쳐 계속 가사도를 중용했다. 처음에는 적전령籍田令과 태상승太常丞, 군기감軍器監 등에 등용했다가 나중에는 아예 대종정승大宗正丞에 임명했다.

가사도는 사람들을 모아 도박을 하고 기방 출입을 일삼으며 기녀들과 어울려 신나게 화류계 생활을 즐겼다. 특히 항주 서호에서는 그의 배가 가장 화려했고 거느린 기녀도 가장 많았다. 한밤에 호숫가를 거닐 때면 불빛이 가장 밝은 곳이 가사도가 있는 곳이라고 할 정도였다.

가사도가 이종에게 특별한 신임을 얻게 된 것은 이종의 외롭고 적적한 심정과 관련이 있을 것이다. 이종의 세력 기반은 사미원史彌遠에 의해 형성된 것이었고, 즉위한 후에도 모든 정사를 자신의 뜻대로 처리할 수 없었다. 사미원이 10여 년 동안 권력을 독점하면서 조정에는 자연히 사미원의 도당이 가득 포진하게 되었고, 이종은 심복 하나 찾기 어려웠던 것이다. 1241년에서 1257년 사이에 가사도는 풍주屁州 지주知州에서 승진을 계속하여 양회제치대사兩淮制置大使 겸 회동淮東 안무사按撫使, 지양주知揚州의 자리를 거쳐 다시 참지정사參知政事와 추밀원지사樞密院知事에 임명되었다.

1259년 2월, 몽고의 대칸인 몽가蒙哥가 군대를 이끌고 세 갈래로 남송을 공격했다. 남송의 국경에 위치한 군사 요충지 악주鄂州가 여러 달 동안 포위되었다가 동송신董宋臣이 이끄는 군대에 의해 간신히 위급한 상황에서 벗어났지만, 이종에게는 이런 사실이 전해지지 않았다. 나중에 대신들이 황급히 피난 준비를 하자, 그제야 이종은 몽고족의 공격 사실을 알게 되었다. 이종은 몽고의 남침 사실을 알고도 이에 대항할 생각은 하지 않고, 오히려 동송신, 정대전丁大全 등을 시켜 천도를 준비하게 했다. 이종의 이런 대응은 강직한 대신들의 강한 반대에 부딪쳤다. 문천상文天祥 등이 강력하게 항의하자, 이종은 두 대신을 파면시키고 오잠吳潛과 가사도에게 정사를 주관하게 했다.

가사도는 우승상 겸 추밀사樞密使의 신분으로 군대를 이끌고 출정했다. 그가 권력을 장악하는 데 사용한 가장 중요한 수단은 전공戰功을 거짓으로 보고하는 것이었다. 가사도에게는 군대를 지휘할 능력도 없었고 전장에 나가 싸울 용기는 더더욱 없었다. 그가 군대를 이끌고 황주黃州로 이동하고 있을 때 멀리 한 무리의 대오가 눈에 들어왔다. 몽고군이 습격하는 것이라 생각한 가사도는 너무 놀란 나머지 머리를 감싸 쥔 채 탄식했다.

"이번에는 꼼짝없이 죽게 생겼구나! 꼼짝없이 죽었어!"

병사들의 보고를 듣고서야 맞은편에서 달려오는 병력이 몽고군이 아니라 소규모 반란군임을 알게 된 가사도는 그제야 자신감을 갖고 절대적으로 우세한 군대를 지휘하여 반란군을 격퇴했다.

가사도가 발휘할 수 있는 유일한 기술은 남을 속이고 기만하는 것이었다. 그는 쿠빌라이와 맺은 협정을 다른 사람들에게는 비밀로 하고 특히 이종이 눈치 채지 못하도록 철저히 단속했다. 가사도는 오잠이 악주성을 지킨 공로로 자신의 자리를 빼앗거나 자신의 속임수를 꿰뚫어보지나 않을까 두려웠다. 이에 가사도는 오잠이 조기趙祺를 태자로 세우는 것에 반대한다는 명목으로 이종과 태자와 오잠 사이를 이간질했고, 오잠이 몽고군에 대항한 행동이 적절치 못하여 결국 전쟁에 대패하는 결과를 가져왔다고 모함했다. 이종은 당장 명령을 내려 오잠을 좌승상의 자리에서 물러나게 했고, 가사도는 밀사를 보내 유배지로 향하는 오잠을 독살함으로써 끝내 눈엣가시 같은 마음속의 우환을 제거해버렸다. 또한 가사도는 막료들을 사주하여 명사들을 불러 모은 다음 「복화편福花編」이란 글을 지어 자신이 '악주를 구한 공적'을 대대적으로 선전하게 했다. 당시 이런 방법은 대단한 효과를 발휘하면서 조정은 물론 백성들까지도 잠시 속여 넘길 수 있었다.

그래도 이종은 운이 좋았던 것 같다. 몇십 년 동안 향락 속에서 살다 세상을 떠나면서도 망국의 군주는 되지 않았으니 말이다. 이종의 뒤를 이어 황제가 된 도종度宗은 즉위한 후 얼마 동안 가사도의 권력을 제한하면서 직접 정사를 주재했으며, 노련함과 유능함을 과시하며 몇 가지 훌륭한 일을 해내기도 했다. 조정 안팎은 이런 변화 덕분에 크게 고무되면서 도종에게 커다란 희망을 가졌다. 그러나 자신의 권력이 제한을 받게 되자 가사도는 침몰될 위기에 몰릴 수도 있다는 생각에 또다시 농간을 부리기 시작했다.

거짓으로 출정하여 나라를 망하게 하다

가사도는 심혈을 기울여 거대한 음모를 계획했다. 그는 우선 관직을 버리고 은거에 들어간 다음, 자신의 측근인 여문덕呂文德을 시켜 몽고군과 대치하는 호북 최전방에서 쿠빌라이가 대군을 이끌고 빠르게 타坏강으로 진격하고 있으며, 세력이 막강해 이대로 가다가는 도성 근처까지 접근하는 것도 어렵지 않아 보인다는 거짓 보고를 올리도록 했다. 도종은 한창 정치적 폐단을 개혁하려던 차에 청천벽력 같은 상황에 마주하게 되었다. 문무백관들은 누구 하나 나서서 대응책을 제시하는 사람이 없었다. 곧이어 수십만의 몽고 정예군이 빠르게 남하하여 곧 도성의 방어벽에 이를 것이라는 급보가 전해지자 도종은 혼비백산했다. 그는 조정에서 유일하게 몽고군에 대항할 수 있는 '악주대첩'의 영웅 가사도를 떠올리지 않을 수 없었다.

도종은 한숨을 내쉬면서 하는 수 없이 황태후의 이름을 빌어 가사도에게 출사해줄 것을 청해야 했다. 사謝 태후는 친필 서한을 써서 사람을 시켜 공손한 태도로 가사도에게 전달하는 동시에 그를 위국공魏國

公에 봉했다. 가사도는 전황의 급보가 자신의 명령에 따른 거짓 보고임을 잘 알고 있었지만, 겉으로는 자못 격앙된 표정을 지으며 국가와 민생을 위해 죽음도 불사할 것 같은 모습을 보이는가 하면, 심지어 앞으로의 방략을 구상하는 듯한 몸짓을 취하기도 했다. 가사도가 도종에게 충정에 가득 찬 출사표를 올리면서 전의를 다지자, 도종은 그의 출정을 전송하며 감격의 눈물을 흘렸고 황제의 권위가 담긴 절월의장節鉞儀仗[56]을 하사했다. 가사도가 출정하는 날 임안臨安성은 그의 출정 행렬을 보기 위해 큰길로 나온 사람들로 인산인해를 이루었다. 그러나 가사도는 자신의 위풍을 과시하기 위해 그날이 출정에 불리하다는 구실을 들어 절월의장을 반납했다. 이 일로 가사도의 위풍은 더욱 고양된 반면, 도종의 의기는 크게 위축되었다. 가사도가 전방을 대충 둘러보고 아무 일도 없는 듯이 무사히 돌아오자 진상을 알지 못하는 도종과 조정의 대신들은 놀라움을 금치 못했다. 모두들 가사도의 무사 귀환을 축하하기 바빠서 전보가 사실인지 따질 여유도 없었다.

가사도의 충정과 용기가 거짓이라는 사실을 도종이 알 리가 없었다. 이때부터 도종은 완전히 자신감과 열정을 상실하고 대권을 가사도의 손에 맡긴 채 향락에 빠져 생활했다.

대권을 장악한 가사도는 다시 한번 숙청을 단행했다. 그는 아주 짧은 시간에 조정을 위에서 아래까지 전부 자신의 측근으로 포진시키고, 심지어 문을 지키는 하급 관리까지 검증을 거쳐 배치했다. 이리하여 조씨의 송 왕조가 실제로는 가씨의 천하로 뒤바뀌고 말았다.

---

56 관리가 지방에 부임할 때 왕이 내주던 물건.

가사도가 집권하는 동안 조정은 극도로 부패하고 횡령과 뇌물의 관행이 성행했으며 매관매직이 비일비재했다. 가사도의 관저는 뇌물과 선물을 바치려 찾아온 사람들로 문전성시를 이루었고, 관직을 얻고자 하는 사람들은 반드시 가사도의 비위를 맞춰야 했다. 자신의 권력을 과시하기 위해 가사도는 닷새에 한 번씩 배를 타고 서호를 건너 조정에 나가는가 하면, 재상의 관아에도 나가지 않고 자신의 집에서 업무를 처리했다. 이러한 가사도의 행태를 묘사하여 "조정에는 재상이 없고, 호수 위에 평장平章[57]이 있네"라고 노래한 시구가 구전되기도 했다.

몽고 군사들이 몇 년에 걸쳐 양양襄陽 지역을 포위하고 있는 동안 가사도는 비구니와 기녀들을 희롱하며 밤낮으로 환락에 빠져 있었다. 가사도는 민간의 잡기인 귀뚜라미 싸움에 관한 전문 서적을 한 편 써서 『실솔경像蟀經』이라 명명했고, 골동품과 서화에 관해 조예가 깊은 척하면서 교묘한 수단으로 마음에 드는 작품을 빼앗기도 했다. 그는 자신의 시종과 시첩들에게 극히 난폭한 행태를 보였다. 한번은 호수를 유람하면서 한 시첩이 어느 미소년을 보고 "정말 아름다운 소년이네!"라고 칭찬하자 질투심에 불탄 가사도는 그 자리에서 그녀의 목을 베고, 자른 머리를 쟁반에 담아 다른 시첩들에게 보여주었다.

몽고군이 양양을 맹렬하게 공격하고 있다는 소식을 듣고 가사도는 누구도 몽고군의 공격에 관해 언급하지 못하게 했고, 누군가 이 일에 대해 언급하면 구실을 만들어 관직에서 쫓아냈다. 한번은 도종이 몽고군의 재침을 우려하여 가사도에게 물었다.

---

57 재상을 달리 부르는 이름.

"몽고군이 양양을 포위한 지 벌써 3년이나 지났는데 어찌해야 좋을지 모르겠소."

"몽고군은 이미 격퇴되었습니다. 폐하께서는 다른 사람들의 허튼소리를 귀담아듣지 마십시오."

가사도가 도종에게 진언을 올린 사람을 찾아내 처벌하려 하자, 도종은 하는 수 없이 한 궁녀가 말하는 것을 들었을 뿐이라고 둘러대야 했다. 가사도는 진위 여부를 가리지도 않고 이 궁녀를 즉시 사형에 처했다. 이런 광경을 목도한 사람들은 더 이상 진실을 입에 담지 못했다.

도종은 무절제한 주색잡기로 서른다섯의 한창 나이에 갑자기 병사하고 말았다. 뒤를 이어 즉위한 공제恭帝는 즉위 당시 네 살의 어린아이였기 때문에 태황태후인 사씨가 섭정을 펴야 했다. 공제가 즉위한 지 몇 달 되지 않아 몽고군은 양자강을 건너 임안 근처까지 바싹 진격해왔다. 양양성이 포위된 지 5년이 지나면서 성 안의 병사들은 인골人骨로 불을 때고 지폐로 옷을 지어 입었다. 양양성의 수장守將인 여문환呂文煥은 아무리 기다려도 지원 병력이 도착하지 않자 하는 수 없이 투항하고 말았다. 몽고군은 원元 세조世祖 쿠빌라이의 지휘하에 파죽지세로 번성을 공격한 데 이어 진격을 계속했다. 도종이 살아 있을 당시 가사도는 나약해진 도종의 마음을 사로잡기 위해 허장성세를 부리며 출사표를 내기도 했지만 도종은 이를 필사적으로 만류했다. 덕분에 가사도는 직접 전선에 뛰어드는 위험을 면하면서 명성은 명성대로 챙길 수 있었다. 공제가 즉위하고 원나라 군사가 맹렬하게 공격해오자 군신들은 잇달아 가사도에게 출정을 요청했고, 가사도는 더 이상 핑계를 대면서 거부할 수 없는 입장에 처하게 되었다.

결국 그는 13만 명의 정예부대를 이끌고 수로를 통해 안휘安徽 일대에 도착했다. 그러나 애당초 접전을 벌일 생각이 없었던 그는 싸울 생각은 하지 않고 줄곧 원나라 사람들에게 아첨하며 화친을 청했다. 가사도는 원나라 승상인 백안伯顔에게 예물을 보내면서 영토를 할양하고 손해를 배상함으로써 화의를 구하려 했지만, 백안은 그가 신의를 지킬 줄 모르는 인물이라고 욕설을 퍼부으며 사자로 온 정대경鄭大經을 잡아둔 채 화친을 거부하고 공격을 단행했다. 가사도는 한 번도 저항해보지 않고 수하 몇 명만 거느린 채 작은 배를 타고 도망쳤다. 남송의 군대는 혼란 그 자체였다. 이 일로 인해 가사도의 진면목이 처음으로 만천하에 드러나게 되었다.

간신히 조정으로 돌아온 가사도는 농간을 부려 황태후 사씨를 완벽하게 속이고 계속 충신을 자처하면서 천도를 제안했다. 그렇지만 노항魯港에서 대패한 이후로 세상의 여론이 떠들썩해져 더 이상 세상을 속일 수는 없었다. 게다가 원나라 군대가 코앞까지 진격해오자 공황 상태에 빠진 조정의 대신들이 잇달아 상소를 올려 가사도의 진상을 폭로하면서 그를 죽일 것을 요청했다. 여론의 압력을 이기지 못한 사 태후는 결국 가사도를 면직시켰지만, 이것으로는 백성들의 분노를 잠재울 수 없었다. 사 태후는 하는 수 없이 가사도를 편벽한 광동廣東 지역으로 유배 보냈다. 일찍이 가사도에게 박해를 받은 바 있던 현위縣尉 정호신鄭虎臣은 복수하기 위해 자원하여 가사도의 압송을 맡았다. 유배지로 향하는 길에 정호신이 가사도에게 여러 차례 자결할 것을 종용했지만, 그는 구차하게 목숨만 살려달라고 빌면서 자결을 거부했다. 정호신이 온갖 방법을 동원하여 가사도를 압박하자 더 이상 살 가망이 없다는 사실을 깨달은 그는 용뇌를 복용해 자살을 기도했다. 그런데 어찌 된 일인지 숨이 끊어지지는 않고 설사만 해댈 뿐이었다. 이에 화를 참지 못한 정호신이 그의 멱살을 잡고 땅바닥에 몇 번 내동댕이쳤다. 결국 가사도는 뒷간에서 정호신에게 맞아 죄 많은 일생을 마감했다.

가사도는 어질지도 않았고 공적도 없었으며 능력도 갖추지 못한 인물이었음에도 불구하고, 이종과 도종 두 황제에 걸쳐 대권을 장악하여 국가와 백성을 농락했다. 난세에 간신이 나오고 간신이 난세를 만든다는 말이 틀리지 않은 것일까? 남송 말년 송과 금의 대립은 이미 과열 양상을 나타냈다. 이때 남송 조정에 악비처럼 충정으로 가득 찬 충신들이 포진하여 힘을 다해 치국과 치민의 방략을 강구했더라면, 금나라에 모욕당하고 몽고에 의해 멸망하는 파국은 피할 수 있었을 것이다. 어찌 된 일인지 남송 정권에는 잇달아 어리석은 군주가 즉위하고 간신들이 판을 쳤다. 결국 나라 전체가 깊은 수렁에 빠져들었고 헤어 나오지 못했다. 가사도의 일생은 혼란한 시대에 개인의 사욕이 발휘할 수 있는 부조리의 극치가 아닐 수 없다.

옮긴이의 말 | 변하지 않으면 소통할 수 없다

　인류의 역사는 계급 분화의 역사라 할 수 있다. 노예제 사회 시기의 주요 사회 계층은 크게 노예와 노예주 귀족으로 구분할 수 있었다. 봉건제 시대로 접어들면서 지식을 독점하던 일부 몰락한 노예주 귀족들이 사인士人이라는 새로운 계층을 형성하게 되었다. 중국 춘추전국시대에 유세를 통해 제후들에게 지략을 제공했던 특수한 집단이 바로 그들이다. 지식의 사유화를 실현하면서 중국 정신 문화의 시조로 자리 잡은 공자孔子나 장자莊子, 맹자孟子 등도 이러한 사인의 신분이었다.

　흔히 중국의 정신 문화를 유가와 도가, 불가의 이른바 '삼가三家'로 요약하곤 한다. 그러나 불교는 한대에 인도에서 전래된 외래 문화로 단지 우리 문화와의 밀접한 관계 때문에 큰 비중을 갖고 소개되었을 뿐이다. 한대의 사학자 반고班固는 『한서』의 「예문지藝文志」에서 춘추전국시대 사인들이 이뤄놓은 고대 중국의 정신 문화를 계승한 한대의 문화를 이른바 '구류九流'라 하여 유가와 도가, 법가法家, 종횡가縱橫家, 병가兵家, 명가名家, 음양가陰陽家, 잡가雜家, 농가農家 등 아홉 가지로 분류하고 있으나, 통치 집단에 유리한 유가와 도가만이 중국인의 정신 세계를 결정하는 주요 문화로 알려진 것이 사실이다.

그러나 이 가운데 법가의 학술은 분열과 혼란의 시대였던 당시 정치적 상황의 산물로 혼란과 분열을 극복하고 통일된 봉건 왕조의 안정과 번영을 가져다준 결정적이고 유력한 지혜와 전략의 결정체로서 유가나 도가보다도 큰 영향력을 발휘했다. 법가는 예악이 붕괴되고 군웅이 할거하던 난세의 산물로, 천하의 흥망을 결정하는 주요 요소로서 항상 시대와 더불어 호흡하면서 사회의 모든 악습과 폐단을 치료하던 명약이었다. 법가의 인물들은 시대의 맹장이자 개혁의 선봉장으로서 일생을 사회의 개혁에 헌신했고, 개인의 영욕과 이해득실, 삶과 죽음을 돌보지 않고 장렬하게 시대를 위해 순사한 의사들이었다.

오늘날 이러한 법가의 지모가 절실하게 필요한 이유는 모든 계층과 집단이 하나같이 개혁의 필요성과 당위성을 부르짖으면서도 개혁을 위한 실천에 나서지 않고 있기 때문인지도 모른다. 어떤 국가, 어떤 사회든지 간에 개혁은 항상 그리고 반드시 필요하다. 신진대사가 중지된 생명체는 죽은 것이나 마찬가지인 것처럼, 개혁이 사라진 사회와 조직은 썩은 물과 같아 심한 악취와 함께 지독한 병증을 드러내기 마련인 것이다.

법가의 요체는 입법立法과 변법變法, 임법任法이라 할 수 있다. 입법이란 국가와 조직을 다스리는 데 필요한 근본적인 법도를 세우는 것이고, 변법이란 변화를 통해 발전하는 국가와 사회의 시대착오적 구태와 불합리함, 기득권층의 완고한 고집을 개혁하고 제거하는 것이다. 변하지 않으면 소통할 수 없다는 것이 법가의 대의 가운데 하나이다. 임법이란 사법과 유사한 개념으로, 사회적 동의를 얻은 법과 규범의 효과를 합리적으로, 그리고 공평하게 베푸는 것을 말한다. 법가의 이 세 가지 요체 가운데 지금 우리에게 절실하게 필요하지 않은 것이 있을까?

우리 사회는 변화의 속도가 상대적으로 매우 빠른 편이다. 시대가 변하고 국민들의 의식이 바뀌면서 많은 것을 버렸고 더 많은 것을 받아들였지만, 이를 합리적인 가치 판단에 의해 체계적으로 정리해본 적이 없다. 그 결과 우리는 매일 극도의 혼란 속에서 살고 있다. 자유와 방종이 구별되지 않고 다양성의 이름으로 가치관이 사라진 사회에서 혼란은 갈수록 더 가중될 것이다.

이런 시점에서 우리에게 법가가 매우 중요한 의미를 갖는 이유는 우리 사회가 혼란을 극복하고 안정적인 변화를 추구하고 있기 때문일 것이다. 개인의 사고와 생활에서 시작하여 크고 작은 조직은 물론, 국가와 사회 전체의 건강한 개혁과 발전을 위해 이제는 법가의 지모와 방략이 절실하게 요구되고 있다.

이 책에 담겨 있는 고대 중국의 역사 이야기들이 변화와 발전을 위한 깊이 있는 깨달음과 지략을 제공해주리라 믿어 마지않는다.

2008년 3월
김태성

KI신서 1238
법가 인간학

1판 1쇄 인쇄 2008년 3월 21일
1판 1쇄 발행 2008년 3월 28일

지은이 렁청진 **옮긴이** 김태성 **펴낸이** 김영곤 **펴낸곳** (주)북이십일 21세기북스
기획 박교희 **편집** 배소라 **디자인** 씨디자인 **마케팅** 주명석 **영업** 최창규
출판등록 2000년 5월 6일 제10-1965호
주소 (우413-756) 경기도 파주시 교하읍 문발리 파주출판단지 518-3
대표전화 031-955-2100 **팩스** 031-955-2151 **이메일** book21@book21.co.kr
홈페이지 www.book21.co.kr **커뮤니티** cafe.naver.com/21cbook

값 13,800원
ISBN 978-89-509-1297-0 13320

이 책 내용의 일부 또는 전부를 재사용하려면 반드시 (주)북이십일의 동의를 얻어야 합니다.
잘못 만들어진 책은 구입하신 서점에서 교환해 드립니다.